U0457169

本书出版受 2016 年国家建设高水平大学公派研究生项目（CSCNO. 201606270181），2018 年第 64 批中国博士后科学基金面上资助项目（2018M642886）以及武汉大学马克昌法学基金会的资助。

信息网络犯罪规制的
预防转向与限度

PREVENTIVE TURN AND LIMITS OF CRIMINAL GOVERNANCE
ON INFO- AND CYBERCRIME

敬力嘉 著

社会科学文献出版社
SOCIAL SCIENCES ACADEMIC PRESS (CHINA)

目　录

导　言

一　研究背景与意义

当今时代，信息通信技术（ICT）以惊人的速度对人类社会实现了前所未有的深度渗透，网络空间的形成与发展是这一趋势的最新体现。2019年中国互联网络信息中心（CNNIC）在京发布的第 43 次《中国互联网发展状况统计报告》显示，截至 2018 年 12 月，我国网民规模达 8.29 亿人，互联网普及率为 59.6%。[①] 正如国家互联网信息办公室发布的《国家网络空间安全战略》所指出的，网络空间已成为信息传播的新渠道、生产生活的新空间、经济发展的新引擎和文化繁荣的新载体，以上功能的实现都依赖于网络空间中信息跨越边界的流动。

但网络空间中信息的跨边界流动，在促进经济、文化、社会生产全面发展的同时，也催生了以下不容忽视的问题。第一，以互联网为基础的信息公用事业已逐渐成为社会的基本结构和象征，致使违法犯罪行为具备的法益侵害风险愈加严重，也就是规模化而难以预测。第二，互联网的技术结构决定了难以实现对信息流动的中心化控制，导致权力主体难以实现对此过程中所产生的违法犯罪风险的有效控制。第三，信息流动跨边界的特性，导致在此过程中产生的利益链条涉及的主体愈加多元和不确定，利益与价值冲突也愈加复杂，致使作为协调机制的法律规范无所适从。近年来我国与世界各国各类信息网络违法犯罪的高发充分说明，既有法规范难以

[①] 参见中国互联网络信息中心（CNNIC）第 43 次《中国互联网发展状况统计报告》，http://www.cnnic.net.cn/hlwfzyj/hlwxzbg/hlwtjbg/201902/t20190228_70645.htm，访问时间：2019 年 7 月 7 日。

组织起对以上三个问题的有效回应。

面对这一现状，世界各国的应对选择各有不同。有的国家基于保障网络空间活性为优先的考量，对刑法的介入持谨慎态度，积极探索法益类型化与网络空间主体类型化，以此构建法秩序对此类风险有机、协调的反应机制，德国、美国和英国的立法均是如此。我国则相继在《刑法修正案（九）》（以下简称《刑修（九）》）中增设信息网络犯罪的新罪名，通过专门的《网络安全法》，以及在《反恐怖主义法》等法律中增设专门条款，希望能够通过增加规范供给实现对网络空间的有效治理。基于上文所指出的网络空间治理中现实存在的三个问题，学界有必要对相关立法的正当性以及司法适用的妥当路径进行深入研究。

然而，在风险社会的话语体系下，我国刑法理论和实务界陷入了"网络安全－公民自由"二元对立的单一视角中。以此为前提，支持相关立法者主张突破刑法谦抑性，积极发挥刑法的预防功能；批评相关立法者以为网络安全减损公民自由的限度为方向，论证如何限制刑法积极的预防功能。这样的争议，实际源自自由法治国语境下的责任刑法，限制国家刑罚权恣意发动以保障个人自由，与国家动用刑罚权充分保障个人自由实现之社会条件，这两个内在需求之间的原生矛盾。① 在当代社会，刑法的谦抑性不是指在社会治理中尽量不动用刑法，而是指通过明确刑法适用的范围，既充分发挥刑法在社会治理中的效能，也避免刑法完全丧失限制国家刑罚权恣意发动的应然品格，成为实现社会治理目标的纯粹工具。在上文指出的三个问题中，被忽略的第三个问题是化解这一矛盾的关键所在：第一，网络信息流动中所关涉法益具有多样性、复杂性，法律规范包括刑法的保护机制，需要以法益为中心构建；第二，刑法的保护范围应当在整体法秩序中进行考察，具体罪名的保护范围应当置于整体的罪名体系中考察，不能孤立地探讨。

《刑修（九）》创造性地提出了要"坚持创新刑事立法观念，进一步发挥刑法在维护社会主义核心价值观、规范社会生活方面的引导和推动作用"，刑事立法指导思想的这一转变已经体现出以问题解决为导向的积极立法观，新罪的设立与学界的立场都体现了显著的预防转向。这样的预防转向，是刑法在对信息网络犯罪的规制上，价值根基、政策导向、功能以

---

① See Henrique Carvalho, *The Preventive Turn in Criminal Law*, Oxford University Press, 2017, p.132.

及司法层面刑事归责路径的全面转向，意义重大。因此，基于当下信息网络犯罪的严峻现状，以《刑修（九）》新增的具体罪名以及非刑法法律规范中的相关规定为依托，以预防刑法理论作为基础，考察信息网络犯罪规制预防转向的规范表现，继而通过与世界主要法治发达国家相关理论、立法与司法的比较研究，以及结合对非刑法规范在整体法秩序中的考量，明确这一预防转向的限度，也就是明确刑法参与信息网络犯罪治理的功能限度，就具有了非常重大的理论价值和实践意义。

二　研究现状与发展趋势

（一）研究现状

近年来，在域外主要法治发达国家，如本书关注的德国、英国和美国，预防刑法都是学界的研究热点之一，究其原因，主要是谦抑自守的责任刑法在面对现代社会的新型犯罪，如信息网络犯罪时，价值取向正在明显地转向安全，国家在犯罪发生之前，在针对某个行为人特定犯罪的嫌疑具体化之前就已经开始介入，着眼于防范潜在的法益侵害风险，实现对社会的有效控制。学界研究的着眼点，是厘清刑法保护前置的限度以及它在多元社会控制机制中的功能边界，为刑法的预防转向构建正当基础。

在德国，预防刑法主要体现在刑法处罚"严重危害国家暴力犯罪之预备行为"，以实现对恐怖主义犯罪等新型犯罪危险的前置控制。对于这样的转变，正如 Ulrich Sieber 教授在《全球风险社会与信息社会中的刑法》一书中所指出的，任何刑法性的干预必须以过往存在的、可归责于行为人且有责实施的犯罪行为为前提。[①] 换言之，已经发生的、不法且有责的犯罪行为，仍应是预防刑法视域下归责的基础。对于责任原则，基于积极一般预防的考量，德国学界有探讨各种替代的方案，但并没有能够服众的答案。在德国语境下，作为刑事政策的犯罪预防是多层次的社会控制机制，刑法只是其中的一种，预防刑法也需要坚持已发生的不法与责任兼具的底线。而适用刑法预防信息网络犯罪，面临的问题是行为的不法与责任都难

[①]　参见〔德〕乌尔里希·齐白《全球风险社会与信息社会中的刑法——二十一世纪刑法模式的转换》，周遵友、江溯等译，中国法制出版社，2012，第 198 页。

以认定。德国选择的路径是以数据保护法为基础，以保障公民源自宪法的信息自决权为核心，将法定主体对其专有数据的处分权作为独立法益进行保护。德国数据保护基金会编著出版的《信息自决权的未来》（*Zukunft der informationellen Selbstbestimmung*）一书中对此进行了详尽探讨。

美国对预防刑法的探讨主要是从"刑法泛化"的侧面进行，代表著作有 Douglas Husak 教授的《过度犯罪化与刑法的界限》（*Overcriminalization：The Limits of the Criminal Law*）一书，力图构建新时代犯罪化的基本原则，明确刑法保护前置的界限。英国学界对预防刑法的探讨比较全面而深入。以 Andrew Ashworth 教授为代表的一批英国著名刑法学者，对风险犯的处罚、预备行为实行化等问题，从刑事法、民法与行政法、宪法三个层面进行了深入和系统的探讨，代表著作有 Andrew Ashworth 与 Lucia Zedner 合著的《预防性司法》（*Preventive Justice*）[①]，Henrique Carvalho 所著的《刑法中的预防转向》（*The Preventive Turn in Criminal Law*）[②] 以及 Andrew Ashworth，Lucia Zedner 与 Patrick Tomlin 合作编辑的《刑法的预防及其限制》（*Prevention and the Limits of the Criminal Law*）[③] 等。由于英美均采用专门法规制信息网络犯罪，信息网络犯罪规制中刑法的预防转向在英美刑法学界尚未受到系统性关注。

我国学界在刑罚目的和刑法机能的意义上分别探讨刑法中的预防。而随着风险社会理论在刑法学界受到密切的关注，在"风险刑法"理论的语境下，预防作为刑法机能受到了进一步关注，以"风险刑法"为题的博士学位论文有三本，分别是郝艳兵所著《风险刑法——以危险犯为中心展开》[④]、焦旭鹏所著《风险刑法的基本立场》[⑤] 以及张晶所著《风险刑法：以预防机能为视角展开》。[⑥] 还有一本专著，即劳东燕所著《风险社会中的刑法——社会转型与刑法理论的变迁》。[⑦] 以"风险刑法"为主题的文献，

---

① Andrew Ashworth, Lucia Zedner, *Preventive Justice*, Oxford University Press, 2015.
② Henrique Carvalho, *The Preventive Turn in Criminal Law*, Oxford University Press, 2017.
③ Andrew Ashworth, Lucia Zedner, Patrick Tomlin（eds.），*Prevention and the Limits of Criminal Law*, Oxford Unversity Press, 2013.
④ 郝艳兵：《风险刑法——以危险犯为中心展开》，中国政法大学出版社，2012。
⑤ 焦旭鹏：《风险刑法的基本立场》，法律出版社，2014。
⑥ 张晶：《风险刑法：以预防机能为视角展开》，中国法制出版社，2012。
⑦ 劳东燕：《风险社会中的刑法——社会转型与刑法理论的变迁》，北京大学出版社，2015。

中国知网的搜索结果显示，2003年至2019年共有396篇。对于刑法预防机能的探讨，都在"风险刑法"的语境下展开。劳东燕教授在其发表于《法学评论》2017年第6期的《风险社会与功能主义的刑法立法观》一文中才开始以风险社会为背景，系统探讨了风险社会中充分发挥刑法预防功能的必然性、法治风险及其控制机制。对预防刑法真正展开系统关注的，始于何荣功教授的论文《"预防性"反恐刑事立法思考》，发表于《中国法学》2016年第3期。该文首次明确提出了预防刑法的含义和规范表现，在刑事政策的层面对预防刑法进行了反思，但对预防刑法与传统责任刑法在刑法教义学层面的碰撞，只进行了恐怖主义犯罪范畴内的批判与反思，不能普遍适用。何荣功教授在发表于《法学研究》2017年第4期的《预防刑法的扩张及其限度》一文中，对预防刑法的产生机理、规范表现、法治风险以及法治控制机制作了系统论述，对信息网络犯罪的部分尚未进行系统而深入的探讨。黎宏教授在发表于《法学评论》2018年第6期的《情境犯罪学与预防刑法观》一文中，从情境犯罪学切入，提倡刑事立法、司法与刑法学研究应从"打击犯罪"向"预防犯罪"倾斜，但对于规范层面的预防刑法并未进行体系论述，也未具体涉及信息网络犯罪的刑事规制。可以说，我国学界对于预防刑法的研究整体仍处于起步阶段。

随着我国《刑修（九）》和《网络安全法》的实施，信息网络犯罪成为学界研究的热点。根据中国知网的数据，仅2015年至2019年，以"网络犯罪"为主题的文献就有3974篇。我国学界对信息网络犯罪的研究路径可分为以下几类：第一，对新增罪名进行教义学解析，主要有张明楷发表于《政治与法律》2016年第2期的《论帮助信息网络犯罪活动罪》一文，皮勇发表于《中国社会科学》2018年第10期的《论新型网络犯罪立法及其适用》一文等；第二，集中关注网络服务提供者刑事责任的认定，主要有王华伟发表于《环球法律评论》2016年第4期的《网络服务提供者的刑法责任比较研究》一文，敬力嘉发表于《政治与法律》2017年第1期的《论拒不履行网络安全管理义务罪——以网络中介服务者的刑事责任为中心展开》一文，以及孙禹发表于《政治与法律》2018年第11期的《论网络服务提供者的合规规则——以德国〈网络执行法〉为借鉴》一文等；第三，以刑法为本位，研究网络化背景下传统罪名的解释适用，主要有于志刚、郭旨龙发表于《华东政法大学学报》2014年第3期的《"双层社会"与"公共秩序严重混乱"的认定标准》一文，梁根林发表于《法学》2017 年第 2 期的《传统犯罪网络化：归责障碍、刑法应对与教义限缩》一文等；第四，坚持信息网络犯罪规制中刑法的谦抑性，主要有刘艳红发表于《法商研究》2016 年第 3 期的《网络犯罪帮助行为正犯化之批判》一文等；第五，完全否定信息网络犯罪规制中刑法的谦抑性，倡导刑法理论应当顺应现实社会需求，进行全面改造，全面放开对刑罚权的约束，以利于打击信息网络犯罪，主要有孙道萃发表于《现代法学》2017 年第 1 期的《网络刑法知识转型与立法回应》一文等。对于信息网络犯罪刑事规制的预防转向及其限度，我国学界目前没有予以系统关注。

（二）发展趋势

就我国关于信息网络犯罪的现有研究来看，具有以下展开进一步研究的空间：

第一，只在安全－自由、风险刑法－罪责刑法二元对立的视角下展开，信息网络犯罪规制预防转向的规范表现、理论基础与限度没有得到全面检视；

第二，对信息网络犯罪的应对是以刑法为本位，缺乏关注刑法功能边界的问题意识；

第三，研究碎片化，没有进行体系性的考察和理论基础的构建，核心是归责原则的构建；

第四，过于注重单一的安全维度，对信息网络犯罪涉及的多主体、多维度利益关系缺乏应有的理论关注。

至此可以明确本书的问题意识：通过系统考察信息网络犯罪规制的预防转向及其限度，明确刑法介入信息网络犯罪治理的功能限度，为刑法功能的充分发挥构建正当、有效的法理基础。

（三）研究方法

1. 文献分析法

文献分析法，是所有学科分析具体问题时所应当采用的最基本与最核心的方法，对于有着严谨教义学规范的刑法学来说当然也不例外。本书拟通过丰富的藏书与电子期刊资源，以及笔者在国外交流学习期间获得的外文图书与期刊资源，对与信息网络犯罪以及预防刑法相关的文献进行仔细的梳理和分析，明确本主题在国内外的研究现状，厘清本书的写作思路，对预防刑法的理论基础与价值根基、网络空间中信息网络犯罪的概念、立法与现状、信息网络犯罪规制预防转向的规范表现与限度以及我国刑法中相关罪名的解释适用等问题，展开基于规范的系统研究。

2. 历史分析法

只有对具体问题在历史沿革中的变更与发展过程进行完整的梳理考察，才能在对它的考察中获取准确且符合实际的认知。信息网络犯罪虽然是新型犯罪，但每一个社会发展阶段都有相应的新型犯罪，围绕犯罪预防，以及将刑法作为社会控制手段之一进行犯罪预防对刑法理论的基础，具体而言，即不法与责任可能产生的冲击所展开的研究与探讨，在每一个社会发生重大转变而产生新型犯罪的阶段都曾进行。本书拟站在历史沿革的高度考察预防刑法理论，从而明确刑法理论应对信息网络犯罪所产生的预防转向的表现、原因与限度，明确刑法参与信息网络犯罪治理的功能限度。

3. 比较分析法

比较分析法也是刑法学研究中一种非常重要的研究方法。比较分析不仅仅是指分析对同一类问题不同国家的法律规定，还应比较不同国家对该类问题作出该法律规定的具体前提，以此得出该法律规定是否以及多大程度上可以为研究主体所在国借鉴。信息网络犯罪预防型立法在世界主要法治发达国家以不同形式存在。本书拟通过对我国与德国、英国、美国的相关立法进行比较研究，勾勒出我国信息网络犯罪预防型立法及其教义学限度的基本框架。

4. 样本案例分析法

样本案例分析法，是通过对与本书主题相关案例的剖析，建立和检验命题真伪。在文章的论证中，本书拟广泛分析国内外的相关案例验证观点，使论证更加充分可信，同时使理论与实践有效结合。

第一章　预防刑法的理论基础与价值根基

第一节　预防刑法的理论基础

一　作为刑法功能的犯罪预防

近年来，随着我国刑事立法的活性化与刑事处罚的日趋前置化，"功能主义"的刑法观①在刑法学研究领域获得了越来越多的关注。刑法的功能，应指刑法以其结构和运作所能产生的功效。而基于"刑法，是对于所实施的犯罪行为或社会危险行为，赋予其法律效果之刑罚或保安处分的法律规范体系"②的认识，可认为刑法的功能应当指其社会功能。所谓功能主义的刑法观，实质是指并非纯粹基于理性思辨，而是从社会现实问题出发，追求发挥刑法的社会功能、实现对社会问题积极回应的刑法观。

在本体论的意义上，传统的通说观点将刑法的功能界定为保护法益和保障人权。而在安全优先的价值导向下，面对新型、复杂的犯罪，例如信息网络犯罪、恐怖主义犯罪等，犯罪预防被从刑罚处罚的附随效果提升为了国家刑事政策主动追求的目标，也就是刑法功能。③有关刑法功能的实质争议并不在于其本体内涵，这是刑事政策所探讨的内容，关于刑法功能的争议核心在于其功能属性。"社会是一个由不同部分组合运作中产生稳

---

① 参见劳东燕《风险社会与功能主义的刑法立法观》，《法学评论》2017 年第 6 期。
② 梁根林：《刑事法网：扩张与限缩》，法律出版社，2005，第 1 页。
③ 参见劳东燕《风险社会与功能主义的刑法立法观》，《法学评论》2017 年第 6 期。

定与团结的复杂系统"①，所谓刑法功能属性，应指刑法在社会治理机制中的角色定位，也就是刑法应是社会治理的最后手段，还是优先选择。

首先需要明确，有关这一问题，本书在司法论而非立法论的层面探讨。传统理念中，为了避免刑罚恣意发动而对公民的自由、财产和生命进行不正当的限制与剥夺，刑法被认为是社会治理的最后手段，应当具备最后手段性。在司法论层面，界定刑法功能边界的是行为的刑事可罚性，刑法的最后手段性体现为对行为刑事可罚性评价标准应当明确和确定的要求。但在当今时代，"犯罪已是如同空气污染和交通堵塞一样普遍的日常风险"②，学界多有观点赞同将刑事政策引入犯罪论体系，在应对新型、复杂犯罪，例如信息网络犯罪时，推动以风险取代危害结果作为刑罚发动的基点，由此造成的行为刑事可罚性评价标准的不明确和不确定，也被视为现代刑法的基本特征。那么在刑法适用者认为应当将刑法作为社会治理的优先选择时，刑法可以被优先适用，刑法的最后手段性原则在事实上被消解。

二　作为刑事政策的犯罪预防

对刑法功能的认知决定了刑事政策的基本走向。在以安全为价值基点，质疑乃至否定刑法最后手段性的语境下，犯罪预防成为刑事政策的重要选项。

在犯罪学层面，具备"规范、处罚、程序"③三大基本要素的刑事法是社会控制机制的重要组成部分。所谓社会控制，通常是指对越轨行为，包括犯罪行为组织化的反应方式。④而何为所越之"轨"？根据经典的共识理论，人类社会共享的规范和价值是安定有序社会得以维持的基础⑤，也就是人类社会运行应遵循的"轨道"。

---

① 〔英〕安东尼·吉登斯：《社会学》（第六版，英文影印版），北京大学出版社，2010，第23页。

② 〔英〕戈登·休斯：《解读犯罪预防——社会控制、风险与后现代》，刘晓梅、刘志松译，中国人民公安大学出版社，2009，第216页。

③ Vgl. Kaiser, *Kriminologie* (Lb.), 207ff.；Stratenwerth/Kuhlen AT/I §1/1ff.

④ 参见〔英〕马丁·因尼斯《解读社会控制——越轨行为，犯罪与社会秩序》，陈天本译，中国人民公安大学出版社，2009，第3页。

⑤ 参见〔美〕詹姆斯·克里斯《社会控制》，纳雪沙译，电子工业出版社，2012，第28页。

　　社会控制论视角下的犯罪预防有两个维度的分类标准。第一个维度的标准是以行为人作为控制对象，犯罪预防分为三个层次：对犯罪人施加直接影响，防止其再次犯罪；对潜在犯罪人施加间接影响，避免其犯罪；对全体民众施加干预措施，避免有人犯罪。① 以犯罪风险作为控制对象属于第二个维度的分类标准，犯罪预防就有了"预防犯罪行为再次发生"② 和"预防危害结果发生"两种理解，后者才能涵盖前一维度中的第三个层次。在当前风险社会的语境下，后一种内涵无疑已被广泛接受，犯罪预防指的是通过控制犯罪风险预防危害结果发生。

　　试图以刑罚为手段控制犯罪风险以预防危害结果发生时，会产生一系列问题。首先，通过刑罚对犯罪人施加直接影响，也就是在福利国的意义上将犯罪视作待矫正而非处罚的行为，通过个体改造防止其再次犯罪的正当性与有效性，已在批判中被扬弃。自启蒙时代以来，以科学知识为根基，在对理性与进步的信仰支配下，着眼于以刑罚为手段，对犯罪行为人个体改造使其回归"正轨"的思想极大地影响了西方主要国家的刑罚理论与司法实践。然而，随着20世纪六七十年代西方主要国家犯罪率的大幅增长，以及随之而来的监禁人口过高等一系列突出的社会问题，社会学家们对个体改造的正当性和有效性进行了深入反思与批判。③ 随着当代社会结构由财富控制和分配为核心转变至以风险控制和分配为核心，虽然着眼于个体改造的"再社会化"在刑事司法实践中仍占有一席之地，但着眼于避免危害结果发生而非产生危害结果后组织对它的反应，实质内涵为对潜在犯罪人施加间接影响，以及对全体公民施加干预措施的犯罪预防，逐渐成为刑事领域社会控制的主流范式。④ 我国"宽严相济"刑事政策的内涵之一即为惩罚与预防相结合，在信息网络犯罪的治理上已经逐渐发展为以犯罪预防为导向，《刑修（九）》信息网络犯罪新罪名的创设充分体现了这一点。

---

① Vgl. Hans-Dieter Schwind, *Kriminologie und Kriminalpolitik*: *Eine praxisorientierte Einführung mit Beispielen*, 23 Aufl., C. F. Müller, 2016, S. 22.

② Vgl. Jörg-Martin Jehle, Hans-Jörg Albrecht, *Legalbewährung nach strafrechtlichen Sanktionen*, in: Forum Kriminalprävention 2014, S. 11.

③ See David Garland, *The Culture of Control*: *Crime and Social Order in Contemporary Society*, Oxford University Press, 2011, pp. 55 – 59.

④ See Dennis J. Baker, *The Right Not to be Criminalized*, Routledge, 2011, p. 215.

　　这个意义上的犯罪预防原本应是正式与非正式社会控制机制相结合的"多元干预机制"。① 而在限于以刑罚为干预手段的探讨中，由于它的实施为国家权力最严厉的强制所保障，就存在一个不可忽视的副作用：可在强制力的保障下，基于风险分配的考量，以犯罪预防之名对不符合相应不法与责任要求的行为实施刑事规制。为了化解预防模式的这一正当性缺失问题，树立理性权威，将法律和制度的扩张作为理性权威的根源，继而通过刑罚的适用确证刑法规范的效力，为民众提供行为指引以实现犯罪预防，便成为可行的解答。依此进路，犯罪预防代替了个体权利成为刑事审判的中心原则，风险控制自身似乎就足以成为犯罪预防的正当性根基。

　　但正如贝克所言："风险的来源不是基于无知、鲁莽的行为，而是基于理性的规定、判断、分析、推论、区别、比较等认知能力，它不是对自然缺乏控制，而是源自对自然的控制能够日趋完美的期望。"② 权力强制理性化的进路可以导出的只是风险评估与决策的科学化与精细化。风险本质上被视作不可消灭，犯罪预防成为风险精算与分配的代名词。这样一种"计算正义"③ 本质仍是被权力所支配，极易导致便利胜过良知，使刑罚成为风险归类以及对"危险人群"进行管理约束的单一行政管理工具。④ 因为这一语境下，"危险人群"未经审判而被推定为有害（具备风险），这是事实上的"有害推定"。在适用刑罚寻求犯罪预防的语境下，无害推定应是无罪推定原则的当然延伸，否定无害推定，"危险人群"作为自主责任主体⑤的地位即被否认，成为实现犯罪预防目的的纯粹工具。而且，这一控制理性化的过程本身也在制造着越来越多的犯罪风险。⑥ 犯罪预防这一

---

① Vgl. Hans-Dieter Schwind, *Kriminologie und Kriminalpolitik*：*Eine praxisorientierte Einführung mit Beispielen*, 23 Aufl., C. F. Müller, 2016, S. 22.

② 薛晓源、刘国良：《法治时代的危险、风险与和谐——德国著名法学家、波恩大学法学院院长乌·金德霍伊泽尔教授访谈论》，《马克思主义与现实》2005 年第 3 期。

③ 参见〔美〕詹姆斯·克里斯《社会控制》，纳雪沙译，电子工业出版社，2012，第 171 页。

④ 〔英〕海泽尔·肯绍尔：《解读刑事司法中的风险》，李明琪等译，中国人民公安大学出版社，2009，第 23 页。

⑤ See R. A. Duff, "Pre-Trial Detention and the Presumption of Innocence", in Andrew Ashworth, Lucia Zedner and P. Tomlin (eds.), *Prevention and the Limits of the Criminal Law*, Oxford University Press, 2013, pp. 115 – 132, 119 – 120.

⑥ 例如，为了预防犯罪进行广泛的个人信息搜集，本身又制造了侵害公民个人信息犯罪的风险。

"有着良好动机的刑事政策目的，对于决定是否剥夺一个人的自由而言，还不是足够有力的标准"[1]。作为社会控制机制，缺乏对其权力强制之维的规范控制，也就是缺乏刑法适用的限定标准，正当性难以证成。

三 作为刑罚目的的犯罪预防

刑法理论语境下，犯罪预防的刑事政策通过刑罚目的真正进入刑事归责的教义学判断中。德国刑罚理论中有绝对理论和相对理论两个基本流派，区别在于前者认为刑罚适用的正当性只在于恢复正义，后者则认为还需要考虑刑罚的社会效果，也就是犯罪预防[2]，后者语境下刑事政策有了存在空间。目前占据通说地位的预防性综合理论，其本质属于相对理论，以积极一般预防理论为基底，认为刑罚的目的在于保护民众对法秩序存在与效力的信赖，强化其法忠诚[3]，绝对理论对于正义恢复的考量则以法益保护原则和责任原则的形态作为预防刑的上限而存在。换言之，其基本逻辑在于通过刑罚的适用确证刑法规范的效力可以达到犯罪预防目的，而有法益保护原则和责任原则约束的犯罪预防可以成为刑罚的正当化根据，继而成为刑事政策的价值取向。由于积极一般预防只能说明刑罚的作用方式，并无法明确限定处罚范围的标准[4]，法益保护原则与责任原则承担了这一功能，因此这样的构建基本适当。

面对犯罪预防刑事政策导向下刑罚权的活性化，美国刑法学家 Douglas Husak 提出了内部与外部的双重限制机制[5]作为刑罚权运行的边界，这一思路值得借鉴。在刑法教义学范畴内，法益保护原则和责任原则可以承担内部限制的功能，作为宪法原则的比例原则则可以承担外部限制机制的功能。但能否如"积极刑法观"支持者所主张的那样，只要刑罚的适用合比例，便无须再固守法益保护原则与责任原则？答案是否定的。首先，对于

---

[1] See Andrew Ashworth, Lucia Zedner, *Preventive Justice*, Oxford University Press, 2015, p. 61.

[2] Vgl. Bernd-Dieter Meier, *Strafrechtliche Sanktionen*, Springer, 2001, S. 17 f..

[3] Vgl. Winfried Hassemer/Ulfrid Neumann, im Kindhäuser/Neumann/Päffgen, *Strafgesetzbuch*, 4. Aufl., 2013, Vorbemerkung zu § 1 ff., Rn. 154.

[4] Vgl. Volker Bützler, *Staatsschutz mittels Vorfeldkriminalisierung: Eine Studie zum Hochverrat, Terrorismus und den schweren staatsgefährdenden Gewalttaten*, Nomos, 2017, S. 19.

[5] See Douglas Husak, *Overcriminalization: The Limits of the Criminal Law*, Oxford University Press, 2009, pp. 55, 120.

是否"合比例"的判断本质是风险的计算和分配。对计算与分配是否"合比例"的评价标准会随着社会发展而变化。犯罪是社会发展的副产品，不能使刑罚超出犯罪人"应得"的范围。其次，在当今风险社会的语境下，"不明的和无法预料的后果成为历史和社会的主宰力量"①，也在逐渐破除对"计算"准确性的盲目信任。坚持刑法教义学的内部限制机制，以在规范层面给"计算"留下纠错空间，仍然非常必要。② 再者，比例原则的贯彻实施需要成熟的宪治体制和程序法作为保障。有关这一问题，德国宪法法院在其判决中给出了精准的结论："任一刑罚都必须与犯罪行为的严重性（Schwere）和犯罪行为人的罪责（Schuld）成比例"③，此言得之，也就是说，"通过报应实现预防"（Prävention durch Repression）的基本路径具备合理性。有关适用刑法追求犯罪预防的教义学边界，将在信息网络犯罪治理的语境下详细展开。

四　预防刑法的规范表现与关键内涵

厘清了犯罪预防不同层次的内涵，需要进一步厘清的，是作为基础理论范式的"预防刑法"的规范表现与规范内涵，以此作为本书进一步展开研究的理论基础。"预防刑法"的概念在德国以及我国的刑法理论中都存在，但内涵各不相同。在德国语境下，预防刑法与风险刑法属于预防国图像中两个不同阶段的刑法模式，都着眼于刑法功能边界的扩张，都属于广义的预防刑法。两者的共性在于刑法的基本模式由绝对报应型向目的导向型转变，刑法正在成为"全新的综合性安全框架"④，也就是社会控制机制的一部分，刑法开始由对既有法益侵害结果的限制性报应，向着眼于预防法益侵害风险以实现社会控制的授权性预防转变。⑤ 两者的区别在于对刑法的最后手段性，也就是刑法功能应当有明确而确定的规范边界这一基本

---

① 〔德〕乌尔里希·贝克：《风险社会》，何博闻译，译林出版社，2004，第19～20页。
② Vgl. Franz Streng, *Strafrechtliche Sanktionen：Die Strafzemessung und ihre Grundlagen*, 3. Aufl. , Verlag W. Kohlhammer, 2012, S. 21.
③ Vgl. BVerfGE 45, 187, 227ff. .
④ 参见〔德〕汉斯·约格·阿尔布莱希特《安全、犯罪预防与刑法》，赵书鸿译，《人民检察》2014年第16期。
⑤ Vgl. Peter-Alexis Albrecht, *Kriminologie：Eine Grundlegung zum Strafrecht*, C. H. Beck, 2005, S. 61.

原则的背离程度，以及对限定刑法功能边界的相应教义学原则的解构程度不同。

（一）"风险社会"、"风险"与"风险刑法"

"风险社会"的概念由德国著名社会学家乌尔里希·贝克在其1986年出版的《风险社会》一书中提出。总体来讲，风险社会即"世界风险社会"。① 贝克将人类社会的形态划分为前现代社会、工业社会与风险社会，风险社会的基本特征是在全球化背景之下，核灾、化学灾难、生态污染等后工业时代的风险，在危害的时间、地点和对象等方面都难以控制，风险具备普遍性、平等性、不可感知性、不可预知性以及人为建构性。② 贝克也已经注意到，基于后工业时代全球性技术风险的这些特性，在人类无法对风险进行全面准确认知的前提下，试图应对时所采取的控制措施会催生更多的风险。英国著名社会学家吉登斯则从"社会反思"的视角进一步指出，在风险社会的形态下应对风险，并非既有知识越多控制就越强，人类基于既有知识对风险的干预与控制，反而会制造更多危及社会系统存续的不确定风险。③

也就是说，风险社会理论视域下的"风险"是一个普遍与中性的概念，是对社会现实状态的系统化描述，其基本内涵是对20世纪中期以来人类社会现代性新特征的解释，它认为人类在追求进步过程中的理性决策制造了核泄漏、化学污染等重大风险，而全球化造成社会空间紧缩使这些风险实现的概率、转化的结果以及影响范围的不确定性大为增加。这种风险的重大性以及不确定性提升了人类对社会环境安全的实然需求；与此同时，普通民众面对风险的恐惧也激发了对社会环境安全高于实际必要的强烈需要，促进了偏重社会环境安全保护的价值取向的形成。

而当风险概念引入刑法规范视野，虽然风险与损害结果距离仍远，但它的本质内涵是事物向消极方向进展的可能性，其中损害结果发生的趋势

---

① 〔德〕乌尔里希·贝克：《世界风险社会》，吴英姿、孙淑敏译，南京大学出版社，2004，第24页。
② 参见孙万怀《风险刑法的现实风险与控制》，《法律科学》2013年第6期。
③ 〔英〕安东尼·吉登斯：《超越左与右——激进政治的未来》，李惠斌、杨雪冬译，社会科学文献出版社，2009，第3页。

基本是确定与可测算的。① 但测算损害结果发生趋势的根据不再是具体行为人的具体行为，而是对某些人群群体或行为情境所具备风险的评价。② 在对社会环境安全需求的驱使下，以预防危害结果发生为导向的风险控制成为社会控制，包括犯罪控制的新范式，其重心逐渐由控制外在环境与物的风险转向控制人的风险。甚至只具有向民众确证社会控制机制依然有效的象征性刑事立法③，即使这有可能导致严重的间接损害，包括公民个体自由和法治国保障的丧失，似乎也逐渐变得不是绝对不可接受。近代以来构建成型的自由法治国刑法的基本使命，是在公民个体面对国家这个庞大利维坦处于绝对弱势的情形下，限缩国家刑罚权以保障公民个体自由，在当下充满风险的社会环境中，作为刑法适用的价值基点，社会环境安全与公民个体自由的冲突似乎就愈加突出。

具体到信息网络犯罪的规制，将当代网络化、数据化的社会描述为充满风险的社会，是犯罪预防刑事政策驱动下的叙事路径，为我国相关立法所继受，也随之将"安全"设定为相关领域问题定义、解决路径探讨和法律规范构建的基调，我国《网络安全法》的出台便是非常清晰的例证。这一叙事路径下，信息网络犯罪风险的基本特质被描述为新型、普遍存在、不可预见、高频度与可衡量。④ 风险社会理论为这一叙事路径提供了理论基础，"行为人随时随地可以对任何网络连接的对象实施犯罪行为"，是对互联网环境下所面临犯罪风险的经典描述，以安全作为刑法适用的价值基点，这一主张似乎因此获得了现实基础的支撑。

早在 1993 年，德国刑法学界已由 Prittwitz 开启了对"风险刑法"的规范探讨，着重要厘清的，是刑法能否运用它自由法治国属性的工具应对现代社会人类所面临的生存风险。所得出的基本具有共识的结论是，刑法在

---

① Cornelius Prittwitz, *Strafrecht und Risiko*, Vittorio Klostermann, 1993, S. 33.

② Tobias Singelnstein, "Logik der Prävention-Eine kriminologische Perspektive auf das Strafrecht und andere Formen sozialer Kontrolle", in: Brunhöber (Hrsg.), *Strafrecht im Präventionsstaat*, Franz Steiner Verlag, 2014, S. 41 (45 f.).

③ Vgl. Peter-Alexis Albrecht, *Kriminologie: Eine Grundlegung zum Strafrecht*, C. H. Beck, 2005, S. 63.

④ See Katharina Dimmroth, Wolf J. Schünemann, "The Ambiguous Relation Between Privacy and Security in German Cyber Politics", in: Wolf J. Schünemann, Max-Otto Baumann (edited.), *Privacy, Data Protection and Cybersecurity in Europe*, Springer International Publisher, 2017, p. 101.

应对现代生存风险的过程中不可或缺，但"只有在制造风险的决定可以被归咎于个人时，才有刑法介入的空间"。① 这一进路在理论上的进一步发展演化出客观归责理论，以行为人是否制造、提升、实现法不允许的风险作为判断行为构成要件符合性的标准。风险刑法所依托的社会背景是传统的工业社会，由于面对工业发展带来的技术风险、环境危害等社会问题，既有的包括法律规范在内的正式社会控制机制应对不力，以及失业率上升、城市化带来的匿名化与社区解构等原因导致的非正式社会控制机制失效，在犯罪预防的刑事政策指导下，以作为经验学科的犯罪学所作实证研究提供的科学测量标准为基础，刑法成为实现政策目标的工具。这一阶段刑法的主要变革在于立法，1970 年代以来德国刑法典中经济犯罪、环境犯罪、数据犯罪等着眼于预防的罪名的创设充分体现了这一点。

而在我国，劳东燕教授发表于《中国社会科学》2007 年第 3 期的《公共政策与风险社会的刑法》一文，正式开启了我国学界对风险社会理论与风险刑法的学理探讨，在这一领域至今已产出了丰富的学术成果。② 但我国学界大量观点直接将风险社会理论中"风险"的概念作为风险刑法理论构建的基点，这样的理解存在很大偏差。对于我国刑法学界把风险社会理论简单理解为关于风险的理论，进而在刑法理论中对"风险"概念进行不当继受与泛化理解，劳东燕教授已经进行了系统批判③，本书对其基本立场表示赞同，不再展开。风险概念对刑法理论范式的冲击实质是在预防刑法阶段展开④，就此本书将进一步展开探讨。

（二）"预防刑法"

随着风险社会的到来，面对规模化、不可控且危及整体社会系统的技术性以及制度风险，既有的正式与非正式社会控制机制应对无力的弊端愈加凸显，刑法以其惩罚措施，即刑罚的即时可感性成为象征性政策的有力

---

① Cornelius Prittwitz, *Strafrecht und Risiko*, Vittorio Klostermann, 1993, S. 384.
② 劳东燕教授构建了我国风险刑法的理论基础，以风险社会为背景系统考察刑法学理论流变，她的《风险社会与功能主义的刑法立法观》一文，系统构建了以风险控制为基础的功能主义立法观及其法治风险的控制机制。
③ 参见劳东燕《风险社会与变动中的刑法理论》，《中外法学》2014 年第 1 期。
④ 劳东燕教授在新近的《风险社会与功能主义的刑法立法观》一文中，已经实质进入了对预防刑法的探讨。

工具①，用以表达国家对社会问题的关注，以及显示对民众安全需求的回应，减少对国家刑罚权规范约束的需求愈加强烈。预防刑法在理论上回应了这一需求，主要体现在以下三个方面：第一，新型犯罪的法益内涵去实质化，法益不再限缩国家刑罚权，而成为刑法功能扩张的根据；② 第二，责任原则功能化，刑事责任成为根据预防必要性的政策考量进行量刑的上限，丧失了作为决定刑罚是否发动的边界的内涵；第三，比例原则功能化，比例原则被简化为量刑的指导原则，刑法成为社会治理的优先选项。总体来看，德国语境下的预防刑法和风险刑法试图以自由法治国作为刑法预防转向的正当化事由，但实质上正在解构刑法功能的教义学边界。③ 例如，德国风险刑法的首倡者之一 Prittwitz 教授即明确提出在当下的风险社会，刑法的图像应当已经从自由法治国转向限制自由的保护国。④

我国刑法理论中"预防刑法"的含义，实质上与德国语境下广义预防刑法的内涵相同。而我国剧烈的社会变革与发展，导致我国刑法需要兼顾限制刑罚权恣意发动与优化社会控制机制的任务，因此，明确刑法的功能边界至关重要。

第二节　预防刑法的价值根基

一　预防刑法视域下安全与自由的冲突

作为生活在文明社会中的现代人，我们可以骄傲地宣称，"一部文明史也就是一部进步史"。⑤ 因为在启蒙时代以来短短的数百年里，人类理性控制下的进步创造了几乎所有构成现代人生活的东西。毋庸置疑，互联网

---

① Vgl. Peter-Alexis Albrecht, *Kriminologie: Eine Grundlegung zum Strafrecht*, C. H. Beck, 2005, S. 59.
② 参见古承宗《风险社会与现代刑法的象征性》，《科技法学评论》（台湾）2013 年第 1 期。
③ See Henrique Carvalho, *The Preventive Turn in Criminal Law*, Oxford University Press, 2017, p. 38.
④ Vgl. Cornelius Prittwitz, "Das Strafrecht: Ultima Ratio, Propria Ratio oder Schlicht Strafrechliche Prohibition?" *ZStW* 2017（2），S. 399.
⑤ 〔英〕弗里德里希·奥古斯特·冯·哈耶克：《自由宪章》，杨玉生等译，中国社会科学出版社，2012，第 65 页。

的飞速发展也属于这一沛然不可阻挡的进步潮流，这充分说明了现代性一直是一个流动的过程①，发展与进步是人类现代化进程的最高追求。然而，当今中国社会由互联网发展带来的社会进步与众多社会问题并存的事实表明，进步赋予现代社会的流动性本质，在创造空前发展的同时也带来空前的非确定性，理性无法绝对掌控。② 存在论的意义上，这种非确定性是指世界内部不存在规则简单的秩序，世界复杂而非确定。换言之，它指的是人类由被决定走向自我决定过程中，现实社会存在的一种机会空间，其中发展机遇与风险并存。

这样一种非确定性，构成了在网络空间的语境下考察刑法理论问题的社会背景。学界的争议点主要在于，面对网络空间严重的，也就是规模化而不可预测的法益侵害风险，应该适度突破传统上以个人责任为基础，以消极司法法地位自守的罪责刑法的限制，将刑法的任务转向风险防控，以凸显刑法保护安全的功能③，还是坚持罪责刑法的谦抑性原则和罪刑法定原则下刑法的确定性框架，守住刑法保障自由的底线。④ 这一争议的实质在于是否应当为了更好实现犯罪预防放开对刑罚权发动的规范约束。⑤

基于责任主义的本质是限制国家刑罚权恣意发动的认识，刑事责任表征着自由价值应无疑义，依据刑事责任确定刑罚的过程即为刑事归责。⑥ 基于国家有发动刑罚的排他权，却没有采取犯罪预防措施的排他权⑦的基本认识，责任刑法以尊重公民个体理性，期待在保护公民个人自由的前提下，个人能够充分遵照刑法规范约束自己的行为，与国家共同承担法益侵害风险预防任务为基本特征。面对严峻的信息网络犯罪情势，公民个人的

① 参见〔英〕齐格蒙特·鲍曼《流动的现代性》，欧阳景根译，上海三联书店，2002，第3~4页。
② 参见吴玉军《非确定性与现代人的生存》，人民出版社，2011，第15~16页。
③ 参见舒洪水、张晶《法益在现代刑法中的困境与发展——以德日刑法的立法动态为视角》，《政治与法律》2009年第7期。
④ 参见刘艳红《"风险刑法"理论不能动摇刑法谦抑主义》，《法商研究》2011年第4期。
⑤ 包括法益的非人本化、精神化扩张，客观归责理论在规范目的指引下对构成要件实质化的判断、增设抽象危险犯的主张等，都是基于刑法提前介入有利于风险防控的考量。
⑥ 大陆法系刑法理论中传统的归责概念，包括"客观归责"与"主观归责"，实质是将认定作为犯罪成立构成要件的刑事责任的过程描述为归责，以实现构成要件评价的实质化为诉求。参见李晓龙《刑事归责的概念与构造》，《江汉论坛》2014年第4期。本书所指的"刑事归责"是对刑罚发动过程的体系化叙述，与"客观归责"和"主观归责"相区别。
⑦ See Andrew Ashworth, Lucia Zedner, *Preventive Justice*, Oxford University Press, 2015, p. 7.

行为自由成为需要控制的犯罪风险来源，责任刑法的规范进路似乎缺乏稳固的信任基础。因此，责任刑法在应对网络空间严重的法益侵害风险时显得保守无力，使得国家应充分动用刑法预防犯罪风险，也就是保护安全优先的观点变得相当有力。① 该类观点认为，在当前网络空间内潜在犯罪行为具备的法益侵害风险规模化而不确定的背景下，自由不应被视作绝对的价值，而应根据当前的客观需求以安全为优先的价值基点。②

大陆法系语境中，"责任主义原则、罪刑法定原则与法益保护原则构成了法治国刑法的基本原则体系"。③ 基于对道义责任论、社会责任论、规范责任论、人格责任论等诸种德日刑法中责任理论的考察，"可以作为成果继受的是：刑事责任是道义责任、行为责任和主体责任"。④ 换言之，传统责任刑法的意义上，刑事责任的根据是行为人个体自主选择为法益侵害行为而对其进行的道义谴责，责任主义原则意义上的刑事责任是一种个人责任、道义责任。对于刑事责任的要求是对封建时代野蛮的团体责任的反动，目的是限制国家刑罚权的处罚范围，保障公民自由。然而，随着现代社会的非确定性带来的不可控风险增多，对公民个体是否能够自担其责的质疑愈多，倡导刑法保护前置化以控制社会风险的呼声便愈高，以保护安全价值为优先，放开责任原则对国家刑罚权的约束，以使之能够充分保障自由实现的现实社会条件，似乎成为应然之义。

二　核心矛盾：自由与秩序的关系

应当说，安全与自由的对立从来都是伪命题，真正存在紧张关系的是自由与秩序，紧张的缘由是被用以维持社会秩序、具备强制力的权力。这一点，被我国学界主张"在秩序价值的基础上追求自由与安全的平衡"⑤的风险刑法观论者有意或无意地忽略了。认可刑法作为社会控制有效手段

① 参见孙道萃《网络刑法的知识转型与立法回应》，《现代法学》2017 年第 1 期。
② Vgl. Cornelius Prittwitz, "Das Strafrecht: Ultima Ratio, Propria Ratio oder Schlicht Strafrechtliche Prohibition?" *ZStW* 2017（2），S. 390 - 400.
③ 梁根林：《责任主义原则及其例外——立足于客观处罚条件的考察》，《清华法学》2009 年第 2 期。
④ 冯军：《刑事责任论》，法律出版社，1996，第 7 页。
⑤ 焦旭鹏：《自反性现代化的刑法意义——风险刑法研究的宏观知识路径探索》，《政治与法律》2014 年第 4 期。

的传统自由刑法论者延续了亚里士多德、柏拉图、康德以降追求具有同一性、确定性的先验理性的哲学传统①，认为刑法规范中的立法意志在法律形成并颁布实行以后，就脱离了立法者的个人意志，成为客观的理性存在，只要在保证刑法规范确定性和明确性的前提下，在文义的范畴内对法律条文进行解释适用，就能避免刑罚权恣意行使，进而保障公民自由。作为客观的立法理性的产物，"法律不应当被嘲笑"，应当依据时代的发展变化对法条进行解释，这是客观解释论者的基本立场。

然而，在立法腐败②已然出现的当代社会中，这只是一个美丽的梦。在对立法理性应当保持质疑的前提下，以互联网为代表的新型技术创设的现代风险给社会控制带来的难题，又不断对刑法自我克制的底线提出挑战，导致的结果是刑法功能教义学边界的解构。按照客观解释论的立场，最终的走向是会回到古罗马法学家造法的时代，法学家的良心决定了刑法的功能边界。而对于安全刑法观论者而言，面对愈加弥散的生存风险，给约束刑罚权的规范机制松绑，使刑法积极回应社会的发展变化，更是应有之义。二者的发展殊途同归，在对秩序的追求中，实质消解了自由的元价值地位。

三　价值根基：社会发展的消极自由

然而，自由能与权力控制下的秩序在犯罪预防的目的下统一吗？首先应当追问，自由的内涵是什么。自由如正义一般拥有一张普罗透斯之面，没有绝无争议的内涵。作为法律、政治权利范畴的自由，本书采最广为接受的分析范式，即积极自由与消极自由。所谓积极自由，即指人类的自我主宰与自我实现。③ 看似美好的追求，在社会共同体及其共享价值逐渐崩

---

① 古希腊哲学从外在宇宙寻找确定的"始基"。而随着科学技术发展，现代哲学向内在寻找人类理性作为人类存在发展的确定性根据，对自我进行实体化、功能化抑或绝对化的理解，都是为了寻找确定的"一"，作为发展的价值支点。参见〔古希腊〕亚里士多德《形而上学》，商务印书馆，1959，第 7 页；《柏拉图全集》（第一卷），人民出版社，2002，第 84 页；〔德〕黑格尔《精神现象学》（上卷），贺贺麟、王玖兴译，商务印书馆，1979，第 127~129 页；〔德〕康德《纯粹理性批判》，商务印书馆，1960，第 287~290 页。

② 如郭京毅案，参见杨兴培《反思与批评——中国刑法的理论与实践》，北京大学出版社，2013，第 314~325 页。

③ 〔美〕E. 博登海默：《法理学：法律哲学与法律方法》，邓正来译，中国政法大学出版社，2004，第 109 页。

解的现代社会中，会导致对外在"理性"标准的依赖，蕴含了社会强制的风险。何以在避免这一强制风险的同时，避免社会因过度张扬个体自由而崩溃？答案唯有从消极自由中寻找。所谓消极自由，即将个体放在其所处的社会关系中考察，保证其不受强制，核心诉求是避免个人自由取决于自我意愿以外的标准判断，因此"它是尊重人的学说，而非管教人的学说"。①

哲学、政治学领域内自由主义内部、社群主义、共同体主义、共和主义等诸学派，以消极自由忽视了共同体的价值共识，对消极自由展开的批判本书不予展开，总体的诉求是，在反思性现代化阶段应确认一个共同的价值标准，确保公民个体行为依据共同的价值标准作出，而不应消极无作为。若不将法律视为一套规则，而是当作"人们进行立法、裁判、执法和谈判的活动；分配权利义务、并据以解决纷争、创造合作关系的活生生的程序"②，便会理解，法律规范，包括刑法规范，其作用在于排除外在强制复归自由状态，处罚或预防犯罪是为了给形成进步与发展的自由社会空间创造秩序条件。而"文明不是人类设计的产物，我们要向前发展，就必须为目前的观念和理想留有不断修正的余地"。③只有消极自由所征表的权利活动空间而非任何权力行为或其结果本身，才能为社会的持续发展以及对错误的修正提供可能。消极自由作为现代法治的基本精神，应当在当代社会的重构过程中继续居于元价值的地位。

当然，同样基于价值多元的背景，也有观点认为自由并不具有最高价值的地位，而应是以符合大多数人的利益为最高追求，可以在特定时空维度内安全高于自由。④功利主义追求的实现大多数人利益被作为这种论点最好的注脚，被用来论证安全价值及其权力之维的正当性，这其实是对边沁思想的极大误解。虽然边沁把法律理解为一个以追求"最大多数人的最大幸福"为目标的掌权者的意志产物，但这是他基于对古典自然法学建构方法的批判，而从霍布斯那里寻求的"支援"。他认为只要有民主政治的

---

① 〔英〕以赛亚·柏林：《自由论》，胡传胜译，译林出版社，2003，第178页。
② 〔英〕弗里德里希·奥古斯特·冯·哈耶克：《自由宪章》，杨玉生等译，中国社会科学出版社，2012，第325页。
③ 〔英〕弗里德里希·奥古斯特·冯·哈耶克：《自由宪章》，杨玉生等译，中国社会科学出版社，2012，第44~46页。
④ 郝艳兵：《风险刑法——以危险犯为中心展开》，中国政法大学出版社，2012，第61页。

公民选举和良好的法律统治，加上社会监督等辅助机制的制衡，掌权者就只能安于功利原则的制约，而无须假定公民有不服从的权利。"个人自由仍是边沁最神圣的信仰，他的立场是个人必然是最有利于自己幸福的最佳判断者。"① 他的功利主义法学实质是继承消极自由理念前提下的实践智慧，仅探讨公民权利的实践方式，我们不能只取其操作性探索而忽略其价值前提。

从这个意义上说，重视理念启蒙的自然法学和作为实践智慧的分析法学在法治理论上殊途同归，都追求实现消极自由。"人类社会的发展不是通过人类理智运用已知的方法去追求一个确定的目标实现的。"② 因为"人类的理智既不能预知未来，也不能着意塑造未来。它的进步表现在不断发现错误"。③ 现有的讨论似乎都集中于公民个体自我决定的自由与社会整体发展需求的冲突，而忽略了非确定性中的发展之维，即发展的自由，或者说不受强制的权利空间。

在刑法视域内，确立消极自由作为价值根基的最大意义，在于明确秩序，或者说安全本身不是刑法的目的。安全的概念只有在自由主体组成的社会语境下才有意义。个人自由是现代社会不确定性的源泉，却也是法律应当保障的对象。④ 应当通过对权利的充分保护将个人导向合作，而不是压制性地实施控制。通过完善刑法对公民权利的保护，充分保护权利实现的自由空间，而非单向度地加强对现有秩序的控制，才是网络空间持续良性发展的前提。

---

① 邓春梅：《消极自由与积极自由——柏林法价值理论及其发展研究》，湘潭大学出版社，2014，第2页。

② 〔英〕弗里德里希·奥古斯特·冯·哈耶克：《自由宪章》，杨玉生等译，中国社会科学出版社，2012，第66页。

③ 〔爱尔兰〕J. M. 凯利：《西方法律思想简史》，王笑红译，法律出版社，2002，第303页。

④ See Henrique Carvalho, *The Preventive Turn in Criminal Law*, Oxford University Press, 2017, pp. 4 – 5.

第二章　网络空间中的信息网络犯罪

正如前文所揭示，过去二十年中我国互联网的普及率呈几何倍数增长，互联网已然进入寻常百姓家。与此同时，商务交易、互联网金融以及各类互联网公共服务类应用均实现用户规模稳定增长，多元化、移动化特征明显。这说明，我国公民个体的社会生活、企业的生产经营以及政府对社会治理公共职能的履行，都逐渐构筑于互联网的基础架构之上，逐步形成了网络空间。

理想主义者们希望为网络空间的自由发展排除所有人为束缚，最具有代表性的观点见于 John Parry Barlow 所著的《网络空间独立宣言》："在网络空间里，我们没有选举的政府，也并不需要。我们没有常常以自由代理人自居的统治政权……你们没有任何权力与方法来管制我们。"[1] 然而，事实上我们非常清楚，在这个"我们构筑的全球化社会空间"内，通过互联网连接的行为主体与涉及的法益都现实存在，当然不是法外之地，探索网络空间中信息网络犯罪的治理模式是当代刑法理论所面临的新课题。

第一节　网络空间的结构特征

一　流动性

社会结构特征决定了法律治理模式的选择[2]，那么，首先需要考察的是作为新的犯罪场域，网络空间所具备的全新结构特征。作为犯罪场域，

---

[1] J. P. Barlow, "A Declaration of Independence of Cyberspace", Fitzgerald, B. (ed.), *Cyberlaw I&I* (Ashgate, Dartmouth 2006), Vol. I, p. 129.

[2] Andrej Savin, *EU Internet Law*, Eldward Elgar Publishing, 2013, p. 107.

网络空间的边界取决于其内犯罪行为的效力范围。信息是网络空间内行为的载体，信息的流动性决定了网络空间的流动性。

从宏观层面考察，自工业革命以来，人类社会一直朝着突破人身对地域的依附发展。工业社会实现的是地理上突破地域的限制，而当这样的趋势进一步延伸到网络空间，在信息技术的发展中，网络空间中的信息流动"不仅彻底地打破了地域的限制，而且正在突破领域、族阈的限制。可见，信息流动跨越了地域、领域以及族阈的界限，实现了在网络覆盖范围内的自由流动"。[①] 在信息的高速流动中，"所有的边界都是可以穿过的，因此，所有划出的边界在本质上都是无效的，至少是临时的和可更改的。所有的边界都是脆弱的、不坚固的、有漏洞的"。[②] 的确如此，在过去的"硬件"时代，权力与知识都附属于地域，是"地方性的"，所存在的空间范围稳固；而网络空间则是覆盖全球范围，具有流动性。

从具象层面而论，飞机、高铁使相隔千里的人可以迅速相聚，网络提供了一种革命性的连接方式，进一步突破了距离的阻隔，使人们能够做到"千里瞬息如晤"。基于生活空间持续的数据化和网络化，网络空间内行为人跨越时间与空间的界限，与不同主体的不同类型、重要程度与数量的法益产生连接，包括对之实施侵害成为可能。换言之，网络空间内犯罪行为具备的法益侵害风险相较于其他的犯罪场域呈几何倍数增长，呈现规模化的特征。但网络并没有为人们搭建起一个恒定的公共空间，每一个主体都可以自由选择接入或者退出互联网端口，登入或者退出互联网，以及接入多大范围的网络。因此，网络空间是流动的现实空间，时刻处在变化之中，而非恒定的虚拟空间，其内犯罪行为具备的法益侵害风险具有显著的不确定性。

二　多层次

多层次，是指互联网有硬件、软件和内容方能构成。[③] 网络空间的多层次，决定了网络信息流动会关涉多方主体，刑法无法对它们进行统一规

---

① 张康之、向玉琼：《网络空间中的政策问题建构》，《中国社会科学》2015年第2期。

② 〔波〕齐格蒙特·鲍曼：《被围困的社会》，郇建立译，江苏人民出版社，2005，引言，第15页。

③ See Andrej Savin, *EU Internet Law*, Eldward Elgar Publishing, 2013, pp. 4-7.

制，应该区分层次对各方主体进行综合治理。

究其本质，网络的出现为人类社会提供了一种革命性的连接方式，进而将消极的信息接收个体变为积极的信息交互主体，创造了巨量的信息流动。作为流动空间的网络空间，其根基在于连接与交互，承担这个基本功能的是网络服务提供者（internet service providers）。从广义的角度看，网络服务提供者是指专营为社会公众提供网络信息通信服务，并保存任何经由其构建的网络空间"收费站"之用户所留下的信息流动轨迹的"守门人"。[①] 而所谓的网络服务提供者可以分为不同的类型。传统上，一般根据提供服务内容的不同将网络服务提供者分为两大类：第一类是网络信息内容提供者（ICP），指自己组织信息通过网络向公众传播的主体；第二类是网络中介服务提供者，指为传播网络信息提供中介服务的主体。[②]

随着信息技术的高速发展，网络服务提供者的类型在进一步分化。第一，本属于网络中介服务提供者的网络平台，其功能已远远超出"单纯通道"或技术保障，成为网络空间信息交互的综合平台，网络平台服务提供者也早已不具备被动性、工具性和中立性的特质，而是具备充分的能力，并且也已经积极参与到对平台内信息流动的控制中，成为网络空间中那只"无形之手"。[③] 第二，互联网的触角能够延伸的广度在逐步以"摩尔定理"的速度增加，网络服务提供者所能影响法益的层次也必然愈加复杂，法律保护的力度就不能"一刀切"。如果不对法律想要禁止的最终危害进行分类，也就很难对其想要禁止的行为分类。[④] 在基本功能界分的框架下，还应当根据网络服务提供者所需保护法益的重要性作出第二层次的划分。因此，《网络安全法》第三至六章中采用了"关键信息基础设施运营者"和"网络运营者"的划分。2019 年 11 月 1 日生效的最高人民法院、最高人民检察院《关于办理非法利用信息网络、帮助信息网络犯罪活动等刑事案件适用法律若干问题的解释》（以下简称《信息网络犯罪解释》）第 1 条

---

① Christoph Demont-Heinrich, "Central Points of Control and Surveillance on a 'Decentralized' Net", *INFO*, Iss. 4, 2002, at 32, 33.

② 参见刘文杰《网络服务提供者的安全保障义务》，《中外法学》2012 年第 2 期。

③ See Anne Cheung, Rudolf H. Weber, "Internet Governance and the Responsibility of Internet Service Providers", *Wisconsin International Law Journal*, Vol. 26, Nr. 2, pp. 406 – 408.

④ 〔美〕道格拉斯·胡萨克：《过罪化及刑法的限制》，姜敏译，中国法制出版社，2015，第 249 页。

将"网络服务提供者"明确为提供网络接入、域名注册解析等信息网络接入、计算、存储、传输服务，信息发布、搜索引擎、即时通讯、网络支付、网络预约、网络购物、网络游戏、网络直播、网站建设、安全防护、广告推广、应用商店等信息网络应用服务，以及利用信息网络提供的电子政务、通信、能源、交通、水利、金融、教育、医疗等公共服务的单位与个人。本条对接入、计算、存储、传输服务提供者，应用服务提供者以及公共服务提供者的类型划分，充分体现了《信息网络犯罪解释》在划分网络服务提供者的规范类型时对服务内容与服务重要性标准的综合采纳。

此外，随着网络空间管理架构的进一步完善，责任主体也进一步细化。2017年9月7日，国家互联网信息办公室还颁布了《互联网群组信息服务管理规定》以及《互联网用户公众账号信息服务管理规定》，网络聊天群组的群主也成为法规范视野中的责任主体。

网络信息流动关涉主体的多样化，意味着网络空间犯罪行为潜在责任主体的多样化。对于刑法规制而言，这意味着在刑事责任认定时需要衡量的不同法益背后的权利主体愈加复杂。

三　去中心化

网络空间这一流动空间的运转并不依赖于中心控制系统，相反其还具有显著的去中心化特征。去中心化的概念最先由乔姆斯基在1971年与福柯的电视辩论中提出。乔姆斯基从实质合法性与形式合法性并不总是一致，提倡保留公民最大限度的自主权以防止国家权力不当侵害的角度，提出了去中心化的观点。他认为，"一个去中心化的权力体系和自由结社体制肯定会碰到这样的问题，就是不公平，比如一个地区比另外一个地区更富裕等。希望这些人本能的进步，比寄希望于来自中心化的权力机构所取得的进步要更安全些。这些中心化的机构几乎不可避免地服务于它最有权力的部分的利益"。① 乔姆斯基的"去中心化"表述指向的是瓦解公民对国家的绝对服从、扩大公民自主权利的民主价值观，拒绝在发展进步的名义下使

___
① 参见〔美〕诺阿姆·乔姆斯基、〔法〕米歇尔·福柯《乔姆斯基、福柯辩论录》，刘玉红译，漓江出版社，2012。

公民陷入"自由即服从"的悖论。而网络技术革新推动的网络空间结构"去中心化"变革，为他的洞见作了最好的注脚。

在实然层面，去中心化的网络结构不仅带来了网络空间的易流变性，同时解构出了网络空间中行为的自主化和多元化。以技术根基而论，互联网唯一的标准——TCP/IP 协议直接决定了其体系结构上的去中心化特征。英国学者安德鲁·查德威克在其专著《互联网政治学：国家、公民与新传播技术》中，对 TCP/IP 协议与互联网技术的四点基本价值观进行了分析解读。其一，每个不同的网络必须代表它自己，当它接入互联网时不应该被要求进行任何内部调整。其二，网络传输应该基于最小努力的基础，如果数据包不能抵达最终目标，那么这个数据包应从其来源之处迅速被再次传输。其三，以"黑盒子"来连接网络（这些"黑盒子"后来被称为网关和路由器），信息流动数据包通过网关时不应该有信息滞留，因此，要使信息数据包简单化，避免复杂匹配，能够复原各种失败信息。其四，在运行方面不应有全球层面的控制。①

一言以蔽之，构建网络空间的技术根基就是互联网去中心化特征的根源所在，也是人们高呼"互联网是去中心化的"理论基础。这一理论基础是互联网先驱从技术上奠定的，并融入了他们所倡导的价值理念。互联网先驱的设计保证了很难以中心权力对互联网进行控制，或者对它进行全局性、破坏性影响。而在当下，互联网的蓬勃发展使人类传播与获取信息的能力得到飞速提升，打破了国家对大量信息收集和管理的垄断，逐步形成了尽管只有少数人可以掌握信息源，但大多数人可以自由获取与传播信息的开放型信息社会。② 这一点，即使 IPv6 协议全面普及，能够做到为每一个接入互联网的设备都分配一个 IP 地址，配合互联网准入的实名制实现完全的人机对应，也不会发生实质变化。而从刑法规制的视角来看，网络空间内行为人能够以自主的行为方式介入网络空间的信息流动，意味着犯罪行为没有确定的类型化模式，会随着互联网技术的发展进步根据行为人的自主意愿发生变化。公民个体的行为自由既是刑法保护的对象，也是刑法

---

① 参见〔英〕安德鲁·查德威克《互联网政治学：国家、公民与新传播技术》，任孟山译，华夏出版社，2010，第 7、55 页。

② 参见〔英〕卡尔·波普尔《开放社会及其敌人》（第一卷），陆衡等译，中国社会科学出版社，2016，第 21 页。

规制的对象①，单一以犯罪行为人的行为模式为规制的中心，无法构建刑法适用的明确标准。

网络空间的结构特征导致的法益侵害风险规模化而不确定，刑事责任认定时需衡量主体及其享有之法益的复杂化，以及潜在犯罪行为人个体犯罪行为类型的多样化，此类现象可表述为法益侵害的社会化。

四 "双层社会"及其否定

关于网络空间的结构特征，我国学界还存在着影响较大的"双层社会"论。

所谓的"双层社会"论认为"虚拟空间中已经逐渐形成了'现实社会'，网络实现了由'信息媒介'向'生活平台'的转换，成为人们日常活动的'第二空间'。网络开始由'虚拟性'向'现实性'过渡，网络行为不再单纯是虚拟行为，它被赋予了越来越多的社会意义，无论是电子商务还是网络社区，网络已经逐渐形成自身的社会结构……互联网的代际发展逐步使它本身从虚拟性的空间转向虚实结合、虚拟向现实过渡的空间……网络空间与现实空间正逐步地走向交叉融合，'双层社会'正逐步形成"。② 基于此，"网络已经由犯罪对象、犯罪工具发展到如今的需统一规制的犯罪空间，开始出现了一些完全不同于第二阶段的犯罪现象，它成为一些变异后的犯罪行为的独有温床和土壤。一些犯罪行为离开了网络，要么根本就无法生存，要么根本就不可能爆发出令人关注的危害性……此类犯罪行为本质上仍然是传统犯罪，但是它属于传统犯罪的网络异化，虽然有可能套用传统的罪名体系，但是如果不进行较大强度的扩张解释，传统的罪名根本无法适用于滋生在网络空间中的此类犯罪行为"。③

本书认为"双层社会"论不乏新意，为刑法积极应对网络技术飞速发展所带来的挑战作出了实质努力，但对其观点无法赞同。"双层社会"论成立的前提，是稳定的网络空间已经形成。应当承认，随着信息技术的进

---

① See Henrique Carvalho, *The Preventive Turn in Criminal Law*, Oxford University Press, 2017, Preface, p. 2.
② 于志刚:《"双层社会"中传统刑法的适用空间——以"两高"〈网络诽谤解释〉发布为背景》,《法学》2013 年第 10 期。
③ 于志刚:《网络犯罪的发展轨迹与刑法分则的转型路径》,《法商研究》2014 年第 4 期。

步与发展，网络空间已经逐步形成。基于极高的互联网普及率和网民数量，电子商务、电子支付蓬勃发展，各类聊天社区、QQ 群、微信群迅速兴起，三网融合的发展趋势不可逆转，"使得互联网由'联'字当头向'互'字当头过渡，网络成为了人们的基本生活平台，普通网民成为了网络的主要参与者"。① 该理论注意到了目前网络的蓬勃发展，以此为基点，认为"网络进入平台化时代之后，各类网络综合平台使人们能够借由网络的互联性满足诸多现实生活中的需求，网络空间和网络社会开始形成，现实社会与网络社会同时存在的'双层社会'成为新的社会结构。网络在网络犯罪中的地位也从作为犯罪对象、犯罪工具进入了一个全新的阶段——犯罪空间。网络空间成为一个犯罪的空间，成为了一个全新的犯罪场域"。② 但犯罪空间等于稳定的虚拟空间吗？恐怕不然。

网络为人类提供了一种革命性的连接与交互途径，但并没有为人们搭建起一个恒定的公共空间，每一个网民都可以自由选择接入或者退出互联网端口，登入或者登出互联网以及与谁进行连接沟通，例如所有的网络社交空间组成都是在不断变化的。网络空间是流动的现实空间，时刻处在变化之中，而非恒定的虚拟空间，网络平台能够满足众多的现实需求并不能被用以论证网络空间的稳定存在。目前世界各国都有在投入对大脑连接方向的研究，有科学家甚至认为互联网发展的终极方向将是脑联网，大脑之间将实现完全的网络连接，甚至出现真正的虚拟空间。如果科技真的到了如此程度，我们才可以认为网络已经超脱了工具的属性，成为独立于现实社会的虚拟空间，反之则不然。人类的互联网水平没有真的发展到"思维互联"，也就还没有创设出真正稳定的网络空间，而依现有科技水平的发展程度，实现这个目标仍为时尚早。

第二节　信息网络犯罪的概念厘清

应对网络空间内法益侵害社会化的应然路径是有效规制信息网络犯罪行为，那么明确信息网络犯罪的范畴，也就是厘清信息网络犯罪的概念，

---

① 于志刚：《网络犯罪与中国刑法应对》，《中国社会科学》2010 年第 3 期。
② 于志刚：《网络思维的演变与网络犯罪的制裁思路》，《中外法学》2014 年第 4 期。

是展开进一步探讨的前提。首先应当指出，本书对信息网络犯罪概念的探讨，不是要在本体论的意义上回答"信息网络犯罪是什么"，因为犯罪的本质不是客观事实判断，而是价值判断，追求一个客观、统一的实质犯罪概念的努力注定是徒劳的。作为对犯罪本质的描述，法益侵害说与规范违反说的争执不休继而走向融合的趋势充分说明了这一点。应当从犯罪概念的功能，也就是对犯罪进行类型化的标准这一层面，对信息网络犯罪概念展开探讨。

犯罪学与刑法学都是以犯罪为研究对象，但犯罪学视域内的犯罪概念有别于刑法学视域内的犯罪概念，这是由两个学科的不同任务所决定的。犯罪学是跨学科的经验科学研究领域，研究犯罪行为的成因及分类、被害人行为模式、犯罪社会条件的控制、犯罪人改造可能性以及刑罚的实际影响；[①] 刑法学则是规范学科，是以刑法规范为基础，研究什么是犯罪，以及如何处罚犯罪[②]，也就是刑事归责的学科。二者都以犯罪概念的界定为研究开展的前提。但前者视域内，犯罪类型只需具有模糊指向性，这是由犯罪学实证学科的任务决定的，它的任务是在分析犯罪现象、归结犯罪原因的基础上，提出犯罪预防的策略与措施。因此，根据控制变量的需求，犯罪人类别、犯罪侵犯对象、犯罪手段等，都可以成为犯罪类型划分的标准。例如，根据犯罪人的类别划分，可以有老年犯罪、女性犯罪等，根据侵犯的对象划分，可以有环境犯罪、经济犯罪等，根据犯罪行为手段的划分，可以有暴力犯罪、非暴力犯罪等。而后者则不同，刑法学的任务是划定刑罚处罚的范围，这包括立法层面犯罪化边界的确立，以及司法适用层面的犯罪化边界，也就是以刑事责任为依据适用刑罚处罚的边界的确立。后者视域内的犯罪概念，应当为立法与司法层面的犯罪化提供明确的基础界限。

一 犯罪学视域的信息网络犯罪

（一）信息网络犯罪的代际演变：以数据为对象

对信息网络犯罪概念的厘定，从世界范围内来看一直都在犯罪学视域

---

① Vgl. Hans-Dieter Schwind, *Kriminologie und Kriminalpolitik*：*Eine praxisorientierte Einführung mit Beispielen*, C. F. Müller, 2016, S. 8.

② 郑旭江、杨兴培：《论犯罪学与刑法学的相互关系与互补共进》，《青少年犯罪问题》2014年第3期。

下进行。在欧洲，"网络犯罪"是比较通行的指称。欧洲理事会《网络犯罪公约》中，将网络犯罪界定为两类犯罪行为，"侵犯计算机数据和信息安全的网络犯罪为一类；在滥用计算机技术、网络技术实施的其他犯罪中，根据它们的客观方面的特征，如犯罪行为、犯罪对象，将它们分为与计算机相关的犯罪、与内容相关的犯罪和侵犯著作权及其邻接权的犯罪"。① 也就是将网络犯罪界定为两类犯罪行为：一类是狭义的网络犯罪，具体指侵犯计算机系统或数据机密性、完整性与可用性的犯罪行为；一类是广义的网络犯罪，具体指以互联网为工具实施的犯罪行为。② 这一区分标准也为联合国毒品与犯罪办公室③采纳。这一定义以犯罪行为侵犯的对象，也就是计算机数据或系统作为网络犯罪核心范畴的界定标准，以互联网为工具实施的其他犯罪以其激增的危害性也被纳入了广义网络犯罪的范畴。

我国学界目前处于通说地位的观点认为，信息网络犯罪主要经历了三次代际演变④，第一个阶段是将计算机信息系统作为犯罪对象的"互联网1.0"时期。2000年之前，互联网是以"联"为主，将计算机和网民连接到一起，计算机信息系统是主要的犯罪对象。《刑法》设置了第285条非法侵入计算机信息系统罪和第286条破坏计算机信息系统罪，以及作为对利用计算机网络实施传统犯罪进行处罚之提示性规定的第287条。根据犯罪对象进行划分，这一阶段的信息网络犯罪的主体内涵是指计算机犯罪。网络犯罪则主要指运用计算机技术，借助于网络实施的具有严重危害性的行为⑤，也就是《刑法》第287条所规制的情形，在当时的互联网发展阶段其还远未受到足够关注。

第二个阶段是计算机、网络作为犯罪工具的"互联网2.0"时期。2000年之后，互联网逐渐成为网络参与主体间实现"点对点"信息交流的介质，以"互"为主，借助网络实施的传统犯罪，特别是侵财犯罪大幅跃

① 皮勇：《网络犯罪比较研究》，中国人民公安大学出版社，2005，第19页。
② 包括英国、德国在内的28个欧盟成员国以及美国、加拿大等国都是该公约的缔约国，均采纳了网络犯罪的这一界定。
③ UNODC, Comprehensive Study on Cybercrime 2013, Exclusive Summary, p. 1.
④ 参见于志刚《网络思维的演变与网络犯罪的制裁思路》，《中外法学》2014年第4期。
⑤ 刘广三、杨厚瑞：《计算机网络与犯罪》，《山东公安专科学校学报》2000年第2期。

升，单一以计算机信息系统为对象的犯罪行为显著下降，立法者对《刑法》第 285 条和第 286 条进行了扩容，形成了以计算机信息系统、软件和数据为保护对象的罪名体系。这一阶段，以计算机网络为犯罪工具的犯罪行为大幅上升。2000 年通过的《全国人民代表大会常务委员会关于维护互联网安全的决定》与《刑法》第 287 条共同成为规制以计算机网络为工具、网络化的传统犯罪的主要规范根据，定罪量刑的标准则有最高司法机关主导下出台的司法解释予以明确。到这一阶段为止，我国《刑法》第 286 条所规制的犯罪行为基本对应《网络犯罪公约》界定的狭义网络犯罪的范畴，第 287 条所规制的犯罪行为则对应广义网络犯罪的范畴。

第三个阶段是将互联网作为犯罪空间、三网融合的"互联网 3.0"时期。随着网络平台的生成，已经形成网络空间与现实空间并行交融的"双层社会"。① 在网络空间这一新型犯罪空间内，犯罪行为的危害性呈几何倍数递增，需要特别规制。我国通过《刑修（九）》增设了第 286 条之一拒不履行信息网络安全管理义务罪，第 287 条之一非法利用信息网络罪，第 287 条之二帮助信息网络犯罪活动罪，第 291 条之一第 2 款编造、故意传播虚假信息罪，这 4 个只能发生在网络空间的"纯正"网络犯罪②，并修订了第 253 条之一侵犯公民个人信息罪来应对网络空间新的犯罪情势。而在网络空间实施的编造、故意传播虚假信息罪，本质属于网络化的传统犯罪，因而不在此列，真正的狭义网络犯罪只包含了其余 4 个罪名，这一类犯罪所侵犯的对象是互联网、信息系统③及其所存储数据。④

除了前文所持对"双层社会"论的否定观点，本书对以上有关网络犯罪代际演变的认知表示赞同，但将互联网、信息系统及其所存储数据作为评价的行为对象，信息网络犯罪的概念和范围界定仍不清晰。对互联网、信息系统及其所存储数据的侵犯一般包含以下三种情形：第一，通过侵犯

---

① 参见于志刚《"双层社会"中传统刑法的适用空间——以"两高"〈网络诽谤解释〉发布为背景》，《法学》2013 年第 10 期。

② 参见梁根林《传统犯罪的网络化：归责障碍、刑法应对与教义限缩》，《法学》2017 年第 2 期。

③ "信息系统"的概念超越了计算机的单一载体范畴，不同于"计算机信息系统"。

④ 2014 年，第十九届国际刑法学协会所达成的"信息社会与刑法"决议中，基于犯罪行为愈加显著的网络化特征，将狭义信息网络犯罪的范畴界定为"数据和信息通讯技术系统的保密性、完整性和可用性"。参见孙道萃《网络刑法知识转型与立法回应》，《现代法学》2017 年第 1 期。

计算机信息系统实现对三者的侵犯，也就是传统意义上的计算机犯罪；第二，通过对三者的侵犯实现其他犯罪目的，也就是网络化的传统犯罪；第三，通过侵犯所存储数据，主动或附随地实现对互联网或信息系统的侵犯。狭义信息网络犯罪的范畴仅限于第三种情形下的犯罪行为，信息系统所存储数据是其所侵犯对象。鉴于我国刑法中采用了信息而非数据的法律概念，对二者还应进行进一步辨析，才能厘清犯罪学视域下信息网络犯罪所侵犯对象及其基本范畴。

（二）信息网络犯罪基本范畴：以信息为对象

1. "数据"与"信息"之辨

所谓数据，是指标准化、可再处理的信息表达形式，是信息内容的荷载符号①，包括图像、声音、文字以及它们能转换的形式等。互联网时代是本书的基本语境，在此前提下，数据被以电、磁等方法固定在硬盘等载体上，由此才能够聚合（aggregiert）并被进一步处理（weiterverarbeitet）形成电子数据。② 当前各国的相关立法大都集中于对电子数据的保护，因此一般认为相关的立法及文献中使用的"数据"指称的就是电子数据，本书使用的"数据"概念也是如此。信息是指不同主体之间的数据交换所产生的"意义"，或者说内容。③ 与数据不同，信息不具备先在的客观内涵，并不只是"对于一定物质存在的反应，具有一定结构和层次并能够为人所感受和认知的符号集合"④，因为意义或者说内容的产生需要依赖两个前提：第一，信息发出者和接收者之间的交换过程（Informationsprozess）；第二，信息接收者的主观认知。从行动者网络理论（actor network theory）的视角出发，在本体论的意义上，信息只有在现实社会的行动者（包括人与物）参与形成的网络中才会存在。⑤ 抛开信息形成的过程界定信息内涵，

---

① Vgl. Max von Schönfeld, *Screen Scraping und Informationsfreiheit*, Nomos, 2018, S. 27.
② Vgl. Max von Schönfeld, *Screen Scraping und Informationsfreiheit*, Nomos, 2018, S. 27.
③ See Andréa Belliger, David J. Krieger, *Network Publicy Governance: On Privacy and the Informational Self*, Verlag Biefeld, 2018, p. 38.
④ 王肃之：《大数据环境下法人信息权的法律保护——以脱敏数据权利为切入点》,《当代经济管理》2018 年第 8 期。
⑤ See Andréa Belliger, David J. Krieger, *Network Publicy Governance: On Privacy and the Informational Self*, Verlag Biefeld, 2018, p. 41.

无法对信息的本体属性形成准确和完整的认知。

2. 信息：刑法评价的行为对象

基于以上认知，以主体、信息与数据的关系作为语境展开探讨，可以明确刑法评价的行为对象应是"信息"而非"数据"。我国刑事立法中"信息"和"数据"的概念都存在，例如"个人信息"与"计算机信息系统数据"，学界对二者一般不作区分。但在刑法视域中，通过加工处理数据制造、获取、传播与利用信息，可能会指向多种类型的法益侵害，若以数据作为对象构建全面的刑法规范与评价体系，会力有不逮，应当以信息作为刑法评价的行为对象。

例如通过加工处理数据制造、获取、传播与利用违法信息可指向秩序法益侵害，获取、传播与利用个人信息可指向人身法益侵害，获取、传播与利用商业秘密、游戏账号密码等信息可指向财产法益侵害。正是由于对数据与数据加工处理后形成的信息不加以区分，在司法实践中，单纯通过扩张解释"计算机信息系统"，数据作为"计算机信息系统"的附属概念几乎被扩张到包含网络中的一切数据，我国《刑法》第285条与第286条规定的计算机犯罪才逐渐有沦为口袋罪的趋势。[①] 与此同时，我国通过《刑修（九）》新增加与修订了4个信息网络犯罪罪名。[②] 我国学界在以"代际演变"的视角，以"网络思维"[③] 投入新罪名的研究时，往往忽略了应当厘清计算机犯罪与信息网络犯罪在刑法规范视野下的关系。

事实上，在对非法获取计算机信息系统数据罪的探讨中，已有学者以区分数据的技术属性与法律属性为前提，主张本罪所保护的法益是数据安全，应当将以数据为媒介侵犯个人信息权、财产权与知识产权的犯罪排除在本罪规制范围之外。[④] 本书认为这还不够，需要更进一步从数据与信息

[①] 参见杨志琼《非法获取计算机信息系统数据罪"口袋化"的实证分析及其处理路径》，《法学评论》2018年第6期。

[②] 包括我国《刑修（九）》新增的第286条之一拒不履行信息网络安全管理义务罪、第287条之一非法利用信息网络罪、第287条之二帮助信息网络犯罪活动罪，以及修改的第253条之一侵犯公民个人信息罪，第291条之一第2款编造、故意传播虚假信息罪属于网络化的传统犯罪，不在此列。

[③] 参见于志刚《网络思维的演变与网络犯罪的制裁思路》，《中外法学》2014年第4期。

[④] 参见杨志琼《非法获取计算机信息系统数据罪"口袋化"的实证分析及其处理路径》，《法学评论》2018年第6期。

的关系着手，厘清计算机犯罪与信息网络犯罪之间具备普适意义的关系。本书认为，以上计算机犯罪所规制的，是通过处理计算机信息系统内部侧重于计算机信息系统功能维护的数据，从而获取、传播与利用权限认证信息的行为，其余信息网络犯罪的相关罪名所规制的，均为通过数据加工处理，制造、获取、传播与利用信息侵犯刑法所保护相应法益的行为。我国刑法中有对"事实""内容""秘密"等进行规制的罪名（具体罪名在下文展开），所评价的实质对象就是信息。从这个意义上来说，我国刑法评价的行为对象不是数据，而是信息。对数据加工处理行为的刑法评价，应当首先判断通过数据加工处理所得到的信息类型，进而判断制造、获取、传播、利用相应信息所侵犯的具体法益，并结合具体的刑法规定明确所触犯的具体罪名，依此路径才能避免产生不必要的竞合情形。

以德国刑法中数据犯罪的相关规定为蓝本，我国刑法学界有观点主张应以数据为刑法评价的行为对象[①]，这忽视了两国立法模式的本质区别。根据德国刑法第 202a 条探知数据罪第 2 款的规定，其"数据"是指"以电子、磁性或其他无法直接感知的方式存储或传输者"，也就是技术意义的电子数据与信息内容的结合，二者未作区分。[②] 以此为对象，根据德国刑法中数据犯罪的规定，数据处理行为受到一致的评价。[③] 我国《刑法》第 285 条、第 286 条规定的计算机犯罪，正如上文所述，处罚的是通过数据处理影响计算机信息系统功能的行为，其实质是获取、传播、利用计算机信息系统权限认证信息的行为。《刑修（九）》新增的信息网络犯罪则更是明确以"信息"为对象，规制对信息的制造、获取、传播与利用行为。因此，在我国刑法语境下，不能不对二者加以区分，需明确刑法评价的行为对象是信息而非数据。

至此，厘清信息网络犯罪的基本范畴已不存在障碍。狭义信息网络犯

---

① 参见于志刚、李源粒《大数据时代数据犯罪的制裁思路》，《中国社会科学》2014 年第 10 期。

② 欧盟的《数据保护基本条例》也是如此。

③ 例如第 202a 条探知数据罪处罚"无权限而克服安全防护措施，使自己或第三人取得非为自己所制作，且无获取权限的、被特殊防护的数据"的行为，第 202b 条拦截数据罪处罚"使用技术方法，使自己或第三人从非公开的数据传输中，或数据处理设备的电子传输中，取得非其所用的数据"的行为，第 303a 条变更数据罪处罚"违法删除、封锁或变更他人数据，或使之失效"的行为，第 303b 条破坏计算机罪处罚"对他人重要的数据处理造成显著干扰"的行为。

罪应指通过数据处理，制造、获取、传播、利用特定类型信息，主动或附随侵犯互联网或信息系统的行为；广义信息网络犯罪包括计算机犯罪，即通过处理计算机信息系统内部侧重于计算机信息系统功能维护的数据，从而获取、传播与利用权限认证信息，以实现对互联网、信息系统及其所存储数据的侵犯行为，以及网络化的传统犯罪，即通过数据处理，制造、获取、传播、利用计算机信息系统权限认证信息以外的其他信息，以实现其他犯罪目的的行为。这样的分类，对于在刑法学这一规范学科视域中，在法益侵害社会化的现状下确立信息网络犯罪刑事规制的基础边界仍显不足，需要在刑法学视域中进行进一步厘清。

二 刑法学视域的信息网络犯罪

有关犯罪概念的界定，刑法理论中历来存在争议。从世界范围来看，刑法理论中主要形成了三种类型的犯罪概念，即形式概念、实质概念以及混合概念。[1] 形式的犯罪概念试图从犯罪的法律特征来进行界定，将犯罪表述为触犯刑法，应承担刑事法律后果的行为。[2] 实质的犯罪概念从犯罪的前提与根据入手，将犯罪表述为侵犯法益或者违反规范的行为。混合的犯罪概念则结合形式的法律特征描述与实质的犯罪本质界定。根据通说观点，我国《刑法》第 13 条的规定即为典型的混合犯罪概念，理论中将犯罪界定为具有刑事违法性、社会危害性以及应受刑罚处罚性的行为[3]，所谓应受刑罚处罚性以罪过与责任能力为成立条件，是对行为入罪的规范评价过程，犯罪的基本特征实为刑事违法性与社会危害性。

德日刑法理论中多采用形式的犯罪概念，认为犯罪是具备构成要件符合性、违法性与有责性的行为。通过阶层式的犯罪构成理论，对刑法处罚的犯罪行为予以类型化，以确立犯罪化的基础边界。而为了避免出罪规范路径的缺乏，实质的犯罪概念通过违法性理论获得了存在与发展的空间。实质违法性是指行为对刑法规范所保护的法益造成了侵害结果，或具备法益侵害的抽象危险。鉴于法益本身即为立法者经过以宪法为依

① 参见刘艳红《入出罪走向出罪：刑法犯罪概念的功能转换》，《政法论坛》2017 年第 5 期。
② Vgl. Hans-Dieter Schwind, *Kriminologie und Kriminalpolitik：Eine praxisorientierte Einführung mit Beispielen*, C. F. Müller, 2016, S. 6.
③ 参见马克昌《犯罪通论》，武汉大学出版社，1999，第 75~76 页。

据的价值判断后，确认须以刑法保护的现实生活利益，而法益侵害结果与抽象危险的认定也需要对相冲突的现实生活利益进行衡量，确认刑法不保护或者次优保护的利益，才可认定行为对刑法优先保护的利益造成损害或具备侵害的抽象危险，所谓实质违法性的判断即对刑法所保护现实生活利益优先级的价值判断。形式与实质违法性是一体两面的关系，由此产生了违法阻却事由等衡量实质违法性的规范要素。而在我国的刑法理论中，社会危害性与刑事违法性通常被理解为决定与被决定的关系①，前者是犯罪的本质特征，后者仅要求行为形式地违反了刑事法律规范，否认刑事违法性中实质违法性的意涵。其实质是认为社会危害性独立于刑事违法性，将行为入罪规范评价过程中的价值判断交由法律之外极易被恣意解释的"社会危害性"来进行判断，这无疑与罪刑法定的基本原则相冲突。这一点，在"玉米收购案""气枪案"等一系列热点案件的定罪判决与纠正中体现得非常清晰。不能只看到最后的结果是以"情节显著轻微，危害不大"来出罪，还应当认识到出罪与入罪都失于恣意。因此，本书选择在德日刑法理论中形式犯罪概念的语境下，展开对信息网络犯罪概念的厘清。

如上文所指出，网络空间的结构特征催使了其内犯罪行为可能造成法益侵害的社会化。以犯罪行为网络化的基本特征为前提，在刑法学视域内，本书探讨的信息网络犯罪不包括计算机犯罪，限于狭义的信息网络犯罪以及广义信息网络犯罪中网络化的传统犯罪。传统犯罪网络化之后产生了法律规制漏洞，狭义信息网络犯罪的创制被视作对此类漏洞的弥补。两者范畴内，需要研究的问题却又不相同。对于狭义信息网络犯罪，由于潜在犯罪行为人的单一行为可侵害对象，以及法益的类型、数量与重要性都无法预测，单一以犯罪行为所侵害对象或行为模式为标准已无法妥当地界定刑罚处罚的基础范围，也就是区分出此类罪名有别于传统罪名的保护范围。而法益与行为事实上处于对置关系，应当统一于犯罪概念之中。换言之，侵犯特定法益，具备构成要件符合性、违法性与有责性的行为，才是犯罪的完整内涵。那么，只有以我国刑法中的具体罪名为依据，并明确此类罪名所保护的法益内涵，才能厘清刑法学视域中狭义信息网络犯罪的范

---

①　参见高铭暄、马克昌《刑法学》，北京大学出版社、高等教育出版社，2000，第49页。

畴，有关于此将在后文详细展开。对于网络化的传统犯罪，法益侵害社会化带来一个显著的问题：在创设狭义信息网络犯罪且明确其保护范围之后，还能够以传统犯罪行为与互联网结合之后法益侵害重大为理由对相应传统犯罪行为从重处罚[①]吗？这是否存在重复评价的问题？后文也将结合具体罪名进行探讨。

第三节　信息网络犯罪的主要类型与严峻现状

随着互联网逐渐成为世界范围内经济社会发展的基础架构，信息网络犯罪也随之呈现高发态势。下文拟分别梳理德国、美国、英国这三个世界主要法治发达国家，以及我国信息网络犯罪的主要类型与严峻现状。

一　域外国家信息网络犯罪的主要类型与严峻现状

（一）德国信息网络犯罪的主要类型与现状

在欧洲理事会《网络犯罪公约》定义的基础上，基于信息网络犯罪行为愈加显著的网络化特征，德国联邦犯罪调查局在其最新的 2017 年《联邦网络犯罪现状报告》（Cybercrime Bundeslagebild 2017）中对其狭义信息网络犯罪的定义进行了更新，界定为"针对互联网、数据网络、信息系统及其所存储数据的犯罪行为"。[②] 这一定义坚持了将犯罪行为所侵犯对象作为信息网络犯罪核心范畴的界定标准，又基于犯罪行为网络化的现实特征对《网络犯罪公约》的传统定义进行了突破，将狭义信息网络犯罪的范畴明确为以数据为侵犯对象的犯罪。该类犯罪主要包含以下几类罪名：计算机诈骗罪[③]、探知

---

① 比如曾经被学界热议的网络寻衅滋事罪，在我国刑法中增设编造、故意传播虚假信息罪之后，对此类行为如何妥当评价？

② Bundeskriminalamt, Cybercrime: Bundeslagebild 2017, S. 2.

③ 德国刑法典第 263a 条规定："（1）意图使自己或他人获取不法的财产性利益，通过利用非正确编写的计算机程序无权使用数据，或其他无权而介入数据运算，影响运算结果，导致他人财产损害的，处五年以下有期徒刑或罚金。（2）本罪适用第 263 条第 2 款至第 7 款的规定。（3）为了实施本罪第 1 款规定的犯罪行为，编写，使自己或第三人取得、贩卖、保存计算机程序，或将计算机程序让与第三人的，处三年以下有期徒刑或罚金。"Vgl. § 263a StGB.

或拦截数据罪[①]、变更数据罪[②]、破坏计算机罪[③]以及伪造有证明重要性之数据罪[④]和数据法律交往中的诈骗罪。[⑤] 滥用信息通信服务的行为作为一类特殊的计算机诈骗行为受到单独的关注，而窝藏数据罪[⑥]本年度并未进入统计范围。

总体来看，根据警方的犯罪数据统计（Polizeiliche Kriminalstatistik），

[①] 包括第 202a 条探知数据罪，第 202b 条拦截数据罪以及第 202c 条预备探知和拦截数据罪。第 202a 条规定："无权限而克服安全防护措施，使自己或第三人取得非为自己所制作，且无获取权限的、被特殊防护的数据，处三年以下有期徒刑或罚金。第 1 款所指数据，是指以电子、磁性或其他无法直接感知的方式存储或传输者。"第 202b 条规定："使用技术方法，使自己或第三人从非公开的数据传输中，或数据处理设备的电子传输中，取得非其所用的数据，且该行为不会依照其他罪名被处以更重刑罚的，处以两年以下有期徒刑或罚金。"第 202c 条规定："任何人制造、为自己或他人获取、出售、转让、传播或者通过其他方式，使他人获取可用于访问本法 202a 条第 2 款规定之数据的密码，或其他安全代码，或者使他人获取用于实施数据探知或拦截的计算机程序，从而预备实施本法第 202a 条或第 202b 条规定的犯罪，处两年以下有期徒刑或者罚金。本罪适用第 149 条第 2 款与第 3 款的规定。"Vgl. § 202a, 202b, 202c StGB.

[②] 德国刑法典第 303a 条规定："违法删除、封锁或变更他人数据（第 202a 条第 2 款），或使之失效的，处两年以下有期徒刑或罚金。处罚未遂犯。预备实施第 1 款犯罪行为的，适用第 202c 条的规定。"

[③] 德国刑法典第 303b 条规定："（1）对他人重要的数据处理以下列方法造成显著干扰的，处三年以下有期徒刑或罚金：以第 303a 条第 1 款的行为实施；意图使他人遭受不利，输入或传输数据；毁坏、损坏数据处理或储存设备，或使之失效，或予以变更。（2）对以他人经营的组织、企业或机关重要的数据处理为对象，实施本罪规制的犯罪行为的，处五年以下有期徒刑或罚金。（3）处罚未遂犯。（4）犯第 2 款规定的犯罪行为，情节严重的，处以七个月以上十年以下有期徒刑。有下列情形之一的，原则上即为情节严重：造成重大财产损失；系职业行为或犯罪组织成员，其行为可能发展至与破坏计算机罪相联系；妨碍国民生活上的重大利益或服务供给，或德意志联邦共和国的安全。（5）预备实施第 1 款犯罪行为的，适用第 202c 条的规定。"Vgl. § 303b StGB.

[④] 德国刑法典第 269 条规定："（1）意图在法律交往中诈骗，储存或变更具有重要性的数据，致使查看该数据时仿佛存在一份真正的或伪造的文书，或使用此类被存储或变更之数据的，处五年以下有期徒刑或罚金。（2）处罚未遂犯。（3）本罪适用第 267 条第 3 款与第 4 款的规定。"Vgl. § 269 StGB.

[⑤] 德国刑法典第 270 条规定："在法律交往时对数据处理产生虚假影响，视为在法律交往中的诈骗。"Vgl. § 270 StGB.

[⑥] 德国刑法典第 202d 条规定："（1）意图为自己或第三人的利益损害他人，对非开放给公众且由他人违法行为所取得的数据（第 202a 条第 2 款），使自己或他人取得、交付他人、散布或者以其他方法取得并使用的，处三年以下有期徒刑或罚金。（2）前款之罪，刑罚不得重于对先行犯罪行为所规定的刑罚。（3）仅为履行合法公务或业务的职业行为，不适用本罪第 1 款的规定，主要包括：公务员或受委托者仅为了在税款征收程序、刑事程序或秩序违反程序使用而提供数据的；刑事诉讼法第 5 款第 1 项第 5 句规定的人对于资料接收、使用或公开的业务行为。"Vgl. § 202d StGB.

2017 年狭义信息网络犯罪的案件总数为 85960 件，较之 2015 年的 82649 件增长了 4%。其中，狭义网络犯罪范畴的计算机诈骗罪，也就是以为自己或他人谋取利益为目的，通过数据处理给他人造成财产损失的行为有 63939 件，居绝对多数，占 74.4%；探知或拦截数据类犯罪有 9600 件，占 11.2%；伪造有证明重要性之数据罪和法律交往中的数据诈骗罪共 8352 件，占 9.7%；变更数据和破坏计算机罪共 3596 件，占 4.2%；滥用信息通信服务的犯罪行为共 473 件，占 0.6%。广义的信息网络犯罪，也就是互联网在犯罪行为的实施、犯罪计划的完成中发挥了显著作用（不包括实行行为之前通过互联网进行联络这样的情形）的犯罪，2017 年共有 251217 件，较之 2015 年的 2532098 件大幅下降，下降幅度超 90%。其中，通过互联网实施诈骗犯罪的有 183529 件，占 73.1%，居绝大多数；通过互联网侵犯公民人身与自由的有 8140 件；通过互联网侵犯他人性自主权的有 7888 件，通过互联网实施附属刑法所规制犯罪的有 5143 件。

根据警方的统计，2017 年信息网络犯罪所造成的经济损失总额为 7180 万欧元，其中，狭义信息网络犯罪范畴内的计算机诈骗造成的经济损失为 7140 万欧元，滥用信息通信服务造成的经济损失为 40 万欧元。根据第三方机构 2017 年 10 月所做调查，过去 2 年内，2 个网民中就有 1 个曾经成为信息网络犯罪的受害者，有超过一半的德国企业因为信息网络犯罪遭受了经济损失。①

（二）美国信息网络犯罪的主要类型与现状

美国也是《网络犯罪公约》的缔约国之一，因此对于信息网络犯罪的基本界定也沿用了该公约的二分法。美国联邦调查局是美国网络犯罪调查的领导机构，其下属的互联网犯罪投诉中心（Internet Crime Complaint Center）负责受理美国和世界各地受害人有关信息网络犯罪的报案，与其他通常向地方警局、联邦调查局和其他联邦执法机构、联邦贸易委员会以及邮政检查服务局举报的违法犯罪行为相区分。该中心负责撰写年度的美国网络犯罪调查报告，在最新的 2018 年度《网络犯罪报告》（2018 Internet Crime Report）中，由于对信息网络犯罪的报案受理机制不同，美国并未如德国一般依据警方对进入刑事调查程序的犯罪行为进行统计，按照两类信

---

① Bundeskriminalamt, Cybercrime: Bundeslagebild 2017, S. 7.

息网络犯罪的分类分别计算，而是直接按照各类广义信息网络犯罪行为报案的受害人数与造成的损失，对联邦与各州的具体境况进行排序与统计。

在各类罪名受害人的统计中，该报告并未明确区分统计美国国内的受害人，仅按照受害者人数量对美国各州和世界各国进行了排序。而在以联邦、州为标准的分类统计中，又并未纳入对罪名的考量，因此，根据此份报告，本书无法区分出各类罪名的美国国内受害人，仅能按照整体的统计数字予以评析。该份报告显示，进入统计范畴的犯罪行为共有35类，进行举报的受害人共有 257664 人，造成经济损失约 6.44 亿美元（造成损失 25.7 亿美元，追回损失 19.26 亿美元）。按受害者人数多寡的顺序，包括拒不支付或拒不发货（65116 人）、网络敲诈勒索（51146 人）、个人数据泄露（50642 人）等。①

（三）英国信息网络犯罪的主要类型与现状

1990 年英国即颁布了《计算机滥用法》（Computer Misuse Act）作为应对信息网络犯罪的基础性专门法，英国国家统计局从 2016 年起开始将滥用计算机的犯罪行为与诈骗犯罪分开统计，根据法律规范所确立的表述，将狭义的信息网络犯罪表述为计算机滥用的犯罪，对广义的信息网络犯罪仅统计涉及互联网的各类诈骗犯罪，未涉及以互联网为犯罪工具的其他类型犯罪。2006 年成立的英国国家犯罪局（NCA）是英国负责打击信息网络犯罪的领导机构。该局在其最新的《网络犯罪评估报告》中将信息网络犯罪划分为两类：网络依赖型犯罪（cyber-dependent crime）和网络驱动型犯罪（cyber-enabled crime）。② 这一界定相较于《网络犯罪公约》确立的两分法标准实质上也并未发生变化。依据英国国家统计办公室最新的 2017 年《英格兰与威尔士犯罪统计报告》，2016 年 7 月至 2017 年 6 月所统计的犯罪总数为 581.2 万件，其中计算机滥用的犯罪与诈骗犯罪共 494.6 万件，占比超过 85%。这之中各类诈骗犯罪 334 万件，包括银行与信用卡诈骗 251.3 万件，消费者与零售诈骗 72.70 万件，预先付费而未获得对价给付 4 万件，其他类型诈骗 6 万件；计算机滥用型犯罪共

---

① Internet Crime Complaint Center, 2018 Internet Crime Report，p. 19.

② NCA, Cybercrime Assessment 2016，p. 5.

160.6 万件，包括计算机病毒攻击 107.1 万件，非法获取个人信息（包括黑客攻击）53.5 万件。[①]

根据独立第三方机构的研究报告，仅 2016 年英国境内就有 290 万家企业遭受了网络犯罪的侵袭，占英国境内企业数量的 52%，造成的经济损失为 291 亿英镑。16 岁以上的英国居民，因为信息网络犯罪人均年均经济损失 210 英镑。[②]

经过上文对三个世界主要法治发达国家信息网络犯罪主要类型和现状的考察可以清晰地看到，单一的以黑客攻击为代表，以计算机信息系统为犯罪对象的计算机犯罪数量所占比例已非常小，狭义信息网络犯罪以及网络化的传统犯罪的数量与比例已很大，受害人数量与造成的经济损失都非常大，已成为各国亟待治理的严峻社会问题。那么，我国信息网络犯罪的类型与现状又是如何？

二　我国信息网络犯罪的主要类型与严峻现状

（一）我国狭义信息网络犯罪的类型与现状

在我国，狭义信息网络犯罪的罪名经由 2015 年 8 月通过的《刑修（九）》新近创立。根据中国裁判文书网已经公开的判决文书，截至 2019 年 7 月 8 日，判处拒不履行信息网络安全管理义务罪的案件数为 1 件[③]，判处非法利用信息网络罪的案件数为 80 件[④]，判处帮助信息网络犯罪活动罪的案件数为 28 件[⑤]，判处侵犯公民个人信息罪的案件数为 287 件。[⑥] 随着国家

[①] Office for National Statistics, Crime in England and Wales: year ending June 2017, pp. 18 – 19.

[②] Marika Samarati, "Cyber crime cost UK businesses £ 29 billion in 2016", https://www. itgovernance. co. uk/blog/2016-cyber-security-breaches-cost-uk-businesses-almost-30-billion/，访问时间：2019 年 7 月 8 日。

[③] http://wenshu. court. gov. cn/list/list/? sorttype = 1&conditions = searchWord + QWJS + + + 全文检索：拒不履行信息网络安全管理义务罪，访问时间：2019 年 7 月 8 日。

[④] http://wenshu. court. gov. cn/list/list/? sorttype = 1&conditions = searchWord + QWJS + + + 全文检索：非法利用信息网络罪，访问时间：2019 年 7 月 8 日。

[⑤] http://wenshu. court. gov. cn/list/list/? sorttype = 1&conditions = searchWord + QWJS + + + 全文检索：帮助信息网络犯罪活动罪，访问时间：2019 年 7 月 8 日。

[⑥] http://wenshu. court. gov. cn/list/list/? sorttype = 1&conditions = searchWord + QWJS + + + 全文检索：侵犯公民个人信息罪，访问时间：2019 年 7 月 8 日。

"互联网＋"战略的持续推动，"十三五"规划所提出的国家大数据战略的实施，以及以之为基础的人工智能（AI）产业的蓬勃发展，互联网更加广泛而深入地嵌入国家社会经济发展的基础架构，狭义信息网络犯罪的数量必然会随之增长。

（二）我国网络化传统犯罪的类型与现状

我国网络化的传统犯罪呈递增高发态势，类型向多样化发展，造成的经济损失也非常惊人。国际著名的互联网安全技术厂商 Mcafee 公司于 2014 年发布的《网络损失：网络犯罪损失估算报告》指出，仅在 2014 年，信息网络犯罪给中国造成的经济损失就占据了当年中国 GDP 总额的 0.63%。[①] 其中，如本书所考察的德、美、英三国一样，通过互联网实施的侵财犯罪，主要为电信网络诈骗犯罪、网络金融犯罪、网络型传销犯罪等，成为近来最为高发的网络化传统犯罪。根据相关统计，虽然 2017 年我国电信网络诈骗犯罪案件的下降幅度高达 36.9%，但犯罪形势依然严峻，精准化诈骗进一步发展，国际化趋势也越发明显。侵犯个人信息和个人信息泄露是电信网络诈骗犯罪的源头，截至 2017 年 12 月 20 日，全国公安机关累计侦破侵犯公民个人信息案件 4911 起，抓获犯罪嫌疑人 15463 名，其中分别抓获利用工作便利窃取、泄露公民个人信息的相关行业内部人员和入侵信息系统窃取公民个人信息人员 831 名、389 名；打击处理涉案公司 164 家，其中房产类、互联网通信类、金融商贸类、文化教育类等是侵犯公民个人信息犯罪的易发、高发行业。这也直接推动了 2017 年 6 月最高人民法院、最高人民检察院《关于办理侵犯公民个人信息刑事案件适用法律若干问题的解释》（简称《公民个人信息解释》）的出台，力图加强对公民个人信息的保护力度。就互联网金融犯罪而言，大数据、云计算等新技术使金融市场的违法违规与犯罪行为更加复杂。在知识产权犯罪方面，移动互联网等领域的侵权乃至犯罪行为日趋凸显，仅 2017 年 7 月以来，就关闭侵权盗版网站 2554 个，删除侵权盗版链接 71 万条。此外，涉网的食卫环、黄赌毒犯

---

① Center for Strategic and International Studies in Mcafee, Net Losses: Estimating the Global Cost of Cybercrime 2014, p. 22.

罪增长也非常迅速，成为突出的网络化传统犯罪类型。①

而随着移动终端规模的加速扩张，我国网络化传统犯罪的规模会不断扩大，类型也会向更加多样化的趋势发展，整体呈现以下特点：第一，犯罪便捷性大大提高，新的犯罪手法和形式不断涌现；第二，逐渐趋于专业化、规模化和产业化，逐渐走入日常生活的 AI 技术更会大大加速这个过程；第三，由于人机分离、跨地域性等特性，侦办的时间和金钱成本很高，破案率很低；第四，报案率非常低，导致犯罪黑数很大。

面对严峻的信息网络犯罪形势，2016 年 12 月 27 日国家互联网信息办公室发布了《国家网络空间安全战略》，这说明我国已经从国家战略的高度将安全或者说信息网络犯罪风险预防作为我国构建网络空间法律治理体系的出发点。然而，刑法学视域中，信息网络犯罪刑事归责所面临的具体挑战还有待厘清与思考。

第四节　信息网络犯罪立法的特征

我国以及域外主要法治发达国家信息网络犯罪立法的特征，是进一步探讨适用刑法规制信息网络犯罪的明确标准前需要予以观察与分析的。

一　德国信息网络犯罪立法的特征

（一）狭义信息网络犯罪立法的特征

从 1986 年起，随着社会生活与经济发展的网络化程度不断加深，德国逐渐构建起以数据②为新型保护对象的狭义信息网络犯罪罪名体系。1986年通过的《打击经济犯罪第二法案》（2. WiKG），创设了伪造有证明重要性之数据罪（刑法典第 269 条）、计算机诈骗罪（刑法典第 263a 条）、变更数据罪（刑法典第 303a 条）、破坏计算机罪（刑法典第 303b 条）以及

---

① 参见靳高风、朱双洋、林晞楠《中国犯罪形势分析与预测（2017－2018）》，《中国人民公安大学学报》（社会科学版）2018 年第 2 期。

② 《欧洲数据保护基本条例》将个人数据界定为 "能识别或可识别自然人身体、生理、基因、心理、经济、文化或社会身份的所有信息"。这表明欧洲包括德国法中的 "数据" 内涵包含我国语境下的 "信息"。See EU General Data Protection Regulation, ABI. Nr. L119/1, 2016.

获取数据罪（刑法典第 202a 条）①。前两个罪名是对利用信息通信技术侵犯既有法益的犯罪进行规制，后三个罪名则是对新出现的法益，也就是数据处分权利人对数据的处分权（Verfügungsrecht über Daten）② 所进行的保护。随着网络空间的日趋形成，潜在犯罪行为的网络化特征愈加明显，网络空间法益侵害社会化的特点逐渐显现，既有罪名构成要件的涵摄能力已显不足，需要予以修正。

2007 年，德国联邦议会通过了第 41 号刑法修正案，将刑法典第 202a 条修改为"探知数据罪"，将"获取数据"修正为"获取取得数据的权限"，强化了对权利人对数据享有之处分权的保护；增设了拦截数据罪（刑法典第 202b 条）、预备探知和拦截数据罪（刑法典第 202c 条）；修改了变更数据罪（刑法典第 303a 条）③ 和破坏计算机罪（刑法典第 303b 条）。2015 年生效的《通信数据的存储义务与最高存储期限引入法》（BGBI. I S. 1218）第 5 条又新增了刑法典第 202d 条窝藏数据罪。此外，修订后的德国《联邦数据保护法》（BDSG）④ 第 42 条第 1 款规定，职业性地将明显非大众可获取的、多人的个人数据转给他人，或以其他方式无权或越权获取的行为，应处以三年以下自由刑或罚金刑；第 2 款规定，无权限的情形下对非大众可获取的个人数据进行处理或通过不实陈述骗取，以获取酬金，使自己或他人获利或伤害他人的行为，应处二年以下自由刑或罚金。本条的属性是保护个人为权利人时对数据享有之处分权的特别刑法。

依据《网络犯罪公约》对狭义网络犯罪侵犯计算机信息系统和数据"机密性、完整性和可用性"的界定，国内有学者将拦截数据罪保护的法益界定为处分权人对数据资料的保密权，将变更数据罪保护的法益界定为

---

① 之后被修改为探知数据罪。

② Vgl. Thomas Fischer, *Strafgesetzbuch mit Nebengesetzen*, 61. Aufl., 2014, Vorbemerkung zu § 303a, Rn. 2.

③ 修正案生效前，德国刑法第 303a 条规定："1. 非法去除、掩盖、使其不能使用或变更第 202a 条第 2 款规定的数据的，处两年以下自由刑或罚金。2. 犯本罪未遂，亦应处罚。"修正案第 5 条增加了第 303a 条第 3 款："3. 对于准备实施第 1 款犯罪行为的，适用第 202c 条的相应规定。"

④ 本法根据 2016 年欧盟的《数据保护基本条例》进行了修订，新法于 2017 年 7 月正式生效。

数据资料的可用性，将破坏计算机罪第 2 款保护的法益界定为他人公司、企业与机关计算机系统与数据的可用性，其余 4 款保护的法益是普遍意义的计算机系统与数据的可用性。[①] 本书认为，以数据为德国刑法中狭义信息网络犯罪所侵犯的对象是适宜的，但区分"机密性、完整性与可用性"已经不符合互联网结构样态的发展现状。随着网络空间内潜在犯罪行为的网络化，也就是法益侵害的社会化，德国刑法中狭义信息网络犯罪所保护的新型法益应当一致，即数据处分权利人对数据的处分权，这一点也为德国刑法学界的通说观点所确认。[②]

（二）网络化传统犯罪立法的特征

对于网络化的传统犯罪，德国通过创设专门罪名与制定专门法相结合的立法模式来加强规制。德国刑法典中的伪造有证明重要性之数据罪，以及计算机诈骗罪便属于以数据为新型的保护对象，规制借助网络在法律关系交往中伪造有证明力的数据，以及在互联网环境下通过编写、保存、获得、贩卖、让与计算机程序，或影响数据处理进程给他人造成财产损失的行为。对于儿童色情影音制品泛滥的问题，德国刑法典第 176 条规定了对儿童性滥用行为的处罚，其中第 4 款规定，向未成年儿童展示（当然包括通过互联网展示）有关淫秽的图像、模型，放映包含淫秽信息的影音像、谈话的行为，处以三个月以上五年以下的自由刑。刑法典第 201a 条将通过拍摄照片侵犯高度私密生活空间的行为纳入了刑法规制，该条第 1 款规定，对于在他人公寓或者其他受法律保护的高度私密之生活空间内，未经允许拍摄其照片且进行传播（包括通过互联网进行传播）的行为，应处以二年以下自由刑或罚金刑。[③] 对于 14 岁以下无刑事责任能力的儿童，应当征得监护人同意，从源头预防儿童的影像资料在网络空间传播。

在专门立法方面，基于网络服务提供者在网络空间中愈加重要的基础性地位，德国通过《电信传媒法》（Telemediengesetz），以功能为标准明确了网络服务提供者的类型、义务与法律责任。而针对 2015 年德国迎来难民

[①] 参见皮勇《论欧洲刑事法一体化背景下的德国网络犯罪立法》，《中外法学》2011 年第 5 期。

[②] Vgl. Thomas Fischer, *Strafgesetzbuch mit Nebengesetzen*, 61. Aufl., 2014, Vorbemerkung zu § 303a, Rn. 2.

[③] Vgl. § 201 (a) StGB.

潮以来网络广泛散播针对难民的仇恨言论，德国政府认为如 Facebook 等网络社交平台对仇恨言论的自我监管不力，以监管网络社交平台为己任的德国《网络执行法》（Netzwerkdurchsetzungsgesetz）于 2017 年 10 月 1 日正式生效。该法针对网络空间的"仇恨、煽动性言论以及虚假新闻内容"，整合德国司法部于 2015 年以来颁布的相关法令，加强对德国境内提供内容服务的网络社交平台的监管。该法规定，网络社交平台应当对用户推出分类更详尽的举报表格，对明显违法的言论，应 24 小时内删除，争议言论应在举报后 7 日内作出处理决定，针对平台的不作为或处理不力，最高可处以5000 万欧元的罚金。[1] 基于犯罪预防的刑事政策导向，通过该法明确加强了对网络言论的前置性管控。

二　美国信息网络犯罪立法的特征

基于立法模式的差异，美国规制信息网络犯罪的立法分为联邦与州两个层面，本书只考察联邦层面对于信息网络犯罪的立法规定。

在狭义信息网络犯罪的立法方面，美国联邦政府 1984 年制定、1986 年修订的《计算机欺诈与滥用法》（Computer Fraud and Abuse Act of 1986，CFAA），是美国规制狭义信息网络犯罪的基础性专门法。[2] 本法制定前，信息网络犯罪被普遍认为只是"旧瓶装新酒"，是利用计算机与网络实施的传统犯罪，通过对传统犯罪罪名犯罪构成的扩张解释即可妥当规制。但由于信息网络犯罪的侵犯对象、行为模式、损害结果等均与传统犯罪存在显著差异，司法机关在侦办案件及提起诉讼时，"必须对计算机网络犯罪有关的行为进行分析分类，然后为了达到诉讼目的尽力地将其硬塞入（shoe-horn）可以适用的法条中"[3]，常常会产生刑法规定的犯罪构成无法涵摄法律事实的情形。例如，对于利用计算机网络盗取个人数据继而盗取

---

① Vgl. §1, §2, §3, §4 NetzDG.

② 《全面控制犯罪法》是一部包含众多刑法条文的法律集，其中关于联邦第一个计算机网络犯罪的刑事立法位于该法律集的第 2102（a）节，具体名称为《伪造接入设备与计算机欺诈及滥用法》（Counterfeit Access Device and Computer Fraud and Abuse Act）。这一法条在1986 年进行修正时，正式定名为《计算机欺诈与滥用法》（Computer Fraud and Abuse Act，CFAA），后被编入美国联邦法典第 18 编刑事法律部分，位列第 1030 条。

③ See Elizabeth A. Glynn, "Computer Abuse: The Merging Crime and the Need for Legislation", *Fordham Urban Law Journal*, Vol. XII, 1984, pp. 77 - 78.

财产的情形，无法适用入室盗窃（burglary）的罪名进行处罚，因为后者要求行为人的身体进入他人房间或住所。

因此，美国联邦政府 1984 年出台了《伪造接入设备与计算机欺诈与滥用法》这一专门法。这一法案规制以下三种行为：其一，故意未经授权或越权访问计算机网络获取美国国防外交机密信息的，构成重罪；① 其二，故意未经授权或越权访问财务机构或消费者报告机构以获取财务信息的，构成轻罪；② 其三，故意未经授权或越权访问联邦政府机关的计算机，以使用、更改、破坏、泄露其中信息，阻碍有权者使用的，构成轻罪。③ 1986 年修正为《计算机欺诈与滥用法》，增加了三个新规定：第一，新增联邦法典第 1030 条第（a）4 款，规制未经授权访问计算机网络以实施诈骗的行为，实质是将电信诈骗④的规定拓展为包含利用信息网络实施的情形；第二，新增第（a）5 款，规制未经授权访问计算机网络，并更改、损毁其中信息，导致 1000 美元以上经济损失，危害医疗诊疗或 1 人以上护理的行为；第三，新增第（a）6 款，规制交易访问计算机网络访问密码的行为。⑤

1994 年出台的《暴力犯罪控制与法律执行法》，对《计算机欺诈与滥用法》进行了两个重要修正：第一，第 1030 条第（a）5 款中增加了因过失及任何疏忽状况（严格责任的情形）造成法定之损失，构成轻罪；第二，在第 1030 条中增加了民事救济规定，允许被害人得依该条提起损害赔偿诉讼。1996 年出台的《国家信息基础设施保护法》对《计算机欺诈与滥用法》进行了四个修正：第一，增加第 1030 条第（a）7 款，规制利用计算机实施敲诈勒索的行为；第二，第（a）2 款中保护的信息范围，被扩

---

① Pub. L. No. 98-473, tit. 22, ch. XXI, § 2102 (a), 98, Stat. 1837, contained in former § 1030 (a) (1), 1984, p. 2190.
② Pub. L. No. 98-473, tit. 22, ch. XXI, § 2102 (a), 98, Stat. 1837, contained in former § 1030 (a) (2), 1984, p. 2190.
③ Pub. L. No. 98-473, tit. 22, ch. XXI, § 2102 (a), 98, Stat. 1837, contained in former § 1030 (a) (3), 1984, p. 2190.
④ 关于美国电信诈骗罪（wire fraud）的法条参见美国联邦法典第 18 编第 1343 条，其主要内容为：在州际或国际往来中以不实或虚假的说辞、代理或者承诺而使任何的文件、标牌、信号、图画或声音通过电缆、无线电或电视媒介方式传输或被传送，目的在于实施或意图实施诈骗行为，谋取钱财。See 18 U. S. C. § 1343.
⑤ 18 U. S. C. § 1030 (a)(4) ~ (6)(Supp. IV 1987).

大为州或国际交往中任何类别的任何信息；第三，在该款的损害结果中增加了"导致他人身体伤害"和"威胁公共卫生与安全"两种情况；第四，将第（a）4、（a）5款中"关联联邦利益的计算机"，改为"受保护的计算机"。2001年出台的《爱国者法》又对《计算机欺诈与滥用法》进行了两个主要修正：第一，将"受保护计算机"的范围扩大到美国国境以外；第二，区分了"损害"与"损失"，后者包括被害人采取应对犯罪合理措施产生的费用，以及其他因中断服务产生的损害结果。① 最后，2008年出台的《身份盗窃与赔偿法》做出了三个重要修正：第一，将第1030条第（a）2款中"州际交流"这一要件删除；第二，扩充第（a）5款，将造成损害不满5000美元的规定为轻罪；第三，进一步拓展"受保护计算机"的定义，将"用于州际或国际"改为"用于或影响州际或国际"。通过1986年到2008年的五次重大修订，对于狭义的信息网络犯罪，美国在联邦层面以受法律保护的计算机，实质是以其中存储的信息为对象，以行为模式为标准，基本确立了以侵犯访问行为（包括未授权访问和越权访问）、传播行为和破坏行为三种基础的行为构成要件，以故意、过失或严格责任造成法定损害或损失的一类罪名。②

对于网络化的传统犯罪，美国通过一系列的专门立法，逐步构建起系统化的法律规制体系。例如，为了应对侵犯知识产权犯罪的网络化趋势，美国于1980年出台了《计算机软件版权法》③，首次将计算机软件纳入知识产权的保护范畴；1997年通过《禁止电子盗窃法》④，将非营利目的的侵权行为纳入规制；1997年通过的《数字千年版权法》⑤，强化了对网络化知识产权犯罪的规制；2008年出台《优化知识产权资源与组织法》⑥，设立重罪条款，加强了对知识产权犯罪的处罚力度。对于电信网络诈骗，通过联邦法典第1030（a）4条和第1343条的独立罪名予以规制。针对通过计算机网络实施儿童色情相关犯罪，除了《淫秽法》以外，在不同时期

---

① Pub. L. No. 107～156，§814（d）（5），115 Stat. 384.
② 参见高仕银《美国政府规制计算机网络犯罪的立法进程及其特点》，《美国研究》2017年第1期。
③ Computer Software Copyright Act of 1980.
④ No Electronic Theft Act of 1997.
⑤ Digital Millennium Copyright Act of 1998.
⑥ Prioritizing Resources and Organization for Intellectual Property Act of 2008，PRO IP Act.

增设了联邦法典第 2551 条，规制销售或购买未成年人色情物品的行为；第 2552 条，规制持有、发送或接收儿童色情物品的行为；第 2556 条，用以界定儿童色情的内涵，即写真描述，包括照片、电影等。①

三 英国信息网络犯罪立法的特征

相较于美国与德国，英国信息网络犯罪的立法相对滞后。1990 年出台的《计算机滥用法》是英国滥用计算机犯罪的基础性专门法。该法最初创设了三类滥用计算机的犯罪：第一，未经授权获取计算机程序或数据；第二，以实施或帮助实施其他犯罪之目的，未经授权获取计算机程序或数据；第三，未经授权更改计算机程序或数据。② 随着信息通信技术的不断发展与网络空间的逐渐形成，犯罪行为的网络化特征已清晰显现，形成了法律规制的两类基础犯罪行为：第一，未经授权（包括进行黑客攻击）获取个人信息；第二，通过计算机病毒、恶意软件、分布式拒绝服务（distributed denial of service）或其他方式攻击互联网服务。③ 这样的分类标准实质包含了狭义信息网络犯罪与计算机犯罪。

由于立法模式的差异，英国并无统一的刑法典。对于网络化的传统犯罪，英国通过在各刑事专门法中增设专门规定，构建对网络化传统犯罪的针对性罪名体系，同时通过专门立法完善对网络化传统犯罪的规范应对机制。针对虚拟财产的盗窃，英国《盗窃法》第 4 条第 1 款规定有形与无形之财产均受保护；④ 针对电信网络诈骗，2006 年英国出台了《诈骗法》，对《盗窃法》中有关诈骗的定义进行了更正，将利用虚假信息诈骗、隐瞒真相诈骗和滥用地位诈骗纳入了规制范畴，成为英国惩处电信网络诈骗的基本法律依据；针对淫秽视频的泛滥，英国 1994 年出台了《刑事司法和公共秩序法》，将 1959 年《淫秽物品出版法》中有关淫秽内容的界定扩张为包含可视化的电子信息传播；⑤ 针对网络化的知识产权犯罪，英国的

---

① 18 U. S. C. § 2256.

② Section 1 - 3, Misuse Act of Computer of 1990.

③ NCA, Cybercrime Assessment 2016, p. 5.

④ Theft Act 1968, Article 4 (2).

⑤ 参见古丽阿扎提·吐尔逊《英国网络犯罪研究》,《中国刑事法杂志》2009 年第 7 期。

《著作权、设计和专利法》第 107 条①设置了侵犯著作权行为的刑事责任；针对以网络空间中数据化的信息为媒介所实施的恐怖主义犯罪行为，英国政府于 2014 年通过了《紧急通信与互联网数据保留法》，允许警察与安全部门以打击犯罪及恐怖主义为目的获取互联网和电信公司的用户数据。②此外，由于英国也是欧洲理事会《网络犯罪公约》的缔约国，《网络犯罪公约》中所界定的网络化传统犯罪，英国直接适用其规定。

四　我国信息网络犯罪立法的现状

(一) 我国信息网络犯罪的立法

信息网络犯罪的治理，不只是刑法问题，更是社会问题，需要整体法秩序予以系统应对。因此，网络犯罪治理所依据的法律法规，宏观层面包含规制整体网络空间的法律法规体系，微观层面主要是指刑事法律法规。

从整体来看，规制信息网络犯罪的刑事法律文件主要有《刑法》、《全国人民代表大会常务委员会关于维护互联网安全的决定》以及 10 部司法解释。在狭义信息网络犯罪的规制上，《刑法》分则设置了第 286 条之一的拒不履行信息网络安全管理义务罪、第 287 条之一的非法利用信息网络罪、第 287 条之二的帮助信息网络犯罪活动罪以及第 253 条之一的侵犯公民个人信息罪，共 4 个罪名。明确狭义信息网络犯罪定罪量刑具体标准的司法解释，目前已生效的有最高人民法院、最高人民检察院《关于办理侵犯公民个人信息刑事案件适用法律若干问题的解释》和《关于办理非法利用信息网络、帮助信息网络犯罪活动等刑事案件适用法律若干问题的解释》，共计 2 部；明确网络化传统犯罪定罪量刑标准的司法解释，现行有效的包括最高人民法院《关于审理毒品犯罪案件适用法律若干问题的解释》，最高人民法院《关于审理编造、故意传播虚假恐怖信息刑事案件适用法律若干问题的解释》，最高人民法院、最高人民检察院《关于办理利用信息网络实施诽谤等刑事案件适用法律若干问题的解释》，最高人民法院、最高人民检察院《关于办理利用互联网、移动通讯终端、声讯台制

①　Criminal Justice and Public Order Act 1994.
②　Data Retention and Investigatory Power Act 2014.

作、复制、出版、贩卖、传播淫秽电子信息刑事案件具体应用法律若干问题的解释（一）》，最高人民法院、最高人民检察院《关于办理利用互联网、移动通讯终端、声讯台制作、复制、出版、贩卖、传播淫秽电子信息刑事案件具体应用法律若干问题的解释（二）》，最高人民法院、最高人民检察院、公安部《关于办理网络赌博犯罪案件适用法律若干问题的意见》，最高人民法院《关于审理危害军事通信刑事案件具体应用法律若干问题的解释》，最高人民法院、最高人民检察院《关于办理组织、利用邪教组织破坏法律实施等刑事案件适用法律若干问题的解释》，最高人民法院、最高人民检察院、公安部《关于办理电信网络诈骗等刑事案件适用法律若干问题的意见》（简称《电信网络诈骗意见》）以及最高人民法院、最高人民检察院、公安部、司法部《关于办理利用信息网络实施黑恶势力犯罪刑事案件若干问题的意见》，共计 10 部。

从宏观立法体系的层面来看，我国目前规制网络空间的专门立法有 6 部，包括《网络安全法》这一基础性的专门法，以及《电子商务法》、《电子签名法》、《全国人民代表大会会常务委员会关于维护互联网安全的决定》、《全国人民代表大会会常务委员会关于加强网络信息保护的决定》、《密码法》（将于 2020 年 1 月 1 日起施行）；包含互联网法律规范的相关法律共 21 部，如《刑法》《著作权法》《未成年人保护法》《治安管理处罚法》《侵权法》等；对互联网进行专门规范的行政法规及行政法规效力的规范性文件共 51 部，如《电信条例》《互联网信息服务管理办法》《计算机信息系统安全保护条例》《信息网络传播权保护条例》等；部门规章和各部委的规范性法律文件 847 部，如《中国互联网络域名管理办法》《工业和信息化部关于中国联通互联网骨干网融合问题的批复》等。[1]

（二）我国信息网络犯罪立法的不足

从整体来看，我国目前规制信息网络犯罪的刑事法律法规仍然存在以下问题。第一，以规制信息网络犯罪手段行为为中心，对狭义信息网络犯

---

[1] 基础数据参见张平等主编《互联网法律法规汇编》，北京大学出版社，2012。有所更新的是法律层级的《网络安全法》《电子商务法》，以及部委规范性文件层级的《互联网群组信息服务管理规定》《互联网用户公众账号信息服务管理规定》《信息安全技术：个人信息安全规范》《网络安全实践指南－移动互联网应用基本业务功能必要信息规范》。

罪所侵犯的法益缺乏认知，导致相关罪名的解释适用存在显著障碍。第二，《刑修（九）》新增的罪名，例如侵犯公民个人信息罪的入罪与量刑标准，在司法实践中缺乏可操作性。第三，《刑修（九）》新增罪名入罪门槛设定不合理。尽管通过 2019 年 11 月生效的《信息网络犯罪解释》，拒不履行信息网络安全管理义务罪、帮助信息网络犯罪活动罪以及非法利用信息网络罪的入罪与量刑标准得到相当程度地明确，但该解释对于相关罪名设置的某些"情节严重"的标准，例如违法所得金额、帮助的人数、两年内是否因非法利用信息网络、帮助信息网络犯罪活动、危害计算机信息系统安全受过行政处罚等，并未体现行为的不法内涵，实现了相关犯罪行为处罚标准的独立，并未实现其不法评价的独立，入罪门槛的设置体现了鲜明的刑事政策导向。后文在探讨相关罪名的刑事责任认定时，还将展开具体的分析。

我国当前规制互联网空间的专门法律法规体系，仍然存在以下问题。第一，法律整体的位阶不足，重要领域的立法仍然属于空白。我国规制网络空间的专门立法仅有 6 部，整体立法位阶不高。目前仅在网络安全方面有《网络安全法》，电子商务方面有《电子商务法》，而个人信息保护、未成年人上网安全等重点领域，还没有专门立法作为相关领域的基础性规范。第二，部分立法缺乏系统性，不协调。相关立法中，部门规章和规范性文件占据了绝对多数，相互间各自为政甚至冲突的情形都存在。[①] 第三，相关立法重行政管制，缺乏权利保护的路径。由于我国目前的相关立法多为部门规章和规范性文件，大多从部门利益出发，从方便政府管理的角度出发，重行政管制，在管理方式上主要以市场准入和行政处罚为主，忽视了网络空间中各方主体利益的复杂性，思路方法机械。[②]

[①] 例如《互联网信息服务办法》和《计算机信息网络国际联网安全保护管理办法》中，有关未取得经营许可证却从事经营互联网信息服务的行为的处罚方式就有冲突。

[②] 如在对互联网产业的管理方面，部分业务准入仍采用线下管理模式，在金融领域、互联网支付、互联网保险、互联网信托等业务的准入管理方面，仍然参照传统的线下业务准入条件设置，导致规模较小的企业难以进入。参见伦一《互联网业务准入和监管政策》，载腾讯研究院等《网络空间法治化的全球视野与中国实践》，法律出版社，2016，第 37 页。

第三章　信息网络犯罪规制的预防转向

第一节　刑事法治运行机制的转变

如果说现代化一直是一个流动的过程①，是"时间对空间与社会的支配"②，那么技术革新就是最强劲的动力。信息通信技术对现代社会渗透的全面程度是前所未有的，互联网是其最新体现。互联网的出现与蓬勃发展给人类社会带来了两方面重大变革：其一，以互联网为基础的信息公用事业逐渐成为社会的基本结构和象征，信息权利的保护具有了愈加重要的独立意义；其二，人类迅速而广泛传播与获取信息的能力得到飞速提升，导致对信息的传播与获取实现有效控制（Regulate）的可能性不断减弱，对由国家权力中心主导的传统保护模式形成了冲击。我国逐步构建起的信息网络犯罪刑事立法规范框架，无疑带来了刑事法治运行机制在网络空间中的转变，主要体现为网络服务提供者合作义务的增加以及监管部门权力边界的扩张。

一　企业与公民合作义务的增加

信息网络犯罪的迅速增加，以及此类犯罪在传统刑法理论视野下实行行为认定难、刑事责任认定难等问题，给相关犯罪的及时查处与损害修复带来了很大困难③，也给网络空间健康有序的发展带来极大风险。在这样

---

① 〔英〕齐格蒙特·鲍曼：《流动的现代性》，上海三联书店，2002，第3~4页。
② 〔美〕曼纽尔·卡斯特尔：《网络社会的崛起》，社会科学文献出版社，2001，第529页。
③ Mark F. Grady, Francisco Parisi (eds.), *The Law And Economics of Cybersecurity*, Cambridge University Press, 2005, p. 222.

的背景下，鉴于网络服务提供者①是网络空间信息流动中的"守门人"（gatekeeper）②，处于对信息流动进行前端干预的有利位置，世界各国都开始尝试为网络服务提供者赋予更多的作为义务，以此为法定依据，要求网络服务提供者为他人借由其服务从事相关违法犯罪行为造成的危害结果承担责任，以期从源头加强对信息流动的监管，达到防控网络空间相关犯罪风险的目的。此外，一般企业与公民也被全面纳入信息网络犯罪的整体防控体系，开始被赋予越来越多的法定合作义务。

（一）　网络服务提供者合作义务的增加

2016 年 11 月，我国首部网络专门法《网络安全法》获得通过。③ 鉴于网络服务提供者处于对网络信息流动前端干预的有利地位，本法第三章和第四章分别为网络运营者（包括网络服务提供者）设置了网络运营安全和网络信息安全的保护义务，第五章也为其不履行相应义务的不作为设置了警告、处分、罚款、吊销营业执照等法律责任。"刑事制裁是法律的终极威慑"④，《刑修（九）》增设了第 286 条之一拒不履行信息网络安全管理义务罪，对网络服务提供者增设了刑事作为义务，也就是"信息网络安全管理义务"⑤，对于我国网络服务提供者而言，这已经成为具备实际且最严厉法律效力的义务来源，是其法定作为义务体系规制范围的基准，试图以此实现犯罪风险防控的目的。

（二）　一般企业与公民合作义务的增加

除了对网络服务提供者赋予特别的合作义务，信息网络犯罪风险防控的整体体系下，一般企业与公民的合作义务也在迅速增加。《网络安全法》

---

① 具体而言，目前学界探讨的网络服务提供者指不参加内容制作，也不以自己的名义发布内容的互联网服务提供者，即网络中介服务者，本书所使用的"网络服务提供者"特指网络中介服务者。

② 〔以色列〕艾利·里德曼等编著《法律　信息　信息技术》（英文影印版），中信出版社，2003，第 233 页。

③ 全国人大常委会 2016 年 11 月表决通过了《网络安全法》，这是我国网络空间治理的基本法。

④ Herbert L. Packer, *The Limits of the Criminal Sanction*, Stanford University Press, 2008, p. 250.

⑤ 根据罪名，将本罪设定的刑事作为义务作此指称，下文通过解析会发现本罪设置的刑事作为义务并非"信息网络安全管理义务"。

《电子商务法》《互联网群组信息服务管理规定》《互联网用户公众账号信息服务管理规定》，正在制定中的"数据安全管理办法""网络安全审查办法"等行政法律法规，以及《刑修（九）》所增设的第287条之一非法利用信息网络罪、第287条之二的帮助信息网络犯罪活动罪、第291条之一第2款编造、故意传播虚假信息罪，以及修改之后的第253条之一侵犯公民个人信息罪，事实上是给参与网络空间活动的一般企业与公民，包括网络服务提供者，增加了对信息网络犯罪风险广泛、多层次的管控义务。以帮助信息网络犯罪活动罪为例，本罪实质上为提供技术支持、广告推广、支付结算等网络参与行为的一般主体创设了实质的犯罪风险审查与管控义务。

在我国网络空间治理规则初步构建与完善的当下，企业与公民合作义务的增加有其必然性与合理性。但当规则架构使权力主体的规制权力逐步达到新的高度，我们必须要为网络空间预留必要的自由成长空间。有关刑法介入信息网络犯罪规制的具体限度，有待本书进一步探讨。

二　网络空间监管主体权力边界的扩张

伴随着企业与公民合作义务增加的，是网络空间监管主体权力边界的不断扩张。我国信息网络犯罪的治理主体主要包括三类：一类是司法主体，包括人民法院与人民检察院；第二类是网络服务提供者；最后一类是行政主体，包括网信办、公共机关的网络安全保卫部门（以下简称"网安部门"）等。本书所指称的网络空间监管主体是指第二、三类主体。我国互联网监管模式的基本特征可以总结为以网安部门为主导，以网络服务提供者为支撑，以网信办为中枢的多头共治。

根据现行《公安部刑事案件管辖分工规定》，网安部门直接管辖的七种刑事案件包括了计算机犯罪与狭义信息网络犯罪。对于网络化的传统犯罪，在相关案件的侦查、证据固定、鉴定等过程中，各级网安部门提供了最为必需的技术支撑，这也导致网安部门成为信息网络犯罪案件办理事实上的主导部门，在具体工作中产生了扩张权力边界的较大需求。例如，在实地调研中，网安部门认为在办理案件时，调取银行记录会遇到各种门槛和阻碍，应当予以清除。此外，它们还认为根据《网络安全法》的规定，网络服务提供者应当为它们提供"技术接口"，留存广泛的日志，而不局限于某一方面的特定内容，以便于它们及时掌握有关用户行为轨迹的所有有价值数据。①

与此同时，国家网信部门也承担了协调与执法的重要职能。根据《网络安全法》第 8 条的规定，国家网信部门负责统筹协调网络安全工作和相关监督管理工作，除了对涉及网络治理的所有职能部门，包括公安局、工商局、商务局以及国安等部门的工作进行协调，在政府职能部门同网络服务提供者就有关案件，比如相关证据的调取等事项的沟通中，也发挥了重要的协调功能，还发挥了确定关键信息基础设施范围，进行网络安全执法状况检查，关停违法网站等重要执法功能。不能忽视的是，国家网信部门负责起草的一系列部门规章，例如正在起草的"数据安全管理办法""网络安全审查办法"等，正在赋予它自身更加广泛的监督检查与执法功能。网络服务提供者的地位则较为复杂，兼具被规制对象、配合义务主体以及治理主体三重属性，对它的功能定位与责任分配需要进一步深入探讨。

第二节　刑法功能边界的扩张

随着信息网络犯罪刑事规制的预防转向，企业与公民合作义务增加，网络空间监管主体权力边界扩张，这征表着在信息网络犯罪治理领域，刑法的功能边界产生了显著扩张。刑法是不是信息网络犯罪治理的最后手段，是一个亟待解答的问题。

一　预防转向与刑法最后手段性的内在冲突

长期以来，刑法学理论研究多致力于刑法解释的自洽，特别是犯罪论理论构成的体系性、一贯性和精密性，纵使有功能的考察，也多是以刑罚功能——报应和预防——为对象，以达成刑事归责妥当性的论证。其背后将刑法功能界定为社会控制的手段以维护社会共同体安定生活②的认识似乎不证自明。刑法目的决定了刑法的功能，通过对刑法目的的考察，我们

---

① 参见武汉大学法学院《我院刑事法中心博士生团队赴四川省调研信息网络犯罪协同治理》，http://fxy.whu.edu.cn/archive/detail/102486，访问时间：2019 年 7 月 8 日。

② Claus Roxin, *Strafrecht Allgemeiner Teil（Band I）, Grundlagen. Der Aufbau der Verbrechenslehre*），4. Auflage, C. H. Beck, 2006, S. 16, Rn7.

会发现并非如此。所谓目的，就是人类在理性发展的过程中为自身的生存所设立的多元价值及核心支点。从这个意义上讲，"目的是全部法律的创造者"。①刑法目的就是刑法规范的创造者，同时也是刑事立法与司法不可逾越的界限。②社会的稳定与团结是社会进步的必要条件，推动社会进步是人类社会现代化进程的本质目的，也自然是刑法的本质目的。在视刑法为实现这一目的之工具的前提下，主张充分发挥刑法效力应对网络空间犯罪行为法益侵害的社会化以确保网络空间的安全，为推动社会的进步与发展创造必要的秩序条件，具备正当性基础。

但反观刑法理论研究者们，鲜少有人像启蒙时代的先辈们那样旗帜鲜明地高举理性与进步的旗帜，反而有意或无意地忽略掉这一本质目的，以正义、共同幸福和法的安定性③进行委婉的表述，其中的原因恐怕是"那种对进步之必然性的过分而天真的信念达到一定程度之后，对它产生怀疑是必然的"。④二战的洗礼带来了自然法学派的复兴，当代新分析法学派重新承认了法价值研究的合理性并借鉴相关理论⑤，这些事实都充分表明法学理论界对于以下认识开始了反思，即抽象的国家主权作为高级理性赋予立法者权力，进而可以制定能妥善应对网络空间法益侵害社会化的"有效"法律制度并能妥当执行，从而引领"低级理性"的庸庸大众走向自我主宰与自我实现，推动社会进步。这其中蕴含着可能的权力强制，对于社会公众而言必然产生"自由即服从"的根本悖论。

正因为对刑罚权这一最具强制力的国家权力的警惕，才会在近代以来产生了有关刑法功能应当谦抑的理念。我国刑法理论中使用的"谦抑性"这一表述，直接来源于日本学者的论述。二战之前，宫本英修首先提出了刑法应当自我谦抑的基本理念，平野龙一将刑法谦抑性的概念总结为补充

---

① 〔德〕耶林语，转引自〔美〕E.博登海默《法理学：法律哲学与法律方法》，邓正来译，中国政法大学出版社，2004，第109页。
② 参见丁慧敏《刑法目的观转变简史——以德国、日本刑法的祛伦理化为视角》，《环球法律评论》2011年第2期。
③ 参见黎宏《刑法的机能和我国刑法的任务》，《现代法学》2003年第4期。
④ 〔英〕弗里德里希·奥古斯特·冯·哈耶克：《自由宪章》，杨玉生等译，中国社会科学出版社，2012，第65页。
⑤ 参见邓春梅《消极自由与积极自由——柏林法价值理论及其发展研究》，湘潭大学出版社，2014，第2页。

性、不完整性和宽容性，后两者与前者实质上是一体两面的关系，这一概念被广泛接受。① 它的实质内涵体现为刑法的最后手段性②，理论定位是贯穿刑事政策、立法与司法、有关刑法功能属性的基本理念。而日本刑法中的谦抑性又是从德国法学理论中继受而来，直接翻译自德国法学理论中的辅助原则（Subsidiaritätsprinzip）。③ 德国刑法学界一般认为，辅助原则是宪法中比例原则派生的指导性立法原则，其基本内涵限于将刑法的任务界定为辅助性的法益保护，也就是说如果国家有对公民负担更小的手段实现法益保护，就没有必要动用刑法。④ 这与日本以及我国理论语境下的刑法谦抑性内涵并不一致。

对刑法功能谦抑性的探讨，德国刑法学界在刑法的最后手段性原则（Ultima Ratio Prinzip）下展开。相较于辅助原则，最后手段性原则是对宪法中的比例原则在刑法理论中的适用更客观、完整的阐释，其基本内涵有两重：第一，必须在所有可用的社会控制措施中考察比较刑法与其他可能的替代措施；第二，由于刑法适用过程中作为手段的刑罚是最为严厉的强制措施，它可能的错误适用会给公民个体和社会都带来严重的负面后果，因此，刑法不能被作为纯粹的社会控制工具，对刑法的适用必须有法治控制机制的保障。⑤ 我国学界普遍基于刑法二次规范的属性，认为刑法的最后手段性是指"只有在仅凭第一保护性规则之力难以有效保障被严重侵犯的调整性法律关系恢复正常的情况下，才有济之以刑事责任的追究与刑事制裁的启动，以补充第一保护性规则责任追究与制裁力量之不足的必要"⑥，这样的理解是较为僵化和不准确的。刑法的最后手段性本就不是指

① 参见〔日〕陶山二郎《謙抑主義に関する一考察》，载森尾亮、森川恭剛、岡田行雄主编《人間回復の刑事法学》，日本评论出版社，2010，第 67 页，转引自简爱《一个标签理论的现实化进路：刑法谦抑性的司法适用》，《法制与社会发展》2017 年第 3 期。
② 参见〔日〕松宫孝明《刑法总论讲义》（第四版，补正版），钱叶六译，中国人民大学出版社，2013，第 11 页；何荣功《自由秩序与自由刑法理论》，北京大学出版社，2013，第 63 页以下。
③ 参见王世洲《刑法的辅助原则与谦抑原则的概念》，《河北法学》2008 年第 10 期。
④ Claus Roxin, *Strafrecht Allgemeiner Teil（Band I）, Grundlagen. Der Aufbau der Verbrechenslehre）*, 4. Auflage, C. H. Beck, 2006, S. 45, Rn 98.
⑤ Vgl. Klaus Lüderssen, Cornelius Nestler-Tremel, Ewa Weigend（Hrsg.）, *Modernes Strafrecht und ultima-ratio-Prinzip*, Peter Lang, 1990, S. 11.
⑥ 田宏杰：《行政犯的法律属性及其责任》，《法学家》2013 年第 3 期。

穷尽前刑法规范的制裁手段而无力之后才能适用刑法予以规制,这样的逻辑经不起检验,比如对于杀人行为来说刑法当然是第一保护性规则。刑法的最后手段性应当是指,在有效性层面,应当与其他制裁措施比较后才能确定是否适用刑法,在正当性层面,刑法的适用应当有明确的限定标准,不能成为社会治理纯粹的政策性工具。而只有明确了刑法适用的限定标准,才能够明确刑法处罚的范围,进而与其他制裁措施的处罚范围进行衡量以确定其功能边界,从而针对具体犯罪行为确定应当适用的制裁措施。因此,刑法最后手段性的核心意涵应当是明确刑法适用的限定标准,以厘清刑法的处罚范围,所谓"最后",是指基于刑罚的严厉性,与其他社会治理手段相比,刑法适用应最为谨慎、限定标准应最为明确与确定的理念,最后手段性是刑法的功能属性。

二 网络时代对刑法最后手段性的质疑

过去二十年以来,互联网的迅猛发展以及它对人类社会组织结构与生活空间的全面渗透,带来的不只是经济发展与文化繁荣。信息这一互联网环境下人类行为的基本载体在全球范围内的流动性,带来了网络空间法益侵害风险的社会化,犯罪预防成为我国实质的刑事政策导向。对于自由法治国语境下以其谦抑性,具体表现为以确定的行为不法为归责根据的责任刑法,限制国家刑罚权恣意发动保障个人自由与国家动用刑罚权追求犯罪预防以充分保障个人自由实现之社会条件,这两个内在需求之间存在原生矛盾。[①]

基于网络空间中潜在犯罪行为法益侵害的社会化,以安全作为优先价值基点,提倡为了充分发挥刑法的保护机能应当否定刑法的最后手段性,以轻刑化、加强程序法保护等措施为努力方向,从"限制处罚走向妥当处罚"的观点,在我国学界变得愈加有力。[②] 而正如上文所厘清的,这类对刑法最后手段性的批判,是针对对最后手段性的错误理解而展开,偏离了真正的问题所在,也就是在功能扩张之后,刑法适用明确而确定的限定标

---

① See Henrique Carvalho, *The Preventive Turn in Criminal Law*, Oxford University Press, 2017, p. 132.

② 代表性观点参见周光权《积极刑法立法观在中国的确立》,《法学研究》2016 年第 4 期。

准何在？提倡"妥当处罚"依然需要回答评价是否"妥当"的标准是什么。问题的实质不是是否应当突破刑法既有的功能边界，而是突破既有边界之后，刑法的功能边界在哪里。解答这一问题是刑法学的基本任务，轻刑化以及加强程序法保障等措施不是这一根本问题的答案。

三 对刑法最后手段性的坚持与重构

德国学界有关刑法最后手段性原则的争议都是围绕它能否以及如何成为刑法适用的限定标准展开的，基本观点分为三类。第一类观点认为，刑法的最后手段性原则只能成为"指引法律政策的明智准则"[1]，而不是刑事立法或司法应当遵守的原则或规则。[2] 这是我国学者在提倡积极适用刑法规制信息网络犯罪时所依据的理论基础。基于上文对最后手段性原则内涵的界定，最后手段性原则的理论定位不应是如此。第二类观点认为，刑法的最后手段性原则应当是判断行为刑事可罚性不可逾越的绝对界限。具体来说又有两种观点，第一种以 Herbert Landau 为代表，他认为体现刑法最后手段性的载体是责任原则，无责任则无刑罚，继而应当适用其他法律规范予以规制。[3] 第二种是 Wolfgang Frisch 的观点，他认为依据责任原则与比例原则的要求，只有在社会伦理的意义上可责（sozialethisch verwerflich）、社会无法忍受的行为，才能够被作为犯罪行为予以规制。[4] 这一观点实质是对社会相当性理论内容的表述，属于阻却行为违法性的一般原则。第三类观点认为，刑法的最后手段性原则应当成为刑事立法与司法层面犯罪化的相对界限。具体来说也有两种观点，第一种是广为刑法学界接受的观点，那就是核心刑法（Kernstrafrecht）的范围应当限定于保护个人法益，例如公民个人的生命、身体健康、财产等。[5] 这一观点随着法益概念的抽象化

[1] Vgl. Klaus Ferdinand Gärditz, "Demokratizität des Strafrechts und Ultima Ratio Grundsatz", *JZ* 2016, S. 641, 644
[2] Vgl. Matthias Jahnund, Dominik Brodowski, "Das Ultima Ratio-Prinzip als strafverfassungsrechtliche Vorgabe zur Frage der Entbehrlichkeit von Straftatbeständen", *ZStW* 2017（2）, S. 368.
[3] Vgl. Herbet Landau, "Die jüngere Rechtsprechung des Bundesverfassungsgerichts zu Strafrecht und Strafverfahrensrecht", NStZ 2015, S. 665, 668.
[4] Vgl. Wolfang Frisch, "Voraussetzungen und Grenzen staatlichen Strafens", *NStZ* 2016, S. 16, 24.
[5] Vgl. Jahn/Ziemann, "Die Fraukfurter Schule des Strafrechts: Versuch einer Zwischenbilanz", *JZ* 2014, S. 943, 946.

与去实质化逐渐受到冲击。第二种观点也逐渐有力，那就是刑法的最后手段性原则是宪法中的比例原则在刑法领域的具体体现。①

从以上德国学者的探讨中可以归纳出两个基本的争议核心：第一，最后手段性原则应当是行为刑事可罚性的绝对还是相对界限；第二，它的具体内涵是什么。最后手段性原则应当是行为刑事可罚性的界限没有争议，基本理由在于，对于预防与结果导向的刑法观，扩张刑法功能属于内在需求，其边界只能从功能考量之外理性的正义标准中寻求②，只是对于它的功能定位与具体内涵存在不同观点。本书认为，最后手段性原则与罪刑法定原则应当是一体两面的关系，后者是形式要求，前者是实质要求。从这个意义上来讲，以上德国学者的观点都趋于片面。法益保护原则与责任原则，以及整体法秩序层面的比例原则，共同构成判断行为刑事违法性的实质标准，在教义学体系下共同构成了刑法功能边界的实质内涵。换言之，刑法的最后手段性原则是界定刑法功能的基本原则，这一结论应当能够证成。这样一来，在作为理念的刑法最后手段性同具体的刑法教义学原则之间，最后手段性原则承担起了中观层面指导原则的功能，成为限定刑法功能边界的规范保障。

---

① Vgl. Großmann, *Liberales Strafrecht in der komplexen Gesellschaft*, Dike Verlag Zürich, 2017, S. 59 ff. .

② Hellmuth Mayer, "Kant, Hegel und das Strafrecht", in: Bockelmann/Kaufmann/Klug（Hrsg.）, *Festschrift für Engisch*, Vittorio Klostermann, 1969, S. 54（79）.

第四章　预防转向的政策限度：
比例原则的贯彻

第一节　比例原则：刑事政策的指导原则

一　比例原则的基本内涵

比例原则发源于行政法，向来被视为公法领域的帝王条款。1958 年的"药房案"（Apothekenurteil）[1] 是德国联邦宪法法院首次适用比例原则，1969 年德国联邦宪法法院正式在判决中宣布，"比例原则是所有国家行为的卓越标准"，约束所有公权力，比例原则正式成为宪法层面的基本原则。[2] 一般认为，比例原则的内涵包括适当性原则，即是指法律或行政权的行使，若无法达到法定目的，则不适当；必要性原则，即指能达到目的的所有措施中，应选择对公民权利减损最小的一种；以及狭义比例原则，即指实现目的法律必需之手段与对公民权利的减损不能不成比例。我国宪法中虽然没有明文规定比例原则，但相关条文已经蕴含了比例原则的精神。[3] 作为具备宪法位阶的基本法治原则，比例原则应当是贯穿刑事立法、司法与执行阶段的指导性原则。

在刑事司法层面，比例原则要求对具体行为进行刑事规制时，应当考量是否以及用何种方式适用刑法实现法益保护。从这个意义上来讲，比例原则应具备两重内涵：第一，在定罪阶段，不以刑法为本位，不以刑罚作

---

[1]　BVerfGE 7, 377.

[2]　BVerfGE 23, 127 (133).

[3]　本书认为我国宪法虽然没有明确规定比例原则，但其第 5 条、第 10 条第 3 款和第 13 条明确体现了比例原则的精神。

为对犯罪行为唯一的回应手段，将非刑罚的制裁措施纳入定罪之前的规范判断；第二，在量刑阶段，行为人的刑事责任应当与所处刑罚成比例。概言之，比例原则的第一重内涵是刑事政策的整体指导原则，第二重内涵是量刑指导原则。然而在刑法功能边界扩张的背景下，比例原则的第一重内涵被抛弃，成为纯粹的量刑指导原则。德国刑法学界 1970 年代就出现了用比例原则替代责任原则的观点，具体的主张是"应当衡量需保护的公众法益与犯罪人的基本权利，若所处刑罚能够对双方都进行了限制，从而使双方都分别可能继续实现的，此刑罚合比例"。[1] 只要对犯罪行为人的处罚在最高法定刑以下就都是合比例的，这是这一主张的必然结论。

二 刑事政策的功能：风险管理权能的合比例分配

适用刑法防控犯罪风险，也就是对安全的诉求，在治理法益侵害社会化的网络空间时有其合理性与必然性。但防控犯罪风险只是限于在刑法理论的范畴内探讨刑罚应当如何发动吗？恐怕不然。基于国家不具备实施预防犯罪措施之排他权的基本认知，除了作为量刑指导原则之外，比例原则还应是设置预防措施之权能的分配原则，换言之，即整体刑事政策的指导原则。在此语境下，基于将犯罪作为一种社会现象，为了研究刑法规范在整体社会治理机制中对其适当反应[2]而展开的犯罪预防研究，非常具有借鉴意义。

在社会治理层面，犯罪预防是指通过积极主动的措施减少未来犯罪发生或者降低犯罪损害的结果[3]，是犯罪控制的一种新模式，是中央政府从传统上承担的直接社会控制角色，逐渐转变到加重基层个人及组织之社会控制责任这一转型的组成部分。[4] 换言之，应当从社会治理公共政策的层面来理解犯罪预防，其实质是试图将犯罪风险作为一种社会运行中的风险进行有效管理，合理分配，从而将其转化为实害的可能性尽可能地降低，

---

[1] Vgl. Günter Ellscheid/Winfried Hassemer, "Strafe ohne Vorwurf. Bemerkungen zum Grund strafrechtlicher Haftung", in: *Civitas. Jahrbuch für Sozialwissenschaften*, Bd. 9, Pesch-Haus, 1970, S. 45.

[2] Bernd-Dieter Meier, *Kriminologie*, C. H. Beck, 2003, S. 2.

[3] 〔挪威〕托尔·布约格：《恐怖主义犯罪预防》，夏菲、李休休译，中国人民公安大学出版社，2016，第 5 页。

[4] 〔澳〕亚当·苏通、〔澳〕阿德里恩·切尼、〔澳〕罗伯·怀特：《犯罪预防——原理、观点与实践》，赵赤译，中国政法大学出版社，2012，第 5 页。

或者分散犯罪行为造成的损害结果，法律规范只是可供选择的应对机制之一，绝非全部。

在当代风险社会的背景下，社会共同体对分配正义的关注重心已经由财富分配正义向风险分配正义转变。因为在当下这个弥散高度不确定性和不可预见性的犯罪风险的社会中，从某种程度上讲不可能完全防范或消灭犯罪风险，它是人类理性追求发展的必然产物，只能通过人类社会共同认可的行为准则①进行管理。

刑法规范也已经由对犯罪人实施惩罚的社会机制，逐渐转变为实现犯罪风险管理的社会机制之一，绝非全部。希望在网络空间中通过处罚部分犯罪预防所有犯罪②，这只能是一个美好的理想。值得关注的是，刑法规范作为一种犯罪风险管理的社会机制，是否可以通过激发其他的社会机制，来确保而非抑制刑法规范对犯罪风险的有效管理③，同时避免刑法规范的运行抑制其他社会机制的积极作用？当然，本书关注的核心限于法规范领域内，不包括此外的综合应对措施。这种努力的核心，是要在刑法规范领域探讨犯罪风险预防时，摆脱以刑法为中心，选择性地将犯罪风险作为增加刑法在社会治理中话语权的理由的做法④，基于对刑罚权所具备强制力的谨慎态度，在明确刑法适用界限的前提下，寻找犯罪风险管理的整体考量下法规范对其整体的应然应对。

对于风险的管理，政府可以在预防性的社会公共政策指导下，综合运用各种手段对其进行前置性干预；刑法规范则只有在风险被规范体系判定为危险之后，才可以对其进行相应的规制。依据法达格·奥斯特尔伯格的分类，社会中的主要社会机构分为四个基本类型：以达到理性目标为主的生产机构，以照顾与服务为主的生殖医疗机构，以政治和权力为主的社会机构以及协调原则、价值和思维方式的社会机构。⑤ 鉴于法律规范的权威是由国家强制力所保障，广泛适用法律规范介入风险管理，由于缺乏规范

---

① 不仅是法律规范，还包括道德规范、职业伦理等一切人类社会的行为规范。
② Sarah Summers, Crhistian Schwarzenegger, Gian Ege, Finlay Young, *The Emergency of EU Criminal Law*, Hart Publishing, 2014, pp. 114-116.
③ See J. Elster, *Nuts and Bolts for the Social Sciences*, Cambridge University Press, 1998.
④ 于志刚、郭旨龙：《网络刑法的逻辑与经验》，中国法制出版社，2015，第25~34页。
⑤ 参见〔挪威〕尼尔·克里斯蒂《犯罪控制工业化》，胡菀如译，北京大学出版社，2014，第147页。

体系的限制，必然依赖于政策性的抉择，从而会给予国家权力广阔的空间，逐渐使法律由协调原则、价值和思维方式的社会机构转向以达到理性目标为主的生产机构，导致法律沦为效用的工具，进而使整个社会治理结构失序。刑法规范可以介入的应当是危险而非风险，才能确保刑法不会超越自己的功能边界，对整体社会管理机制的运行产生破坏性影响。

第二节　应然要求：作为义务、权限 与法律责任合比例

一　作为义务与权限分配的合比例

作为风险管理权能分配的指导原则，比例原则要求法定作为义务及相应权能主体权限的分配合比例，本书试以网络恐怖主义犯罪的规制为例进行阐释。

（一）刑事作为义务分配的合比例

在预防网络信息制造的恐怖主义犯罪抽象危险时，预防本类犯罪抽象危险的义务即为在本类罪名的法益保护目的指引下，合比例地规制网络信息流动的义务。对义务进行类型化明晰即是合比例性的要求。鉴于在当前大数据时代的背景下公民个体并不拥有控制网络信息流动的能力，因此，网络服务提供者是承担此项义务的主体。在立法新增诸多条款为网络服务提供者创设了广泛作为义务的背景下，对义务的层次加以明确，是在教义学层面进行细致展开的前提。

第一，功能标准。首先应当看到，我国已经为网络服务提供者构建了较为全面的作为义务体系，使以恐怖主义犯罪防控为目的的网络信息流动规制能够有法可依。在此基础上，以恐怖"蔓延"三个层次的路径阻断，作为区分其作为义务的功能标准，可以确立恐怖主义犯罪防控视域下，网络服务提供者法定作为义务的体系逻辑。

具体来看，就阻断恐怖主义思想与主张蔓延而言，网络服务提供者的法定作为义务主要有《刑修（九）》增设的第286条之一拒不履行信息网

络安全管理义务罪所设定的刑事作为义务①，其罪状中明确要求不得致使违法信息大量传播；就阻断恐怖活动在互联网中联络、资助、宣传招募与技术支持的路径而言，法定义务主要有 2015 年 11 月 27 日通过的《反恐怖主义法》，在其第三章"安全防范"中，以第 18 条、第 19 条和第 21 条为网络服务提供者设置的就网络中涉恐怖主义、极端主义信息的审查、储存，服务使用者的身份审查，和对有关部门就恐怖主义犯罪防控提供技术支持及相关配合的义务，以及《刑修（九）》对《刑法》第 311 条拒绝提供间谍犯罪证据罪的罪状作出修改，从而增设的向司法机关提供极端主义、恐怖主义犯罪证据的义务；② 就阻断狭义网络恐怖袭击的路径而言，则主要有 2016 年 11 月 7 日通过的《网络安全法》中，第三章和第四章分别为网络运营者包括网络服务提供者设置的网络运营安全和网络信息安全的保护义务，以及拒不履行网络安全管理义务罪设定的刑事作为义务。

第二，按照法律责任标准。通过上文的梳理不难发现，从法教义学的视角出发，网络服务提供者的法定作为义务还应通过性质上的区分，即基本法与特别法的法定作为义务，以及刑事作为义务和前刑法规范作为义务的区分，才能明晰其作为义务的性质以及附随之法律责任大小，继而勾勒出更加清晰的层次。就恐怖主义犯罪防控目的下的网络信息流动规制而言，应当以网络服务提供者的刑事作为义务为核心。

首先，正如前文所述，在恐怖主义之"恐怖"蔓延的三个层面上，网络信息流动规制均是阻断其蔓延路径的关键。而在当下以信息交互为基本特征的互联网时代，网络服务提供者作为信息流动的中介，亦即"守门人"，是实现现实主体在网络空间内相互连接与信息交互的基石。因此，网络服务提供者是实现此信息流动规制的核心。

其次，法定作为义务只有配置了相应的法律责任才具备实际效力。考察《反恐怖主义法》第九章以及《网络安全法》第六章对网络服务提供者

---

① 本书探讨的是网络服务提供者积极的作为义务，我国《刑法》第 291 条之一规定的编造、故意传播虚假恐怖信息罪，所设定的不得编造、故意传播虚假恐怖信息之义务，属于消极的禁止性义务，不属于本书探讨的范畴。

② 《刑修（九）》将第 311 条修改为了："明知他人有间谍犯罪或者恐怖主义、极端主义犯罪行为，在司法机关向其调查有关情况、收集有关证据时，拒绝提供，情节严重的，处三年以下有期徒刑、拘役或管制。"

法律责任的设置，可以发现主要有罚款、拘留、停业整顿等行政处罚层面的处罚措施。而恐怖主义犯罪是我国目前危害最大的犯罪之一，作为"法律的终极威慑"，网络服务提供者的法定作为义务体系中不能缺少附随刑事制裁的刑事作为义务，且因为其最为严厉的法律效果，应探讨其恰当的边界，作为此法定作为义务体系规制范围的基准。

《刑法》第311条所设定的义务，则是直接将《反恐怖主义法》第19条中设定的义务，即要求网络服务提供者保存涉极端主义、恐怖主义信息的记录，并向公安机关或有关部门报告上升为了刑事作为义务，其内容在《网络安全法》第三章的"网络运营安全保护义务"中均有体现，是"网络运营安全保护义务"在反恐领域的细化，本书对此不再详细展开。有关拒不履行信息网络安全管理义务罪为网络服务提供者设定的刑事作为义务，后文还将进一步深入探讨。

（二）权限分配的合比例

与作为义务的明晰相比，相关主体基于打击、预防恐怖主义犯罪的目的获取、适用网络信息的权限，似乎从未进入过学界探讨的视野。但提供网络信息的义务和获取网络信息的权限本质上是一体两面。在当前的网络时代，在打击、预防恐怖主义犯罪的过程中，要确保国家刑罚权对公民信息权、隐私权进行克减的合比例性，不能寄希望于立法者和司法者的价值判断，应当有专门法律的明确规定。

首先，应在立法中专门明确在打击和预防恐怖主义犯罪过程中，可对网络信息进行规制，明确作为国家机构的权力主体及其权限范围。例如德国，在2006年就通过了专门的《反恐数据法》（Antiterrordateigesetz），基于"打击和破获涉及德国的国际恐怖主义犯罪"的目的，对网络信息规制的主体、方式、数据范围、保存和销毁程序等进行了全面的规范。

如《反恐数据法》第1条第1款就规定："为打击和破获涉及德国的国际恐怖主义犯罪进行的集中性数据收集，由德国联邦犯罪调查局统一领导，《联邦警察法》第58条第1款列举的相关警察机构、各个州犯罪调查局、承担宪法保护职能的联邦和州相关政府机构、军事机构、联邦信息服务机构以及德国税务调查总局参与进行。"在此基础上，该法第3条继而列举式规定了相关机构可以在此目的下储存的信息范围，以"对确认一个人的身份是必要的，而没有其他法律规定对此必要性加以否定"为外延；第 4 条结合《刑事诉讼法》和《数据保护法》规定了应当限制储存和秘密储存的信息范围；第 5 条规定了相关职能部门获取和使用相关网络信息的权限，特别规定了对公民个人的基础信息的获取和使用，只能是在关涉正在调查的相关恐怖主义犯罪的情形下；第 6 ~ 12 条规定了相关职能部门破坏信息保护义务的情形和所应承担的法律责任，以及以此目的对所搜集信息进行分类、储存、清除的标准和程序；最后的第 13 条则规定了为了打击和破获涉及德国的国际恐怖主义犯罪，《基本法》第 10 条规定的通信自由和第 13 条规定的住宅不被侵犯这两项基本权利可以受到限制。①

德国《反恐数据法》所规范的内容在我国的立法层面属于空白，这很大程度上是在预防性刑事政策的驱动下一味强调刑法的积极能动所导致的。明晰网络信息规制的义务和权限，是实现恐怖主义犯罪合比例处罚的基础。

而有关网络服务提供者的信息提供义务，德国也用《电信传媒法》（Telemediengesetz）第 5 条和第 6 条进行了专门的规范。我国《网络安全法》和《反恐怖主义法》中为网络服务提供者设置的信息提供义务，上文已经进行了详细梳理。通过实践调研可以发现，有关信息提供，在我国的司法实践中网络服务提供者和网安部门之间存在很大矛盾。

在实地调研中，四川省某市网安支队反映了三个网络反恐工作中的痛点：一是运营商升级速度很快，他们对这些数据的掌握和了解不足，他们不能完全掌握该市网络上发生的情况；二是现在的新的网络协议、新的加密方式导致大量有害数据通过秘密渠道传输，使他们无法破解，需要网络服务提供者的支持；三是新型网络应用层出不穷，他们的侦察手段无法跟上，需要加强对网络服务提供的准入审核和长效监测。三个痛点都来自网安部门认为网络服务提供者没有提供足够的网络信息。他们的解决方案，是以我国《反恐怖主义法》第 18 条有关网络服务提供者应提供"技术接口"，和《网络安全法》第三章有关数据留存的规定为依据，要求该市的电信运营商在全市范围内将所有商户的网络服务设备改造为符合安全审计标准，并将数据接口接入网安部门的后台。

---

① BVerfG, Urt. v. 24. 4. 2013 – 1 BvR 1215/07.

这样的诉求当然并不合理，不能支持。而诉求产生于国家职能部门和网络服务提供者在打击、预防恐怖主义犯罪的过程中关于网络信息规制权限的矛盾，这个矛盾来自各个主体之间的权责不分明，这个实际存在的痛点被掩盖在浮于表面的喧嚣中。我国目前急需的，是专门的反恐怖主义网络信息规制法，而非专门的反网络恐怖主义犯罪法。

以网络恐怖主义犯罪的规制作为微观切面，可以明确作为刑事政策的整体指导原则，比例原则要求作为义务设置与权限分配应当合比例。

二 法律责任分配的合比例

作为刑事政策的整体指导原则，比例原则还要求为网络服务提供者构建层次分明的法律责任体系，理顺不同类型法律责任之间的界限与联系，也就是要求法律责任分配的合比例，以组织起法规范对信息网络犯罪风险有效且联动的反应。这样，既可以确保我国刑法坚守最后手段性，谨守对信息网络犯罪处罚最为严厉的最后一道防线，也可以能动地通过适宜的非刑法规范进行调控，对社会发展变化中出现的新问题进行及时回应。最为重要的是，这样一来，就能在刑法规范与非刑法规范之间搭建规范层面而非政策层面的沟通桥梁，将民法规范与行政法规范调控的有效性切实纳入刑事立法变动与刑事司法判断的考量。这实质就是让"民法规范与行政法规范调控无效，再由刑法规范进行调控"的抉择建立在切实规范判断的基础上，而非仅为政治正确却无人问津的口号。

下面就以电信网络诈骗犯罪为例，进行具体分析。所谓电信网络诈骗犯罪，即以非法占有为目的，以电信网络作为工具，实施各类骗取公私财物、数额较大的行为。这并不是实定法中一类特殊的诈骗犯罪类型，事实上具备司法解释效力的最高人民法院、最高人民检察院、公安部《关于办理电信网络诈骗等刑事案件适用法律若干问题的意见》对它的集中关注，是在回应我国日益严峻的此类诈骗犯罪形势。在间接性特征日趋显著，从而使信息交流结构逐渐取代社会生产模式[1]，进而成为考察人类行为之基

---

[1] 参见〔英〕斯科特·拉什《自反性及其化身：结构、美学、社群》，载〔德〕乌尔里希·贝克、〔英〕安东尼·吉登斯、斯科特·拉什主编《自反性现代化——现代社会秩序中的政治、传统与美学》，赵文书译，商务印书馆，2014，第152页。

本框架的当代信息网络社会，此类行为通过信息数据的流动实现，既导致行为对象的不特定性和所侵害法益的多样性，致使防控困难，也导致对其行为轨迹获取困难，致使诈骗行为的罪过、因果关系等认定犯罪构成的关键要素确认困难，从而难以实现有效的法律规制。

本书认为，因为难以对此类犯罪实现有效规制，被害人的经济利益得不到有效保护，从而制造的对社会管理秩序的风险，是将此类犯罪类型化应对的实质动因。也就是说，对它类型化应对主要出于保护广大公众的经济利益继而维护社会稳定的目的。此类犯罪行为所制造的对众多不特定被害人经济利益的危险，以及由此产生的对社会管理秩序的风险，实质上决定了它的外延。而社会管理秩序之风险产生的根源，在于此类犯罪被害人的经济利益得不到有效保护。

刑法能够实现的法益保护并非直接的法益保护，而是预防性或补偿性的。[①] 对于电信网络诈骗犯罪被害人的经济利益而言，刑法能够实现的只能是补偿性保护。《电信网络诈骗意见》第 3 条第 6 款和第 8 款所作出的尝试，是希望基于网络服务提供者在网络空间信息流动中所处的"守门人"地位，通过对它科赋前置性的刑事责任，实现对被害人经济利益的预防性保护。这本质上是为网络服务提供者创设了间接刑事责任，本书对此持否定立场，具体论证将在后文展开。对于难以认定网络服务提供者主观明知程度，而电信网络诈骗犯罪分子又利用其服务为他人制造了财产损失的，可以在整体法律规范框架下，探索由非刑法规范实现对被害人经济利益的预防性保护和补偿性保护，从而实现对社会管理秩序的预防性保护。

首先是赃款的追回。若能在犯罪行为给被害人造成实际损害之前及时追回犯罪人所获赃款，截回被害人的经济损失，当然最好。2016 年 10 月，中国人民银行发布了《关于加强支付结算管理防范电信网络新型违法犯罪有关事项的通知》，其中规定的要求一人在同一银行只能开设一个一级账户，加强对异常开户的监控，要求银行与支付机构提供实时到账、次日到账等转账服务选项，就是通过加强对资金流的控制，加强对被害人经济利益预防性保护的有益尝试。

---

① 参见〔日〕高桥则夫《规范论和刑法解释论》，戴波、李阳译，中国人民大学出版社，2011，第 45 页。

但是，在司法实践中，网络空间的间接性在此类犯罪中体现为犯罪行为的跨地域性和极强的隐蔽性，使追赃仍非常困难。在赃款追回不可行时，基于《侵权责任法》第 36 条和《消费者权益保护法》第 44 条等相关法律的规定，完全可以通过追究网络服务提供者的侵权责任实现对被害人经济损失的补偿性保护。正如前文所述，相关法律法规中为网络服务提供者创设的相应注意义务与作为义务，可以作为网络服务提供者应承担的作为与不作为侵权责任的义务来源，不论网络服务提供者有无过错。

例如，根据《消费者权益保护法》第 44 条的规定，若被侵权的消费者通过网络交易平台提供者提供的信息，不能找到其平台之上实施侵权行为的商品或服务提供者时，该网络交易平台提供者应当承担不真正连带责任。① 即是说，网络服务提供者应当为该实施侵权行为的商品或服务提供者承担赔偿责任，之后可以向其追偿。

而鉴于我国民法领域并未给网络服务提供者创设普遍的一般安全保障义务，且《侵权责任法》第 37 条为宾馆、商场、银行等公共场所的管理人、群众性活动组织者所设置的安全保障义务是否能够对网络服务提供者适用，也尚未达成共识，在"被利用"实施电信网络诈骗犯罪时，若法律法规中没有为网络服务提供者创设相应的作为义务，根据具体情状，可以让网络服务提供者承担适当的公平责任。结合网络服务提供者的类型进一步地细化展开，则是今后结合相关立法的完善需要持续深化的问题，本书不作涉入。

---

① 参见杨立新《网络平台提供者的附条件不真正连带责任与部分连带责任》，《法律科学》2015 年第 1 期。

第五章　预防转向的实质限度：
信息法益的确立

第一节　法益政策化的困境

一　法益概念去实质化与法益功能的转变

自法益理论被引入我国开始，围绕着法益概念的内涵与功能便聚讼不休。按照通说观点，法益理论被分为两类，形式与实质的法益理论。[①] 前者内涵的经典表述是："法益，就是被认可而体现在刑法法条中的立法者目的最简短的表述。"[②] 然而，"对于一切追求危害最小化的法律制度而言，必须比较不同种类利益的重要性并且做出综合判断，以便能够将那些为了保护某人较低层级的利益而侵扰他人较高层级利益的行为宣布为不正当……犯罪行为实质是对刑法所认可利益顺序的违反"。[③]换言之，法益应当既有实在利益之维也有价值之维，所谓价值之维就是指实在利益的顺序，真正决定法益内涵的是其价值之维。因此，形式的法益理论由于只是对实定法立法目的的描述，缺乏对立法的价值批判功能，在二战之后逐渐被实质的法益理论代替。实质的法益理论主张法益的内涵不应只由立法目的决定，还应该有其他来源对其施加批判性影响。[④]

---

① Vgl. Armin Engländer, "Revitalisierung der materiellen Rechtsgutslehre durch das Verfassungsrecht?" *ZStW* 127 （2015）, S. 616, 620ff. .

② Vgl. Richard Martin Honig, *Die Einwilligung des Verletzten*, Bensheimer, 1919, S. 94.

③ See Joel Feinberg, *Harm to Others*, Oxford University Press, 1984, pp. 51 – 55.

④ Vgl. Knut Amelung, *Rechtsgüterschutz und Schutz der Gesellschaft*, Athenäum Verlag, 1972, S. 273ff. .

　　持实质法益理论的观点希望通过价值评价保持对实定法的批判①，然而价值标准具有开放性，法益内涵也就丧失了确定性，由个人法益向超个人法益不断延展，不断抽象化，精神化，刑事政策的考量，更确切地说，是法律适用者的目的考量也在越来越多地影响法益内涵，使之无法定型。在传统的工业社会形态中，刑法保持谦抑的规范路径便是坚持罪刑法定原则，原则上以对个人造成的法定危害结果或者法定危害结果的危险作为刑法处罚对象，避免刑罚权恣意发动。当人类社会快步迈入互联网时代，基于信息具有的流动性，公民个体的越轨行为能够造成的危害结果乃至危险已经越来越难以定型化，具备显著不确定性。② 侵犯信息所产生的危害结果或危险规模化而难以确定，便是这种不确定性的具体体现。有鉴于此，以风险的衡量取代危害结果或现实危险的判断，以之作为刑法处罚的根据，就成为愈加有力的声音，法益内涵的去实质化是实现这一转变的规范起点。就本书探讨的信息网络犯罪而言，我国学界较为有力的一类观点即认为，从加强对网络空间的有效控制出发，应将"网络安全"③ 作为新的集体法益，借此将网络空间全面纳入刑法的规制范围。然而"网络安全"作为公共安全的下位概念，除了表示对刑法分则所保护的所有涉网络法益的前置性保护之外，没有任何独立意义。④ "法益的功能从早先的消极排除功能，即没有法益侵害或没有社会危害就不应当入罪，蜕变为积极地证立犯罪的功能，即只要有法益侵害或社会危害就有必要做入罪化的处理。"⑤

　　传统观点多不着墨于对法益侵害的衡量，而是着眼于对行为方式提出较高要求⑥以限缩相关犯罪的处罚范围，基本理由在于去实质化的法益难以

---

① 如罗克辛教授就将法益描述为"是所有那些为个体的自由发展及其基本权的实现，以及为按此目标建立的国家制度的运转所必需的现实存在或目标设定"。Claus Roxin, *Strafrecht Allgemeiner Teil*, 4. Auflage, C. H. Beck, 2006, S. 16, Rn7.

② 参见敬力嘉《非确定性背景下网络服务提供者的刑事归责——基于实行行为视角的思考》，《云南大学学报》（法学版）2016 年第 6 期。

③ 参见孙道萃《网络刑法的知识转型与立法回应》，《现代法学》2017 年第 1 期。本书认为，我国学界使用的"网络安全"与"信息安全"同义，以下基于相关论者的用语习惯都有使用，不再对这两个概念进行特别区分。

④ Vgl. Bernd Müssig, *Schutz abstrakter Rechtsgüter und abstrakter Rechtsgüterschutz*, Peter Lang, 1994, S. 217 f., 221.

⑤ 劳东燕：《风险社会与功能主义的刑法立法观》，《法学评论》2017 年第 6 期。

⑥ 唐莱：《舒纳曼教授的学术演讲介绍》，《法学家》2000 年第 3 期。

提供结果不法的衡量标准，只能着眼于对行为不法的评价，评价的客观依据在于行为方式。这一语境下，法益的解释论功能与立法批判功能间便产生了内在冲突，这一内在冲突源自自由法治国语境下，刑法对个人自由的保障与对实现个人自由之社会条件的保护这两大需求之间的原生矛盾。① 只要确定法益内涵的规范标准阙如，法益便无法作为司法论层面罪名解释适用的基准。

二 二元论法益观与"一元人本法益观"及其缺陷

发挥法益的解释论功能的核心，在于厘清个人法益与集体法益的关系。上文介绍了德国学界法益理论的观点界分，我国学界也已基本继受。在我国学界，目前通行的法益观以张明楷教授的观点为代表，即"根据宪法的基本原则，由法所保护的、客观上可能受到侵害或者威胁的人的生活利益"。② 这是实定法意义上的法益概念，多有持结果无价值论的学者持这类观点，如黎宏教授认为"所谓法益就是法律保护的利益"。③ 而认可法益概念立法批判功能的学者未把法益定义为实在法意义上的利益，而是明确强调，对于刑法视野中的法益之"益"来说，其应然的价值层面具有决定性意义。④ 本书认同法益概念应当具有的价值评价维度。

回到法益概念本身，关于法益的界分，个人法益（Individualrechtsgut）与超个人法益（Überindividualrechtsgut）⑤ 的划分由来已久，甚至始于法益概念最初产生之时。其划分依据是法益的享有者，或者更确切地说，是对法益的处置权。⑥ 关于个人法益和集体法益的关系，学界主要有一元论和二元论之争。一元论者并不满足于只是将法益划分为个人法益与集体法益，而是想寻找到一个共同的上位概念，得出对法益概念的精确阐述。他

---

① See Henrique Carvalho, *The Preventive Turn in Criminal Law*, Oxford University Press, 2017, p. 132.

② 张明楷：《法益初论》，中国政法大学出版社，2000，第 167 页。

③ 黎宏：《法益侵害说和犯罪的认定》，《国家检察官学院学报》2006 年第 6 期。

④ 参见熊琦《论法益之"益"》，载赵秉志主编《刑法论丛》2008 年第 15 卷。

⑤ 超个人的法益还有另外数种表达，如集体法益（Kollektivrechtsgut）、普遍法益（Universalrechtsgut）、共同法益（Gemeinschaftsrechtsgut）等。

⑥ 杨萌：《德国刑法学中法益概念的内涵和评价》，《暨南学报》（哲学社会科学版）2012 年第 6 期。

们以人为本位，认为只有在服务于个体的自由发展时，集体法益才可能是合法的。换言之，个人是出发点，是任何国家制度和法律制度的最高价值，国家相对于个人而言只具有服务的功能，由此才能保障个体的自由空间，才能通过限制立法权限保障公民对抗国家的权利。① 二元论是指把个人法益与超个人法益视为质、量不同的两个种类，给予其同等对待。二元论代表观点认为，个人法益与集体法益是互不约束、各自独立、权利平等的两个种类。② 在如今所谓"风险社会"的语境下，集体法益的去实质化③趋势将法益的内涵抽空，实质是以二元论的理解为指导，法益的限缩功能转变为扩张根据。这样一来，法益的理论地位自然与犯罪客体并无二致，即只具有刑事政策意义上指导立法乃至证立立法正当性的作用，这导致的直接后果，是在引入法益理论多年后，恣意性较强的社会危害性仍是我国司法实践中危害行为入罪与否的主流标准。

法益概念本身的价值导向功能不被承认，刑事政策的价值导向就必然会左右法益概念的界定和解释。对于具有深厚宪政基础的国家如德国，虽然德国联邦宪法法院只承认法益有构成要件的解释功能，不承认它具有批判立法的功能，认为这样的权力只属于立法者，但通说认为宪法作为公民达成的具象的社会契约，其规定的基本权利和原则体现了基于社会共识的、需要法律体系予以保护的价值④，而基本权利则是要通过具体的部门法实现。在司法实践中，法益说批判立法的功能并不被承认，其基本法承担了对立法的引导与批判功能。

而在我国，国家的政策导向成为法益的价值指导。代议制的民主国家中，政府似乎被抽象成了人民群众、公共利益的代表。然而，政府在诸多因素影响下要绝对地保持其中立性或者社会公共利益性是不可能的。因为"政府其实不外是各种利益集团组成的集合体，这些利益集团代表的利益各异，有时体现为企业的利益，有时体现为消费者的利益，有时体现为用

---

① Vgl. M. Marx, *Zur Definition des Begriffs "Rechtsgut" -Prolegomena einer materialen Verbrechenslehre*, Kolen, 1972.

② Vgl. K. Tidermann, *Tatbestandfunktionen im Nebenstrafrecht-Untersuchung zu einem rechtstaatlichen Tatbestandsbegriff, entwickelt am Problem des Wirtschaftsstrafrechts*, Tübingen, 1969.

③ Vgl. Claus Roxin, *Strafrecht Allgemeiner Teil (Band I, Grundlagen. Der Aufbau der Verbrechenslehre)*, 4. Auflage, C. H. Beck, 2006, S.41.

④ 谢立斌:《宪法解释》，中国政法大学出版社，2014，第19页。

人单位的利益，有时体现为劳动者的利益，有时体现为中央利益，有时体现为地方利益。这些利益都有其合理性，作为法律制度，不必要也不可能基于一个先验的社会公共利益标准，去保护一个利益而限制或剥夺另一个利益"。① 立法机关亦不可能全然中立理性，其也同样受到各种利益诉求的影响。如我国刑法中的骗取贷款罪、拒不支付劳动报酬罪等罪名的设置，便是对强势的金融机构诉求或者民情沸点的刑法回应。②

但刑法应当保持安定性，本书似乎因此应当赞同法益具有的立法批判功能，并认可哈赛默（Hassemer）所主张的一元论③的人本法益观，亦即集体法益仅仅是一种媒介，是派生的被保护利益。只有当集体法益间接地也是个人利益时，才能得到认可。共同利益以及国家利益都是从个体出发行使功能的，反推则不允许。核心刑法除了保护个人法益，当然还需要保护某些集体法益，这些集体法益是个人权利空间的保障，如果对其造成损害，则被视为应受刑事处罚。

然而，依照这一进路，集体法益的确定依然没有规范标准，仍然可能陷于恣意。毕竟，法益保护蕴含着内在的扩张逻辑，因为通过创设新的犯罪保护抽象的集体法益，个人法益的保护"总能得到改善"④，而无须考虑法益保护的目标是否完全实现。间接保护个人法益的要求无法限制法益内涵全能化，进而阻止法益功能的虚无化。为法益内涵的确定找到规范标准实属必要。

进入反思性现代化阶段的当代社会中，法律规范体系包括刑法规范面临的最大风险，是随着个体差异性权利的扩张，共同体被解构，"我们"的共享习俗和共享意义逐渐失灵了，个体之间失去了价值共识。而正如海德格尔所说，当价值共识中断时，人类才变为主体，开始出现主客体对立的思维模式，对于产生的冲突更多地祈求于第三方权威。⑤ 找到价值共识

---

① 张霞：《对社会公共利益概念的质疑——社会公共利益作为一种法益的修正》，《云南行政学院学报》2008 年第 3 期。

② 何荣功：《社会治理"过度刑法化"的法哲学批判》，《中外法学》2015 年第 2 期。

③ Vgl. O. Hohmann, *Das Rechtsgut der Umweltdelikte. Grenzen des strafrechtlichen Umweltschutzes*, Frankfurt, 1991.

④ Vgl. Günter Jakobs, "Kriminalisierung im Vorfeld einer Rechtsgutsverletzung", *ZStW* 97 (1985), S. 751, 753f..

⑤ M. Heidegger, *Sein und Zeit*, 16 Auflage, Tübingen：Max Niemeyer Verlag, 1986, S. 76 – 82.

的基准，才能减弱对于权力的依赖。

第二节　法益的确定标准

一　法益的现实关联与具体化

在司法论层面，法益应当是可以被伤害的事实。① 如果法益只是精神性的价值而与现实生活没有任何关联，则对它的伤害无法被衡量。② 既然法益应当是现实的，那么它的内涵应可具体化。区分法益、法益对象与行为对象，是对法益内涵进行具体化的前提。③ 例如，杀人罪所保护的法益是"人的生命"，规范背后的法益对象是"一个具体的人的生命"，其行为对象则是行为所针对的具体的"人"。对法益的实害结果或具体危险才可被评价为对法益的直接侵害，与法益侵害的评价标准不同，对法益对象的弃之不顾或者消极影响就足以评价为直接侵害，这涵盖了以间接侵害为可罚性基础的抽象危险犯范畴。从这个意义上讲，侵害法益对象的行为方式是否可具体化决定了法益内涵是否可具体化，内涵不能具体化的法益应属"表象法益"（Scheinrechtsgut），不应予以承认。

二　法益内涵与法益衡量的价值基准

（一）法益内涵的价值基准

作为国家法秩序中的基本法，宪法所规定的基本原则蕴含的价值应当是确定法益内涵的价值基准，这一点也为我国学界所认可。④ 然而，如果只是较为抽象的原则，留给立法者、解释适用者的自由空间还是太大。在现代法治国家中，宪法是刑法立法者进行立法活动的法定根据，而宪法保护的基本权利是法秩序体系中最基本、最重要的权利，因此，刑法所保护

---

① Vgl. Knut Amelung, *Rechtsgüterschutz und Schutz der Gesellschaft*, Athenäum Verlag, 1972, S. 399ff. .

② Vgl. Jens Puschke, *Legitimation，Grenzen und Dogmatik von Vorbereitungstatbeständen*, Mohr Siebeck, 2017, S. 92.

③ Roland Hefendehl, *Kollektive Rechtsgüter im Strafrecht*, Carl Heymanns, 2002, S. 40.

④ 张明楷：《法益初论》，中国政法大学出版社，2000，第167页。

的法益应当从宪法所保护的基本权利中推导得出，也就是通过刑法所保护的法益应直接或间接地服务于对宪法基本权利的保护。对于没有实然宪法解释与适用机制的我国，这不只是对立法者的要求，也是对刑法适用者的要求。对于并非着眼于个人，而是着眼于规制特定集体与情境以预防风险的新型罪名，包括信息网络犯罪来说，在立法创制与司法适用中都应当满足这一要求。司法适用中，法益立法批判功能的体现，应当是检验信息网络犯罪保护的集体法益是否能够间接保护宪法保护的公民基本权利。

以对公民基本权利的保护为界定法益内涵的价值基准，也源自对人性的审视。由于人性无法通过经验实证，只能来自内心确信，相较于霍布斯所设想的"一切人对一切人的战争"① 的人类自然状态，本书更倾向于洛克所设想的人与人之间自由而和平的自然状态。② 霍布斯设想的自然状态中对人类最大的威胁在于无序可能产生的暴力，而对洛克而言则是饥饿。洛克认为自然状态中人们是和平而具有理性的，通过劳动获得食物以供生存，这是不需要获得他人同意的，生存是人的天赋权利。而合意建立社会契约，让渡权利的目的在于更好地保障通过劳动获得的食物，让财产发挥自己最大的效用。③ 那么前者赋予秩序本身的存在以正当性，后者则强调秩序的正当性来自人们达成的以下合意，那就是更好地发挥自己生存所依赖的财产的效用，促进所有公民个体更好地生存。也就是说对于刑法而言，它不仅是"犯罪人的大宪章"，更应当是保护一般公民个体自由与权利的大宪章，公民基本权利的保障应当是刑罚发动的正当性根基。

明确性是现代刑法特别是大陆法系刑法的原则性要求。将刑罚权发动的正当性求诸刑罚的道德界限，并且强调只有一般社会公众才有权力判断行为是否"造成利益倒退而且侵权"④，这是在英美法系注重"经验智慧"（practical wisdom）⑤ 传统语境下的选择，且有陪审团制度作为保障。作为

---

① See Thomas Hobbes, *Leviathan* [1651] Richard Tuck ed. , Cambridge U. P. , 1989, 90.

② See John Locke, *Two Treatise of Government* [1680] Peter Laslett ed. , Cambridge U. P. , II, §28（emphases in original）.

③ Martin Loughlin, *Sword & Scales: An Examination of the Relationship between Law and Politics*, Hart Publishing, Oxford and Portland Oregon, 2000, p. 164.

④ See Joel Feinberg, *Harm to Others*, Oxford University Press, 1984, pp. 51 – 55.

⑤ Martin Loughlin, *Sword & Scales: An Examination of the Relationship between Law and Politics*, Hart Publishing, Oxford and Portland Oregon, 2000, p. 11.

当下日渐继受德日大陆法系传统的我国刑法学而言，明确保护宪法层面的基本权利作为决定法益内涵的法定价值基准，才能使法益的内涵具备明确性，继而足以成为狭义信息网络犯罪刑事归责的起点。而对宪法基本权利的解释以及衡量，有待于依照法定程序，结合经验科学的、多学科智识的碰撞加以确定。① 这属于立法论的范畴，本书不再继续展开。基本权利之间可能产生的冲突，除了人的尊严不可减损，其余则通过对刑法所保护的具体法益的衡量加以平衡。

（二）法益衡量的价值基准

法益有应然和实然两个层面，在应然的层面，保护宪法基本权利为法益冲突提供了明晰的价值导向；在实然层面，因为法益是"根据宪法的基本原则，由法所保护、客观上可能受到侵害或者威胁的人的生活利益"②，所以法益冲突的实质即利益衡量。③ 因为"法律不仅由规则或规范一般化构成，它也包括规则的适用"④，所以，探讨刑法规范视野中利益衡量应遵循的标准，也是刑法规范研究中非常重要的命题。

在刑法理论研究与司法适用中，较普遍地认为利益衡量只存在于正当防卫和紧急避险场合，对于实定法层面的立法和司法而言，依照待入罪行为的社会危害性严重与否即可判断是否进行刑事规制，其实不然。对于一个法益是否需要保护，以及采用多大的强度进行保护，不是对该法益单独的考察可以决定的，而是应当在对与之相冲突的法益衡量之后，依照价值评价的标准作出恰当的抉择。从普遍意义上来讲，刑法主要通过禁止性规定表明，禁止特定类型行为所保护的利益要优越于通过该行为实现的利益。例如，意大利刑法学家杜里奥·帕多瓦尼举了一个例子，"刑法通过规定盗窃的犯罪构成来强调，与任何企图通过盗窃行为来实现或满足的利益相比，合法拥有的动产都具有优先地位"。⑤ 这是非常明确的。但需要优

---

① 〔德〕埃里克·希尔根多夫：《德国刑法学：从传统到现代》，江溯、黄笑岩等译，北京大学出版社，2015，第219~238页。
② 张明楷：《法益初论》，中国政法大学出版社，2000，第167页。
③ 因是在实然层面上探讨法益的冲突，因此本部分不再区分法益和利益的用语。
④ 参见〔美〕伯尔曼《法律与宗教》，梁志平译，商务印书馆，2015，第126页。
⑤ 〔意〕杜里奥·帕多瓦尼：《意大利刑法学原理》，陈忠林译，法律出版社，1995，第142页。

先考虑与所需适用的刑法条文保护的法益相冲突的法益时，真正棘手的问题方才出现，这就是各种违法阻却事由出现的情形。而对于刑法中某些类型的犯罪，问题则更加尖锐，对其适用保护其目标法益，同时会造成其他与之相冲突、同样值得保护的利益乃至宪法权利的减损，两者之间注定此消彼长，言论型犯罪即是如此。例如，编造、故意传播虚假信息罪的适用同时会限制我国公民所应具有的言论自由这一基本权利，它由我国《宪法》第 35 条明文规定，此时更加需要进行实质的利益衡量[①]，将两者的损失都限制在正当的限度内。

　　法律规范是国家权力（包括刑罚权）的运作框架[②]，刑罚权行使的正当性使公民产生对刑法规范的信赖，这是刑法规范效力的本质保障，而非强制力。因此，无论是强调所谓"常识，常理，常情"[③]，抑或重视"公共理性"[④]，都是在突出刑罚权发动的正当性对保障刑罚权本身效力的关键作用。就刑法而言，纯粹的客观主义和主观主义是危险的两极，鉴于人类不可能具备绝对理性，但必须认可其具备作为存在而非目的的自由意志，刑法注定要在两极之间游走以寻找恰当的平衡点。那么，宪法作为具象化的社会契约，承载了社会所共同认可的价值，是保证实定法的安定性与保持对实定法的批判性之间最佳的平衡点。宪法所规定的基本权利蕴含了社会共同体认可的最基本价值，应为刑法适用所依据的价值基点。刑法的适用不与之相冲突，才能弱化刑罚权的社会强制意味，逐渐将刑法规范培育成价值与利益冲突的动态平衡机制，有强制力保证且被公民普遍信任，消解刑法的工具属性。

第三节　对既有信息法益观的反思

　　明确确定集体法益内涵的规范标准后，首先要对既有的信息法益观进

---

① 冲突的背后，实质是在公共场所秩序所保护的公民人身、财产之基本权利，与言论自由之间进行衡量。

② Martin Loughlin, *Sword & Scales: An Examination of the Relationship between Law and Politics*, Hart Publishing, Oxford and Portland Oregon, 2000, p. 11.

③ 陈忠林：《刑法散得集》，法律出版社，2003，第 342 页。

④ 张千帆：《刑法适用应遵循宪法的基本精神——以"寻衅滋事"的司法解释为例》，《法学》2015 年第 4 期。

行反思。在传统刑法理论中，人的图像是具备意志自由、行为自由，从而能够自我答责的独立个体。我国刑法处罚单位犯罪，法人也被拟制为具备此类特征的独立个体。"公共"被建构为与"个体"相对应的概念，是个体存在的外在环境与基本框架。在刑法理论中，"公共安全"与"公共秩序"由此作为独立于个人法益的集体法益类型，由刑法进行保护。那么，需要为狭义信息网络犯罪确立的信息法益似乎应是"信息秩序"或者"信息安全"。然而通过对二者的规范分析，这个看似顺理成章的结论无法为本书接受。

一 对"信息秩序"法益的反思

狭义信息网络犯罪的法益内涵应当具备明确性，才能成为认定行为不法的确定基准，继而明确行为不法的范围，成为狭义信息网络犯罪刑事归责的起点。根据我国刑法的规定，狭义信息网络犯罪中除了侵犯公民个人信息罪之外都被规定在第六章，也就是妨害社会管理秩序罪内，本类罪名所保护的法益似乎应当解释为信息秩序。但信息秩序的内涵是什么？以对"双层社会"论的认可与否为分界，对于信息秩序有两种可能的理解。

在肯定"双层社会"存在的前提下，基于网络空间是稳定的虚拟空间的认识，所谓"信息秩序"是指"在信息时代，正常的社会生活秩序包括获得他人善意发布的真实信息的约定与共识，这是对于在信息时代保障社会正常进行极为重要的'信息秩序'……利用突发公共事件造谣危害政府公信力、诋毁道德楷模、恶意攻击慈善制度等行为，属于在网络公共空间恶意制造虚假的、新的社会热点，使不特定或者多数人在获得或者传播信息的活动不能自由、有效地进行，造成网络秩序严重混乱的有害行为"。[①] 该理论视野中需要刑法介入的独立网络空间秩序，指的是这样的"信息秩序"。

该观点是否成立？按照文义理解，"信息秩序"是指网络空间内信息流动中所应遵循的秩序。存在需要刑法介入的信息秩序，需要满足以下两个条件：存在独立的信息秩序，以及刑法可对此信息秩序进行直接的统一规

[①] 于志刚、郭旨龙：《"双层社会"与"公共秩序严重混乱"的认定标准》，《华东政法大学学报》2014 年第 3 期。

制。对这两个问题答案的探寻，应当基于对网络空间结构的进一步考察。

首先，网络空间的结构具备去中心化的特征，互联网先驱的设计，保障了很难以中心权力对互联网进行控制，或者对它进行全局性、破坏性影响。在当下，网民更是会依照自己的兴趣选择浏览不同的网站，使用不同的社交软件，进入不同的网络社区，现在的互联网已经让中国社会从一个大群体分裂成了无数个可变的小群体，在这个群体里关注度极高的事件在另外的群体里或许根本无人知晓。从传播学的视角来看，网络空间中的信息获取与传播一定是分散而非集中的，个体行为对信息传播的影响也不可能是全局化的，并不存在所谓独立的信息秩序。换言之，互联网的蓬勃发展，使人类传播与获取信息的能力得到飞速提升，打破了国家对大量信息收集和管理的垄断，逐步形成了尽管只有少数人可以掌握信息源，但大多数人可以自由获取与传播信息的开放型信息社会[①]，基于人们不同的价值取向、关注取向所形成的信息群构成了这一开放型信息社会的基本单元。开放型信息社会中，存在的是自主型、去中心的信息秩序，而非依附于权力中心的统一信息秩序，没有刑法进行统一规制的现实基础。也就是说，作为独立法益的信息秩序并不存在，它只是一个概括的集合体概念。

其次，基于以上认知，认可在刑法规范视域中存在独立的信息秩序会违背刑法规范明确性的基本要求。可以说，任何部门法都没有同刑法一般如此强调法律规范的明确性[②]，因为刑法涉及对公民自由最为严厉的限制与剥夺，因此，刑法条文必须清楚地告诉人们什么是被禁止的，以便让大家能够以此规束自己的举止。那么，认可存在刑法可规制的独立信息秩序的前提，是法律中对此已经有了明确的认定。但经过上文的论证，这个要求很显然不能得到满足。

以否认"双层社会"论为前提，仍有观点认为所谓信息秩序实质是国家对网络空间的行政管理秩序。[③] 然而，行政管理秩序并不具有成为刑法

① 参见〔英〕卡尔·波普尔《开放社会及其敌人》（第一卷），陆衡等译，中国社会科学出版社，2016，第21页。
② 张明楷：《明确性原则在司法实践中的贯彻》，《吉林大学社会科学学报》2015年第4期。
③ 该论者主张一经实行编造、故意传播虚假信息的行为，即推定为具备侵害"网络空间管理秩序"的抽象危险，应适用抽象危险犯的反证规则。参见苏青《网络谣言的刑法规制：基于刑法修正案（九）的解读》，《当代法学》2017年第1期。

法益的当然性。创新是互联网蓬勃发展的核心动力，其基本特征之一，就是通过技术的进步与商业模式的创新，不断突破既有网络空间管理秩序，从而推动社会进步与经济发展和社会共同体福利的提高。从管理模式上来看，随着大数据、物联网、社交网络、云计算等新兴技术的迅速发展，逐步形成了开放型信息社会，在这一社会形态中没有适用刑法统一管理的现实基础。这一点，即使在我国全面普及新一代的 IPV6 网络协议，能够实现每个联网设备都有一个 IP 地址，从而达成人机对应的目标后，也不会发生实质改变。从管理结构上来看，作为网络空间信息流动的"守门人"，网络平台服务提供者承担了相当一部分的实质管理职能。随着《网络安全法》的颁布实施，以及《互联网群组信息服务管理规定》《互联网用户公众账号信息服务管理规定》等配套规定的出台，管理职能进一步下沉到网络群组群主等个人主体。刑法再试图保护网络空间集中支配式的管理秩序，已经不具备正当性与可行性。

以应然意义而论，刑法保护"信息秩序"难免有过度介入公民自主权的过当法律家长主义嫌疑。不特定或者多数人是否能够自由而有效地进行获得或者传播信息的活动，取决于公民自主的决定。国家应当尊重或训练公民的基本理性，只有行为有损害刑法保护的现实法益或对此现实法益有危险时刑法才得介入，无须国家的普遍掌控。

总体而言，本书无法认同有单独的"信息秩序"存在，也不应该出于刑事政策的考量认可它的存在，不宜将"信息秩序"确立为狭义信息网络犯罪的法益。

二 对"信息安全"法益的反思

就侵犯公民个人信息罪而言，虽然其被规定在我国《刑法》分则第四章侵犯公民人身权利、民主权利罪一章，保护的法益似乎应当是人身权利，但由于侵犯公民个人信息的群发性，也就是同一犯罪行为侵害的对象众多，以及危害的间接性，也就是侵犯公民个人信息可能导致其他严重的危害后果，国内逐渐有力的观点提倡法益内涵全面转向网络安全、信息安全[①]，将其构建为不具备实质内涵的集体法益，进而着眼于所规制对象和

---

① 参见孙道萃《网络刑法的知识转型与立法回应》，《现代法学》2017 年第 1 期。

行为的具体化，以明确本罪处罚的范围。[①] 这又是我们应当选择的进路吗？本书的答案是否定的。

第一，信息安全不能明确本罪的适用范围。安全，在法规范层面是指法益的安全，内涵是防止法益侵害危险。[②] 换言之，从一般意义上讲，安全是一种价值取向而非法益。具体到刑法规范中，国家安全无疑属于象征性法益，代表着国家的价值宣示。而公共安全则被我国刑事立法接纳为实在法益，规定在我国《刑法》分则第二章"危害公共安全罪"中。根据我国《刑法》第 115 条第 1 款"致人重伤、死亡或使公私财产遭受重大损失"的表述，"公共安全"可以理解为不特定或多数人的生命、身体和财产安全。公共安全成为刑法法益，基本理由在于要为刑法所保护的个人法益提供受保障的权利空间。[③] 那么，应当将侵犯公民个人信息罪归入我国《刑法》分则第二章，进而将本罪法益解释为信息安全吗？

首先应当承认，侵害公民个人信息的行为，其社会危害性在两个层面超越了个人法益侵害的范畴，具备公共性。其一，现实中侵犯公民个人信息的犯罪不具备个体性，而具备群发性。正因为如此，在 2017 年 6 月生效的我国最高人民法院、最高人民检察院《关于办理侵犯公民个人信息刑事案件适用法律若干问题的解释》第 5 条中，将非法获取、出售与提供的个人信息数量作为衡量情节是否严重的重要标准。其二，非法获取、出售与提供个人信息，可能致使相关个人信息被用于其他犯罪，导致不特定多数人的人身与财产权利受到侵害。《公民个人信息解释》第 5 条中，也将公民个人信息被用于其他犯罪以及造成严重后果作为认定"情节严重"和"情节特别严重"的重要标准。

是否可以就此证成本罪的法益应是作为公共安全类型之一的信息安全？本书认为不可，理由主要在于，虽然作为本罪保护对象的公民个人信息不专属于公民个体，公民个体所享有的信息自决权也不能直接成为本罪

[①] 参见于志刚、李源粒《大数据时代数据犯罪的类型化与制裁思路》，《政治与法律》2016年第 9 期。

[②] Vgl. Berner/Köhler/Käß, *Polizeiaufgabengesetz*, 20 Aufl., Heidelberg 2010, zu Art. 2 PAG, Rn. 4 ff..

[③] Vgl. W. Hassemer, "Grundlinien einer personalen Rechtsgutslehre", in: Philipps/Scholler (Hrsg.), *Jenseits des Funktionalismus-Arthur Kaufmann zum 65. Geburtstag.* Decker/Müller Verlag, 1989, S. 92.

所保护的刑法法益，但不可用信息安全的概念简单地抹杀侵犯公民个人信息所涉及权利主体的多样性以及权利冲突的复杂性，这会让本罪的适用范围模糊不清。那么，只有明晰本罪应当保护的法益是独立信息权，本罪才有独立存在的价值。有关这一信息权的具体内涵，应当进行进一步的探讨。

第二，信息安全不提供刑事违法性的现实根据。在立法论的层面，对个人法益的保护诉诸公共安全的基本理由正如上文所指出，是为了给个人法益提供受保障的权利空间。在解释论层面，"公共安全"作为法益，其公共性主要体现为涉及个人法益的数量为不特定或者多数，所涉及的个人法益类别可明确为生命、身体和财产权利。① 由此也可以看到，我国《刑法》中侵犯公共安全犯罪保护的法益还有一个不能被忽略的基本特征，那就是所涉及个人法益都具有现实性，所处罚的实质是对这些现实个人法益的现实危险。

如果将侵犯公民个人信息罪的法益认定为信息安全，作为公共安全的一种，无法证成侵犯公民个人信息的行为，按照本罪规定，即非法获取、出售和提供公民个人信息的行为，能够对不特定或者多数人的生命、身体和财产权利造成现实危险，只能认定制造了风险。因为法律适用是法益保护目的实现的过程②，刑法所处罚的危险是对所保护法益的危险，仅依靠侵犯公民个人信息的行为，而不依托于对行为目的的考量，无法认定此行为对何种法益制造了危险。仅以侵犯公民个人信息数量巨大为理据，还不能弥合法益侵害危险和风险之间因法益侵害目的缺失所造成的鸿沟。因此，将信息安全作为侵犯公民个人信息罪所保护的法益不具备正当性与可行性。

三 网络时代信息的公共性与信息主体身份的重构

关于"信息秩序"与"信息安全"不宜作为狭义信息网络犯罪所保护的信息法益，上文进行了具象分析。而只有对网络时代信息的公共性与信

---

① 参见劳东燕《以危险方法危害公共安全罪的解释学研究》，《政治与法律》2013 年第 3 期。

② Vgl. J. Esser, *Vorverständnis und Methodenwahl in der Rechtsfindung：Rationalitätsgrundlagen richtlicher Entscheidungspraxis*, 2. Aufl., Athenäum Fischer Taschenbuch Verlag. 1972, S. 131 ff..

息主体身份进行反思与重构，才能挖掘出否定二者作为适格信息法益的内在根源，并探索出适格信息法益确立的方向。

在法学的规范视域内，何为公共性？按照哈贝马斯的定义，公共性是"国家公民构成的公众通过商谈形成观点和意志的交流框架"①。公共性最原始、最基本的形式是"到场式公共性"（Präsenzöffentlichkeit），是指公众在现实中到场，当面进行信息交换。随着报刊、书籍乃至互联网时代初期的门户网站等传媒的出现与发展，公共性的范畴扩展到"媒介式公共性"，信息传播的途径、范围得到大幅扩张，但是以牺牲公众积极参与的可能性为代价。随着信息通信技术的不断发展，5G、AI 等技术产业的发展，推动着人类社会向"万物互联"的数字社会迈进，公共性的范畴进一步扩展到"参与式公共性"②，不仅公民个体成为积极的信息交互主体，如前文所指出，为互联网所连接的其他非人的对象，包括物、观念、技术、法规等，都是参与信息交互与生成过程的"行动者"③，都能积极参与信息形成的过程，这其中也包括了企业、国家等主体。在"参与式公共性"语境下，信息只能是关于信息主体的信息，而非属于信息主体的信息。

那么，什么又是信息的公共性？在"参与式公共性"的语境下，通过辨析信息形成过程中信息主体的主体性，可以明确信息公共性的内涵。传统刑法理论中，个体主体性的基本图像是自我决定的，因而刑法是以个体自由的保护为核心。然而随着科学技术的不断发展与进步，个体自由也成为人类社会广泛体系性风险的重要来源，保护个体自由与保护个体自由存在的社会条件间的冲突，逐渐成为刑法理论内在的结构性矛盾④。而在适用刑法保护信息的语境下，这一矛盾体现为信息主体为了实现特定目的制造、获取、传播与利用信息的自由，与这一自由存在的社会条件间的矛盾。传统刑法理论对公共性的理解，还停留在"到场式公共性"的阶段，学者们通常主张将公共空间扩张到包括网络空间，就可以解决以上矛盾。

---

① Jürgen Habermas, *Strukturwandel der Öffentlichkeit*, Suhrkamp Verlag, 1990, S. 38.

② Johannes Marl, *Der Begriff der Öffentlichkeit im Urheberrecht*, Mohr Siebeck, 2017, S. 253 - 267.

③ 参见吴莹、卢雨霞、陈家建、王一鸽《跟随行动者重组社会——读拉图尔的〈重组社会：行动者网络理论〉》，《社会学研究》2008 年第 2 期。

④ See Henrique Carvalho, *The Preventive Turn in Criminal Law*, Oxford University Press, 2017, p. 132.

这一思路，在我国学界有关"双层社会"的探讨中得到充分体现。[①] 在这个意义上，信息的公共性，只体现在信息主体制造、获取、传播、利用信息可造成影响的公共性上，从传统理论视域下"个体 - 公共""自由 - 安全"二元对立的立场出发，应确立"信息安全"或"信息秩序"作为刑法应保护的新型信息法益，实现法益保护的前置化。但这样一来，行为的不法根据几乎完全移向一元的行为不法，评价的实质基准是刑法规定的行为类型，这会让刑事立法走上疲于回应层出不穷的新型犯罪行为的道路，而法律监管的更新只会滞后于技术发展的步伐，以此为导向的刑事立法只会是应急式、补丁式的，难以具备前瞻性，行为的不法评价也缺乏具备明确性和确定性的规范基准。

原因何在？在于信息主体的主体性发生了变化。传统语境下的刑事归责，是要将一个具体行为及其危害后果归责于一个行为主体。在评价信息主体制造、获取、传播、利用信息行为的刑事可罚性时，可以明确事实层面的行为主体，却难以简单地认定规范层面的"信息主体"，因为信息的形成涉及多个主体，对制造、获取、传播、利用信息的行为进行刑事规制，不仅涉及行为主体自身的利益，还会涉及多方主体的利益。也就是说，事实层面与规范层面的行为主体发生了偏离，不能完全对应。

信息主体只能依托于信息交互网络而存在，互联网是当今社会信息交互网络的核心体现。不考虑信息形成的过程，无法对信息的本体属性形成完整和准确的认知。同样，不考虑信息形成的过程，无法准确认知信息主体的本体属性。互联网的有效连接，使与世隔绝的"我"消失了，信息主体的形塑都需要与他人、外物的沟通，沟通的过程中才产生了信息。那么，在"参与式公共性"的语境下，信息主体与其他信息主体之间不再存在绝对区隔。在信息流动的环境中，没有作为独立个体的信息主体，只有从一个公共的信息主体转向另一个公共的信息主体。[②] 信息主体目的的实现都依赖于与其他信息主体之间的交流，无法再自给自足。那么，信息主体制造、获取、传播、利用信息的行为，不再能够单纯地自我决定，而是需要衡量信息

---

① 参见于志刚、郭旨龙《"双层社会"与"公共秩序严重混乱"的认定标准》，《华东政法大学学报》2014 年第 3 期。

② See Andréa Belliger，David J. Krieger，*Network Publicy Governance：On Privacy and the Informational Self*，Verlag Biefeld，2018，p. 15.

流动过程中所涉及其他主体的利益，才能明确自身是否可为相应行为。

治理信息流动的核心并不在于治理结构，而在于治理流程。① 在"参与式公共性"的语境下，信息主体的核心标志不再是主体身份，而是行为权限。刑法的规范评价是以具体的行为为基础，简单地将秩序、安全作为法益进行保护，除了征表规范效力本身，并无实质内涵，似乎无法为狭义信息网络犯罪行为不法的认定提供确定的基准和刑事归责的起点，也限缩了通过非刑法机制对相关主体的利益进行平衡的合理空间，还与促进信息流动、实现其社会与经济价值的时代要求相抵触。那么对信息主体行为刑事可罚性的评价，应当以其行为是否超越了自身权限为基础。因此，本书拟采取权利进路，探讨能否证成信息权法益。

第四节　信息权法益的确立

明确了确定法益内涵的权利进路，再来检验我国刑法中狭义信息网络犯罪所保护的法益应当是什么。对于狭义信息网络犯罪所保护的信息法益，通过对刑法规范视域下信息内涵的探讨，结合狭义信息网络犯罪的具体罪名，可以确立为法定主体的信息专有权。

一　信息：刑法评价的行为对象

我国刑法中三个"纯正"网络犯罪的罪名和侵犯公民个人信息罪，虽然两者都属于本书界定的狭义信息网络犯罪，但它们侵犯的对象似乎不同，因为后者侵犯的是公民个人信息，是具备对公民个体识别性的，应当与非个人信息不同。而我国《民法总则》第 111 条规定了对"个人信息"的保护，第 127 条则规定了对"数据"和"虚拟财产"有相关保护规定的，从其规定。据此可认为，在民法视域中，存在着"个人信息"与"数据"的区分②，对个人信息的去识别化处理可确保这种区分在技术上的可

---

① See Andréa Belliger, David J. Krieger, *Network Publicy Governance: On Privacy and the Informational Self*, Verlag Biefeld, 2018, p. 18.
② 以掌握数据的主体为区分标准，一般将数据分为个人数据、企业数据、国家数据和公共数据。参见王渊、黄道丽、杨松儒《数据权利的性质及其归属研究》，《科学管理研究》2017 年第 5 期。

行性。因此，统一探讨狭义信息网络犯罪所保护的法益似乎并不可行，但本书对此持不同观点。

（一）个人信息的社会属性

世界各国对"个人信息"的界定不尽相同，具体有两种进路。第一种将个人信息界定为可以有效识别公民个体身份也就是个体属性的相关信息，遵循这一进路的代表国家有美国与我国。美国对个人信息的保护是由《隐私权法》完成的，学界一般将"个人信息"定义为个人的名字、缩写与姓氏结合以下数据内容，且姓名和数据内容没有加密或编译：社会保障号码、驾照号码或者其他国家授予的身份证件号码、银行账号、信用卡或借记卡号码，以及其他银行账号、信用卡号码（其与任何必需的安全码、存取码或密码结合可以获取个人资产账户访问权限）。① 我国《网络安全法》第76条第5款②，以及"两高"《公民个人信息解释》第1条③对个人信息的内涵也做出了类似界定。

第二种否定个人信息的个体属性，将其界定为能有效识别公民个体社会属性的相关信息，这一进路以欧盟为代表。《欧洲数据保护基本条例》将个人数据界定为"能识别或可识别自然人身体、生理、基因、心理、经济、文化或社会身份的所有信息"。④ 换言之，"个人信息"并不具备特定个人专属性，因为个人信息是由社会主体间，更确切地说，是信息发送者与接收者之间的信息交换所产生⑤，无论原始数据是否可识别出特定个人，所有的信息都会关联特定主体，个人信息不具备个体属性。

那么，依靠去识别化技术能否实现对个人信息的有效脱敏，从而实

---

① See Bruce Radke, "Selected State Laws Governing the Safeguarding and Disposing of Personal Information", *J. Marshall J. Computer & Info. L.* 31 (2015)：487.

② 我国《网络安全法》第76条第5项规定："个人信息，是指以电子或者其他方式记录的能够单独或者与其他信息结合识别自然人个人身份的各种信息，包括但不限于自然人的姓名、出生日期、身份证件号码、个人生物识别信息、住址、电话号码等。"

③ 《公民个人信息解释》第1条规定："刑法第二百五十三条之一规定的'公民个人信息'，是指以电子或者其他方式记录的能够单独或者与其他信息结合识别特定自然人身份或者反映特定自然人活动情况的各种信息，包括姓名、身份证件号码、通信通讯联系方式、住址、账号密码、财产状况、行踪轨迹等。"

④ EU General Data Protection Regulation, ABI. Nr. L119/1, 2016.

⑤ Dammann in Simitis（Hrsg.）, BDSG, 8. Aufl. 2014, §3 Rn. 4ff. .

现对个人信息和非个人信息的有效区分？非常遗憾，在刑法视域中，在技术和规范两个层面，去识别化技术均无法对个人信息有效"脱敏"。根据我国《网络安全法》第76条第5项以及《公民个人信息解释》第1条对个人信息的规定，我国立法中的个人信息，是指能够有效识别公民个体身份与活动情况的相关信息。根据国家标准化管理委员会等机构所制定的《信息安全技术：个人信息安全规范》（简称《安全规范》），所谓个人信息的去识别化，包含去标识化①与匿名化②两种类型，经过去标识化后，个人信息不再能够识别公民个体的身份，经过匿名化后，去标识化的个人信息无法被复原，从而形成所谓的脱敏数据。然而，所谓"个体身份"的定义本就模糊，个人具备生理、文化、种族等多重意义的身份，例如欧盟的《欧洲数据保护基本条例》就将多重社会身份纳入了个人信息所指向的"个人身份"范畴，去标识的技术手段恐怕难以将所有身份标识全部去除。其次，随着信息通信技术的不断发展，绝对不能够复原的信息将变得越来越罕见③，《安全规范》对于匿名化效果的绝对化描述，恐怕值得商榷。而在刑法视域下，经过去识别化的个人信息仍能指向多种类型的法益侵害，这也是侵犯公民个人信息所造成危害结果兼具个体性与公共性的原因。④ 那么，以"去识别化"为前提区分"个人信息"与一般信息，在民法视域下或许足以成为相对明确的标准，但并不具备刑法规范意义。

（二）数据类型化标准的不清晰

个人信息具有社会属性，导致个人信息与非个人信息无法有效区分，那么能否统一采纳数据的类型化标准？恐怕不能，因为在刑法视域中，数据的类型化标准并不清晰。

---

① 《安全规范》3.14将去标识化定义为"将个人信息进行技术处理，使在不借助其他信息的情况下，无法通过经处理的信息识别到原信息主体的过程"。

② 《安全规范》3.13将匿名化定义为"通过技术处理，使得个人信息主体不仅无法被识别，并且不能被复原的过程"。

③ See Paul Ohm, "Broken Promises of Privacy: Responding to the Surprising Failure of Anonymization", *Ucla L. Rev.* no. 57（2009）：1701.

④ 参见敬力嘉《大数据环境下侵犯公民个人信息罪法益的应然转向》，《法学评论》2018年第2期。

在民法学界，当前对于数据有两类主要的分类方法：以掌握数据的主体为标准，将数据分为个人数据、企业数据、国家数据与公共数据；以是否经过分析处理为标准，将数据分为原始数据和次生数据。① 我国民法学界当前的相关研究，基本是以次生的企业数据为对象进行，探讨企业对其所享有的数据权利。所谓次生的企业数据，是指经过企业收集、集中与加工的关于企业生产与经营的数据，包括数据库、数据平台等。对于专营大数据交易的公司而言，次生的企业数据更是其核心资产。以《民法总则》对"个人信息"和"数据"的区分为根据，在确立对个人信息独立的保护规则，同时以去识别化技术对涉及个人信息的数据进行脱敏处理后，在民法视域下以次生的企业数据为对象，探讨作为数据经营者的企业对其享有的民事权利，具有必要性与合理性。

在刑法视域中应当被规制的，是数据主体通过加工处理原始数据，从而制造、获取、传播与利用信息侵害法益的行为，因此需要回归数据主体所掌握的原始数据进行探讨。当今社会，个人、企业、国家与公共数据之间不存在静态的绝对壁垒，而是相互流动的。例如，根据我国工业和信息化部 2017 年颁布并实施的《新能源汽车生产企业及产品准入管理规定》第 17 条的规定②，新能源汽车行驶过程中所产生的数据，会被车企用以优化车辆设计，其本身包含了驾驶人的行踪轨迹等个人信息，同时又会被传递给地方及国家的监测平台，用以完善地方与国家对新能源汽车所提供的公共服务，以及相应的监管政策。又如互联网征信信息，包含了消费偏好、交易记录、社会关系等个人信息，又是互联网金融平台业务开展的基本前提，同时需要受到中国人民银行的监管，以确保互联网业态下的金融安全。③ 数据本身具有现实、多元的独立价值，而数据加工处理是为了制造、获取、传播与利用有效信息，以实现数据的相应价值，这一为数据赋值的过程不由单一主体完成，那么，数据加工处理的目的，而非掌握数据

① 参见王渊、黄道丽、杨松儒《数据权利的性质及其归属研究》，《科学管理研究》2017 年第 5 期。
② 《新能源汽车生产企业及产品准入管理规定》第 17 条规定，新能源汽车生产企业应当建立新能源汽车产品运行安全状态监测平台，按照与新能源汽车产品用户的协议，对已销售的全部新能源汽车产品的运行安全状态进行监测。企业监测平台应当与地方和国家的新能源汽车推广应用监测平台对接。
③ 参见陈雨露《个人信息保护与征信业发展》，《中国金融》2017 年第 11 期。

的主体，是刑法应当关注的类型化标准。换言之，信息类型应当是功能化的，而非其存在论意义上的实在属性。

基于以上原因，民法视域下"个人信息"与"数据"的区分标准难以在刑法规范评价体系中适用，需要在信息流动的网络中，以数据加工处理目的为核心理解信息的内涵。以企业信息为例，企业信息是指关于企业生产经营的信息。企业信息和企业数据的内涵中均包含"关于企业生产经营"的限定成分，但二者的核心区别在于，前者以"生产经营"作为企业进行数据加工处理的目的，可涉及多方主体的信息，后者则以"生产经营"作为数据范围的划分标准。在信息主体与掌握数据的主体不一致，也就是数据加工处理后获得的有效信息不是关于企业自身时，（企业）数据便不再具有规范意义。例如，用户微信账号的相关信息，是由用户、数据基础设施、软件、算法、智能手机、商业计划、市场资本、法律法规等行动者在塑造交互复杂网络的过程中形成的，公民的健康信息、行踪轨迹信息、金融信息、身份信息等均是如此，这其中包含了能够识别公民个体身份的个人信息，却不限于个人信息，这些均可以被纳入企业信息的范畴。

对信息具体的类型化判断，以及所涉及具体法益、罪名的判断，将在下文进一步展开。可以确定的是，无论是公民个人、企业抑或其他主体的信息，其具象形象应当是以相关主体为对象的信息画像，勾勒出了相关主体作为社会参与主体的具体形象，而这幅画像的权属需要经过对相关主体所享有权利的具体衡量才能得出结论。从这个意义上来说，"所有的信息都是个人信息"[1]。之所以还要冠名为"个人"，意义在于明确信息保护的权利路径并留下立法空间。因此，统一探讨狭义信息网络犯罪所保护的法益并不存在障碍。

（三）信息的类型化标准：以数据处理目的为核心

以本书对信息内涵的界定为基础，探索刑法视域中信息的类型化标准是展开进一步探讨的前提。

---

① Vgl. Thomas Giesen, "Euphorie ist kein Prinzip des Rechtsstaats", in: Stiftung Datenschutz (Hrsg.), *Zukunft der informationelle Selbstbestimmung*, Erich Schmidt Verlag, 2016, S. 26.

在个人信息保护法的视域中，根据目的限制原则的要求，在个人信息搜集阶段，信息控制主体应告知信息搜集与使用的特定目的，在个人信息使用阶段，不应超出约定目的使用个人信息。[①] 换言之，个人信息控制主体实际使用个人信息的目的，不应超越搜集个人信息时的初始目的。本书认为，目的限制原则不仅应适用于个人信息保护领域，应当也适用于刑法对一般信息的保护。

正如上文所指出，民法中确立的数据类型化标准是掌握的数据主体，这在刑法中难以适用。民法所关注的，是平等主体之间的权利义务分配。随着互联网不断嵌入社会运行的基本结构，其带来的最大改变，是提供了平等主体间革命性的连接途径，从而催生了海量数据的产生与交换，进而产生了确认数据价值的现实需求。无论最终是否确权，确立数据价值在平等主体间进行分配的法律机制，都是民法学视域下数据研究的核心追求。因此，以掌握数据的主体作为类型化标准，是实现这一目标的必然要求。而刑法则不同，刑法所关注的，是如何实现预防性与补偿性的法益保护。[②]在犯罪人、被害人与国家这三方主体，以及个体行为与公权力行为这两层次的关系中，刑法所关注的，除了保护相关主体的信息利益，还有控制通过数据加工处理形成有效信息后，制造、传播、获取与利用信息行为具备的法益侵害普遍风险。

为了回应以上挑战，首先应当以相关主体的数据加工处理行为为现实基础，通过对数据处理目的的具体化，明确刑法所应规制的行为类型。例如，数据加工处理目的应当包含为了企业的生产经营，对信息的制造、获取、传播与利用，而企业制造、获取、传播与利用的信息类型，是其数据加工处理目的的客观体现，只有明确企业制造、获取、传播、利用了什么信息，才能明确刑法需要规制的行为类型。需要特别说明的是，本书所探讨的数据加工处理目的之"目的"的性质，不是刑法理论中目的犯之"目的"，而是事实层面的目的。

---

① See Evelien Brouwer, "Legality and Data Protection Law: The Forgotten Purpose of Purpose Limitation", in *The Eclipse of the Legality Principle in the European Union* 273, 277 – 281 (Leonard Besselink, Frans Pennings & Sacha Prechal eds., Kluwer Law International BV 2011).

② 参见〔日〕高桥则夫《规范论和刑法解释论》，戴波等译，中国人民大学出版社，2011，第45页。

　　而在以信息作为行为对象的犯罪中，只有结合了法益侵害目的这一目的要素的判断，才能评价风险会转化为怎样的危害，"风险"才进入了法益侵害"危险"的范畴，可以成为刑法处罚的依据。在评价通过数据处理制造、获取、传播、利用信息行为的刑事可罚性时，法益侵害目的的实质是对信息具体的不法使用目的。数据加工处理目的指导的是对数据加工处理行为的事实评价，信息的不法使用目的指导的，是对信息制造、获取、传播、利用行为主观不法的规范评价，在数据加工处理行为与具体的不法目的之间，需要以数据加工处理目的进行有效衔接。在我国，虽然数据处理行为会受到《网络安全法》以及制定中的"个人信息保护法"等行政法规规制，会涉及行政不法的评价，但刑事不法的判断具备独立性，评价制造、获取、传播、利用信息行为的刑事可罚性时，只应对数据处理目的指导下的数据处理行为进行事实性评价。

　　以企业信息为例，在"生产经营"的数据加工处理目的指导下，既然是以企业作为待评价的行为主体，那么企业同时也可以是信息主体。企业信息应分为狭义和广义两类，狭义的企业信息是指关于企业生产经营，且关于企业自身的信息；广义的企业信息是指关于企业生产经营，且关于其他主体的信息。企业信息既能包括合法信息，也能包括违法信息，既能包括公开信息，也能包括秘密信息。以刑法规范为基础，狭义的企业信息包括注册资本信息、企业经营信息、商业秘密、著作权信息、计算机信息系统的身份认证信息、关于企业自身的虚假信息，广义的企业信息包括淫秽信息，公民个人信息，关于其他主体的虚假信息，涉民族歧视、侮辱的信息，通信秘密。①

---

①　分别规定在我国《刑法》第 158 条虚报注册资本罪；第 160 条欺诈发行股票、债券罪；第 161 条违规披露、不披露重要信息罪；第 180 条内幕交易、泄露内幕信息罪，利用未公开信息交易罪；第 219 条侵犯商业秘密罪；第 217 条侵犯著作权罪；第 285 条非法侵入计算机信息系统罪，非法获取计算机信息系统数据、非法控制计算机信息系统罪，提供侵入、非法控制计算机信息系统程序、工具罪；第 286 条破坏计算机信息系统罪，网络服务渎职罪；第 181 条编造并传播证券、期货交易虚假信息罪，诱骗投资者买卖证券、期货合约罪；第 152 条走私淫秽物品罪；第 363 条制作、复制、出版、贩卖、传播淫秽物品牟利罪；第 364 条传播淫秽物品罪；第 253 条之一侵犯公民个人信息罪；第 286 条之一拒不履行信息网络安全管理义务罪第 2 款；第 221 条损害商业信誉、商品声誉罪；第 222 条虚假广告罪；第 291 条之一编造、故意传播虚假信息罪；第 250 条出版歧视、侮辱少数民族作品罪；第 252 条侵犯通信自由罪。

因此，信息而非数据是刑法评价的行为对象，应当统一考量狭义信息网络犯罪所保护的信息法益。但既然希望确立的是信息权法益，需要进一步考察信息权的权利来源、性质以及具体内涵。

二　权利来源：作为宪法权利的信息自决权

（一）作为宪法法益的信息自决权之证成

从刑法的角度来看，刑法保护的信息法益就是基于刑法的规定，受刑法所保护的信息主体所享有的信息权利，是信息本身作为数据承载的实质内容，是在当下的信息社会与刑法体系中传统法益概念的最佳结合点。[①]我国有关信息权的研究主要在民法学领域，限于个人信息权，作为与隐私权相区分的独立人格权[②]展开，但在我国刑法学领域的研究中鲜有涉及。原因主要在于刑法规范远高于民法的明确性要求，致使在刑法理论中实现将"信息权"作为法益进行界定的目标非常困难。

探寻宪法所保护的关于信息的公民基本权利，为刑法理论中确立独立信息权法益提供了权利来源，最有借鉴意义的是德国宪法判例所确认的信息自决权。信息自决权理论发源并发展于德国，是德国《联邦数据保护法》的理论根基，也是德国构建与完善信息保护法律法规的基点。从1995年欧洲议会通过的《个人数据保护指令》[③]开始，到2016年生效的《欧洲数据保护基本条例》[④]，该理论对欧洲层面个人信息保护立法也产生了深远影响。

德国学界最早提出"信息自决权"（Das Recht auf informationelle Selbstbestimmung）概念的是施泰姆勒（Steinmüller）。他在自己提出的《联邦数据保护法（草案）说明》中，将这项基本权利表述为"人们有权自由决定

---

① Stefan Drackert, *Die Risiken der Verarbeitung personenbezogener Daten*, Dunckler & Humblot, 2015, S. 264.
② 参见王利明《论个人信息权的法律保护——以个人信息权与隐私权的界分为中心》，《现代法学》2013年第4期。
③ 全称是《欧盟议会与欧盟理事会关于涉及个人数据处理的个人保护以及此类数据自由流通的第95/46/EC号指令》，ABI. Nr. L281，1995，S. 31.
④ EU General Data Protection Regulation，ABI. Nr. L119/1，2016.

外在世界可多大程度获知自己的思想及行动"。[1] 而从 1983 年德国宪法法院著名的"人口普查案"判决开始，这项基本权利逐步形成。该案判决书中作出了如下表述："在现代数据处理环境中，根据《基本法》第 2 条第 1 款（每个公民都享有自由发展人格的权利）与第 1 条第 1 款（人的尊严神圣不可侵犯），公民个人数据不被无限制地搜集、存储、使用与转让。"[2] 这是信息自决权的最初形态。它是由德国宪法法院通过判例为公民个体所创制的，针对国家经由个人数据的搜集、存储、使用与转让，侵犯公民个体享有的，由德国《基本法》第 1 条第 1 款所规定的人格尊严权，和第 2 条第 1 款规定的人格自由发展权的防御基本权（Abwehrgrundrecht）。[3] 由于在 1954 年"读者来信案"[4] 的判决中德国联邦最高法院已经在这两种权利的基础上发展出了一般人格权[5]，因此这一消极基本防御权的性质是由一般人格权发展出，独立作为宪法法益的具体人格权，内涵为面对国家时公民个体对其个人信息搜集、使用和处理[6]的决定权。[7]

随着信息通信技术的飞速发展，社会不断网络化、数据化，信息自决权日渐成为公民个体享有各项基本权利的前置性保障。对于信息自决权而言，以上着眼于私人领域防护的理解已无法适应权利保护的现实需要。因此，德国联邦宪法法院通过一系列判决[8]，超越防止国家滥用个人数据的

---

[1]　Steinmüller/Lutterbeck/Mallmann/Harbort/Kob/Schneider, "Grundfragen des Datenschutzes", *Gutachten im Auftrag des Bundesministeri-ums des Inneren*, *1972*, BT-Drucksache VI 3826, 1. Aufl., S. 87.

[2]　BVerfGE 65, 1（Volkszälungsurteil）.

[3]　Ulrich Meyerholt, "Vom Recht auf informationelle Selbstbestimmung zum Zensus", *DuD* 2011, S. 684 ff..

[4]　该判决认为，原则上以任何方式公开当事人的私人信件或手稿，都必须经得当事人同意，且这是由《基本法》第 1 条第 1 款和第 2 条第 1 款导出的基本权利。BGHZ 13, 334.

[5]　作为民事权利的一般人格权，应区别于作为宪法所保护基本权利的一般人格权。前者还需要德国《民法典》第 283 条之一作为法律依据，被认可为"其他民事权利"。参见陈道英《从德国宪法上的一般人格权看宪法权利与民事权利的协调》，《法学评论》2011 年第 5 期。

[6]　德国《联邦数据保护法》第 3 条第 3 款至第 5 款，将三者作为该法规制的基本行为类型。"处理"又包括对个人数据的存储、更改、传播、阻断和删除，"使用"是指在"处理"的范围外，对个人数据的行为。

[7]　Vgl. Claudio Franzius, "Das Recht auf informationelle Selbstbestimmung", *ZJS* 2015, S. 259.

[8]　BVerfGE 27, 1, 7-Mikrozensus; 35, 202, 220-Lebach; 54, 148, 155-Eppler; 63, 131, 142-Gegendarstellung.

初始功能，将信息自决权构建为普遍意义上公民个体对其个人信息进行搜集、使用和处理的决定权。当然，这一决定权并非排他性的支配权，德国宪法法院在相关判决中，同时明确了符合显著公共利益、基于法律保留的合目的、透明、必要与合比例这四项基本原则时[①]，可对公民个人信息进行搜集、使用和处理。作为欧洲层面个人数据保护的大宪章，《欧洲数据保护基本条例》立法理由第 1 条也明确规定，在认可以上四项基本原则的基础上，个人数据保护权是自然人应享有的基本权利，显然是继受了信息自决权的内涵。

在我国，对于作为宪法法益的信息自决权我国宪法中并未明文列举。但我国现行《宪法》第二章"公民基本权利与义务"第 38 条明确规定："中华人民共和国公民的人格尊严不受侵犯。禁止用任何方法对公民进行侮辱、诽谤和诬告陷害。"按照我国宪法学界通说，从该条规定的人格尊严，可以推导出姓名权、肖像权、名誉权、荣誉权和隐私权，[②] 实质是将该条保护的法益往德国宪法中一般人格权的方向进行构建。[③] 那么根据本条的规定，证成信息自决权一样是我国宪法所保护的新型具体人格权，应当不存在理论障碍。但由于我国目前缺乏实际运作的宪法解释机制以及专门的个人信息保护法，作为宪法法益的信息自决权需要部门法予以确证，才能具备实然的法律效力。

（二）作为刑法法益的信息自决权之否定

我国通过《刑法修正案（七）》在刑法分则中设立了出售、非法提供公民个人信息罪。《刑修（九）》将本罪重新设置为侵犯公民个人信息罪，将犯罪主体扩大到一般主体，取消了"非法提供"中的"非法"，将入刑的行为确定为"出售或提供公民个人信息"和"窃取或者以其他方法非法获取公民个人信息"两种行为，体现了我国刑事立法对公民个人信息保护力度的加强。法益决定刑罚权适用的边界，是对刑法中罪名进行具体解释适用的应然起点。鉴于本罪规定在我国《刑法》分则第四章"侵犯公民人

---

① Vgl. Michael Friedewald/Jörn Lamla/Alexander Roßnagel, *Informationelle Selbstbestimmung im digitalen Wandel*, Springer Viewweg Verlag, 2017, S. 2.

② 参见胡锦光、韩大元《中国宪法》（第二版），法律出版社，2007，第 280 页。

③ 参见王锴《论宪法上的一般人格权及其对民法的影响》，《中国法学》2017 年第 3 期。

身权利、民主权利罪"中，本罪法益原则上属于公民的人身权利，以公民个体的信息自决权作为本罪法益，似乎并无不妥。但基于以下原因，本书认为作为个人法益的信息自决权不能成为本罪所保护的法益。

第一，大数据环境下，个人信息的社会属性决定了公民个体不直接享有对个人信息的自决权。在个人信息构成的信息流动链条中有四类基本主体，具体关系如图 1 所示。

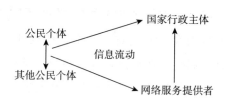

图 1　信息流动链条中的基本主体

从这个关系图中我们可以清晰地看到，除了公民个体之间相关主体可以自主决定其个人信息是否进入流动链条之外，当前大数据环境下，无论是面对国家行政主体还是网络服务提供者，公民个体都无法决定自己个人信息的走向。因为，在网络服务提供者的角度，大数据环境下对海量社会数据的搜集与分析是其商业模式的基础，社会数据已成为基本的生产资料[1]，为企业的发展与经营所必需。这样的背景下，网络服务提供者现行的做法，也就是在用户使用其服务之前让公民同意其使用协议，看似以征得公民个体的同意作为处理关于该公民个人信息的前提，确保了公民个体的信息自决权，其实不然。公民签订的使用协议实质是放弃信息自决权的声明[2]，理由有二：其一，长篇累牍与专业化的使用协议，让一般民众没有可能完全了解哪些有关自己的个人信息将会被搜集，又将如何被使用；其二，公民个体如果不同意使用协议，通常便无法使用相应的服务。例如若想要使用导航类 App，公民个体如果不同意自己的位置信息被搜集，便自然被剥夺了使用相关导航服务的可能。而在国家行政主体的角度，从便

① Vgl. Sabine Leutheusser/Schnarrenberger, "Verantwortung der Internet-Giganten-Aglorithemen und Selbstbetimmung", in: Stiftung Datenschutz（Hrsg.）, *Zukunft der informationelle Selbstbestimmung*, Erich Schmidt Verlag, 2016, S. 64.

② Vgl. Michael Nagenborg, "Informationelle Selbstbestimmung und die Bestimmung des Selbst", in: *Informationelle Selbstbestimmung im digitalen Wandel*, Springer Viewweg Verlag, 2017, S. 65.

于加强社会控制的立场出发，有关我国公民个体的个人信息在众多不同的情境下，包括就业、就学、公务办理等，被行政主体运用行政权力广泛搜集、使用与处理，公民个体的信息自决权无从谈起。

第二，个人信息的社会属性，决定本罪保护的法益不应是公民个体的信息自决权。首先需要明确，基于公民个人信息的社会属性，刑法保护公民个人信息并非保护信息本身，而是保护其关涉主体的相关权利。我国《刑修（九）》对侵犯公民个人信息罪的犯罪主体、行为类型都进行了大幅度扩张，但作为规制的对象，却是将公民个人信息理解为公民个体所有，认识不到其应然的社会属性，在具体解释适用时必然面临尴尬境地。因为关于公民个体的个人信息所涉及的具体权利主体与权利类型非常多样，基于刑法规范明确性的要求，本罪所保护的主体以及相应法益究竟是什么亟待厘清。我国学界对本罪处罚范围过宽的担忧是一致的，但基于对公民个人信息具备个体性的基本认识，通行的路径是以单一罪名处罚范围的限缩为基点，在认可本罪所保护的是个人法益的基础上，试图以个人信息的专属性和重要性为标准①限缩本罪的处罚范围。公民个体的信息自决权是这一进路下本罪应然的法益。但基于公民个人信息的社会属性，这样的选择并不适宜。

具体来看，本罪规定的两种行为类型，也就是"违反国家有关规定出售或提供公民个人信息"和"窃取或以其他方法非法获取公民个人信息"能够侵犯的权利主体绝非限于公民个体，能够侵犯的权利也绝非仅是公民个体的信息自决权。例如，公司的客户②名单，包括客户的姓名、地址、联系方式以及交易习惯、意向、内容等，性质上当然属于公民个人信息。根据我国《反不正当竞争法》第9条的规定，商业秘密是指不为公众所知悉、能为权利人带来经济利益、具有实用性并经权利人采取保密措施的技术信息和经营信息。我国《刑法》第219条侵犯商业秘密罪第3款的规定也完全采取了与反不正当竞争法相一致的界定。根据法律规定，当客户名单符合了以下三个要件，即不为所属领域相关人员普遍知悉和容易获得、

---

① 参见李婕《刑法如何保护隐私——兼评〈刑法修正案（九）〉个人信息保护条款》，《暨南学报》（哲学社会科学版）2016年第12期。
② 指自然人客户，或法人客户之法人代表。

具备经济价值以及权利人采取了保密措施，则应被界定为商业秘密，侵犯这一类个人信息侵害的是相关企业的商业秘密。我国司法实践中，也有在客户名单符合以上三个条件时被认定为商业秘密的判例。[①] 又比如，在有组织犯罪案件的审理中，为了保护证人的人身安全，其身份信息应当受到严格保护。若是掌握证人身份信息的法官或警方人员出售或提供证人的个人信息给犯罪团伙导致证人被严重伤害或杀害，即使在行为人对相关犯罪事实一无所知的情况下，该行为所侵害的法益也是证人的生命权和健康权。

从以上的分析中可以清晰看到，就正确适用本罪加强对公民个人信息的刑法保护而言，适宜的方向不是将本罪所保护的法益解释为个人法益，进而通过加强个人信息的个体关联性限缩本罪的处罚范围，而是以个人信息的社会属性为前提明晰本罪应当保护的法益，从而明确本罪适用的范围以达到限缩处罚范围的效果。本罪所保护的法益不应是作为个人法益的信息自决权。

三　中间进路：法定主体信息专有权的确立

以宪法为根基，公民个体行为与选择的自由是动用刑法专门保护信息的价值根据，信息自决权作为公民个体所享有的宪法法益，则是整体法秩序中动用刑法专门保护信息的规范根据。将狭义信息网络犯罪保护的法益完全构建为个人法益或者公共法益的努力，均已证明不可行。本书接下来将要探讨的是中间进路的可行性，具体即为本类罪名确立能够间接保护公民个体信息自决权，同时具备实质内涵的刑事集体法益。

（一）"IT 系统的私密性与完整性"

首先还是回到对作为宪法法益的信息自决权的考察。1983 年，德国联邦宪法法院通过判例发展出信息自决权作为公民个体享有的基本权利。之后，信息通信技术高速发展与社会的数据化程度飞速提升，让个人数据在自由流动中充分发挥其社会和经济价值，已成为大数据环境下全社会的普

---

① 参见任慧娟、李凌岩《珠海二审宣判一起侵犯商业秘密案——前员工窃取客户信息获刑受益公司被处千万罚金》，《人民法院报》2013 年 7 月 10 日。

遍诉求。① 因此，再坚持公民个体对关于自己个人数据的绝对自决权已经与时代发展脱节，若不变革，这项基本权利只能被束之高阁。作为回应，德国联邦宪法法院在 2008 年网络搜索案②的判决中，明确认定 IT 系统的私密性与完整性是公民享有的基本权利，作为信息时代对公民个体信息自决权的补充。③ 其中的"IT 系统"内涵远宽于我国《刑法》第 285 条中所保护的"计算机信息系统"，包括任一虚拟或实体的、存储个人数据的系统。④ 通过这一判例，对通过保护"IT 系统的私密性与完整性"，间接实现公民个体对 IT 系统中关于自己个人数据的自决权的保护路径，德国联邦宪法法院在宪法层面进行了认可。要确认此种间接保护路径，之所以需要联邦宪法法院通过对"IT 系统私密性与完整性"这一基本权利的创设实现，是为了给个人数据使用应遵循的法律保留原则松绑，找到信息自决权保护与信息自由流动之间的平衡点。

(二) 代表性信息权权利主体：企业主体

据统计，2017 年全世界可用的数据存储容量为 7235EB⑤。面对人类生活空间的急速数据化，当前全世界的目光都集中在加强对个人信息的法律保护，我国也不例外。然而不容忽视的是，随着社会信息基础公共设施的日趋完善，个人生活、企业经营与社会管理都逐渐构筑于其上，数据已成为当今社会最重要的生产生活资料，经过加工处理数据⑥形成的有效信息，对相关主体的生活、管理与经营发展不可或缺。而随着数字经济的不断发展，平衡个人信息保护与信息自由流动，主要是指保障相关主体挖掘与利用所掌握数据的经济价值，成为当前社会的主要关切，其中以企业主体受

---

① Vgl. Andreas Weigend, *Data for the People*, Murmann Publishers, 2017, S. 38 – 51.

② BVerfGE 120, 274 (Online-Durchsuchung).

③ Vgl. Luch, Das neue "IT-Grundrecht", *MMR* 2011. S. 76.

④ Vgl. Hilgendorf/Valerius, *Computer-und Internetstrafrecht*, 2 Aufl., Verlag Springer, 2012, S. 161 – 169.

⑤ EB 是计算机存储单位，全称 Exabyte，中文名叫艾字节，64 位计算机系统的可用最大虚拟内存空间为 16EB，数据转换公式 1EB = 1024PB = 1152921504606847000B。Vgl. Sven Hunzinger, Das Löschen im Datenschutzrecht, Nomos, 2018, S. 15.

⑥ 根据欧盟《数据保护基本条例》以及修改后与之相适应的德国《联邦数据保护法》的规定，"数据处理"是指存储、变更、传输、封锁与删除。本书所使用的"对数据的加工处理"，是指分析、提炼出数据中所蕴含的有效信息的过程，不同于前者。

到的关注为最，对明确信息权的需求最为迫切，面临的问题也最为典型。

作为数据经营者的企业，在对数据的搜集、处理和使用中是否有民事权利作为基础，是确保以大数据经营为基础的数字经济持续健康发展的前提。从顺丰与菜鸟驿站有关用户数据接口的"丰菜之争"①，到通过数据爬取伪造用户点评和游记的"马蜂窝事件"②，都体现出明确企业信息权利的现实需要。因此，本书对信息权法益的探讨以企业为主体，以民法与刑法为对应视角展开。若企业对其以生产经营为目的对所掌握数据进行处理后获得的信息，包括公民个人信息享有的权利得以证成，则同样适用于其他法定主体。

（三）信息权确立的背景

民法视域下，以《民法总则》第 111 条和第 127 条为基础，在区分个人信息与数据的前提下，探讨企业数据权的构建是较为主流的方向。以《民法总则》第 127 条规定的"数据"为对象，以平衡促进企业对数据的开发利用与关联主体利益、经济利益与公共利益为目标，我国民法学界提出了物权③、债权④、知识产权⑤、新型财产权⑥、反不当竞争⑦等多种保护路径。刑法视域的出发点则与民法视域不同，关注的并非只是企业主体对其所掌握数据可享有的民事权利，而是在控制企业加工处理所掌握数据，继而制造、获取、传播与利用信息行为所可能具备法益侵害风险的前提下，充分保障企业挖掘与利用所掌握数据的经济价值。换言之，在保护企业的信息利益时，企业既是刑法保护的对象，也是刑法规制的对象。只有明确刑法规制企业加工处理所掌握数据，继而制造、获取、传播与利用所获得信息行为的边界，才能明确刑法所保护企业信息利益的范围。

企业以生产经营为目的，通过对所掌握数据的加工处理，可制造、获

---

① 参见《顺丰菜鸟之争背后：数据之外隐藏另一个千亿级市场》，资料来源于中国商业网，http://www.ccwin.cn/article-56540-1.html，访问时间：2018 年 12 月 25 日。

② 参见《马蜂窝事件淡然收场，为什么业内集体默不作声?》，资料来源于新浪科技，https://tech.sina.com.cn/i/2018-11-01/doc-ihnfikve1686982.shtml，访问时间：2018 年 12 月 25 日。

③ 参见方印、魏维《数据信息权利的物权法保护研究》，《西部法律评论》2018 年第 3 期。

④ 参见张素华、李雅男《数据保护的路径选择》，《学术界》2018 年第 7 期。

⑤ 参见秦珂《大数据法律保护摭谈》，《图书馆学研究》2015 年第 12 期。

⑥ 参见龙卫球《再论企业数据保护的财产权化路径》，《东方法学》2018 年第 3 期。

⑦ 参见陈兵《大数据的竞争法属性及其规制意义》，《法学》2018 年第 8 期。

取、传播与利用涉及多主体、多类型的信息，可能引发对多个刑法所保护法益的侵害。例如，2018 年 6 月中旬发生了 p2p 网贷平台"爆雷潮"事件[①]，导致"爆雷"的重要原因之一，在于问题平台采用虚假宣传、虚假增信等制造与传播虚假信息的方式进行非法集资活动，这严重侵害了投资人特别是广大散户的财产利益[②]，从而侵犯了非法集资犯罪所保护的财产法益，同时由于被害人众多，引发了大规模的维权行动，引发了对社会公共秩序、参与维权被害人的生命与身体等法益的广泛风险。这事实上催生了法益保护前置化的需求，基于企业制造、获取、传播与利用相关信息的行为类型，应确立此类行为所侵犯的独立信息法益。

（四）信息权的基本属性：具备权利外观的刑事合规系统

对于企业数据权的构建，民法视域中已有多种路径的探索。但我国刑法所评价的，是企业为了生产经营，通过加工处理所掌握原始数据，制造、获取、传播与利用涉及多主体信息的行为。无论为企业在所掌握的原始数据之上确立物权、债权、知识产权还是新型财权，都无法确立为该类行为所侵犯的企业信息权。以通过数据爬取伪造用户点评与游记的"马蜂窝"事件为例，针对马蜂窝网站爬取其他平台上公开的用户点评与游记，并将之伪造为自家平台的点评与游记的行为，首先，用户的点评与游记通常对应该用户的个人账户信息，鉴于公民个人信息所要求识别个人身份的广泛性，这应当属于个人信息，而基于个人信息的人身属性，难以将其定位为物权客体。其次，虽然该网站通过服务协议订立自家的"私立规则"[③]，规定用户在使用该平台的关联产品与服务时，所发表的任何形式的文字、图片等知识产权信息，用户应同意将其著作权非排他性授予马蜂窝，将用户对此的同意作为使用其服务的前提，但根据我国《著作权法》第 11 条的规定，著作权属于作品的作者，以上格式条款看似是用户让与著

---

① p2p 网贷平台的"爆雷"是指平台因逾期兑付而出现的提现困难、停业、倒闭、清盘、跑路、失联等现象，被确认出现提现困难、停业、跑路、经侦介入等情形停止运营的平台，也叫爆雷平台或问题平台。参见张爽《P2P 网络借贷风险化解的说理语境探讨——也谈 P2P 非法集资出资人的被害性》，《重庆理工大学学报》（社会科学版）2018 年第 10 期。

② 参见陈小杉《论 P2P 平台非法吸收公众存款罪风险及其承担》，《时代法学》2016 年第 3 期。

③ 参见吕炳斌《论网络用户对"数据"的权利——兼论网络法中的产业政策和利益衡量》，《法律科学》2018 年第 6 期。

作权的同意，实质是放弃著作权的声明，因为用户不同意就无法使用该网站服务，这与著作权法的规定相抵触，应属无效。这也充分说明，以用户与企业之间的合同为核心的债权，不能作为刑法所保护的信息权。而以知识产权论，游记足以视为著作权法意义上的作品，可以认为马蜂窝对其享有排他性的信息网络传播权，但用户相对简短的点评难以被认定为"具备独创性的智力成果"，难以被认定为著作权客体，知识产权的进路无法作为刑法评价的统一基础。而财产权是以次生的企业数据（数据资产）为基础构建的，其应当具备对世的效力①，但企业信息权的基础是原始的企业数据，对其进行处理涉及多主体，难以认为企业信息权属于传统的财产权。

　　为什么这些传统民事权利都无法独自支撑企业信息权的内涵？因为民法评价的基点是所保护的利益或权利，具体的行为方式可以千变万化；刑法评价的基点是具体行为，脱离定型化的侵害法益的行为，无法明确刑法所保护法益的内涵。我国学界已经开始有学者借鉴德国《网络执行法》的相关规定，以该法赋予社交网络服务提供者对"违法内容"的发现与报告义务、投诉处理机制的构建以及违反义务之后相应的行政处罚为蓝本，认为可以我国刑法所规定的拒不履行信息网络安全管理义务罪为基础，构建网络服务提供者针对"违法内容"的刑事合规规则。② 但以本罪为根据来构建网络服务提供者合规规则的想法，实质上只对"造成违法信息大量传播，责令改正而拒不改正"进行了解释适用，给信息网络安全管理义务的细化提供了好的思路，个罪的解释适用最终要落脚于刑事责任的认定，依靠单个罪名构建不了网络服务提供者的刑事合规系统。尽管如此，构建刑事合规系统的思路值得借鉴。随着 5G 技术的成熟与商业化，以及随之可以预见的人工智能产业的蓬勃发展，以数据作为基本生产资料的企业远远超出网络服务提供者的范畴，需要从一般的企业主体出发，探讨企业为了生产经营而制造、获取、传播与利用涉及多主体信息时，需要考量的刑事合规问题。

---

① 参见龙卫球《数据新型财产权构建及其体系研究》，《政法论坛》2017 年第 4 期。
② 参见孙禹《论网络服务提供者的合规规则——以德国〈网络执行法〉为借鉴》，《政治与法律》2018 年第 11 期。

上文也已指出，评价企业此类行为的行为不法时，基础在于企业相应的行为超越了权限，而权限的范畴，要经过对企业信息所涉及多主体利益的衡量后才能确定，且应在相关信息主体与法律授权的范围内，作为刑法所独立保护的信息法益，其本质属性应是刑事合规系统。为什么赋予这一刑事合规系统以权利外观最妥当？主要原因有以下两点：第一，从行为不法的认定来看，明确了刑法所保护的企业信息权，刑法所保护的信息法益才能具备现实、明确的内涵，才能为企业行为不法评价的明确性与确定性奠定基础；第二，从加强企业对所掌握原始数据所享有财产利益的保护来看，确立企业信息权使刑法保护更加具备主动性，内涵具备明确性，可有效保障各信息主体的行为预期，为平衡产业利益与其他信息主体的利益预留具备明晰边界的法律空间。①

（五）基本内涵：作为新型财产权的法定主体信息专有权

那么，企业信息权的具体内涵是什么？刑法学中通常容易将利益衡量混同于法益衡量，进而将复杂的利益衡量简化为国家法益、社会法益、个人法益在重要性上的等次递减。② 具体到本书语境，当企业为了挖掘所掌握原始数据的经济价值，可能对作为社会法益的"信息安全"造成威胁时，后者具备刑法保护的优越性。然而前文已经指出，在互联网环境下，这三类法益相互之间并非截然割裂。以"生产经营"的数据加工处理目的为前提，在刑法视域下探讨企业信息权，是为了在控制企业通过数据加工处理，进而制造、获取、传播与利用涉及多主体信息时可能引发法益侵害风险的前提下，充分保障企业挖掘与利用所掌握原始数据的经济价值。因此，对企业信息权基本内涵的探索应回归利益衡量。

刑法教义学中欠缺利益衡量的细致规则，应借鉴私法中的研究路径。根据私法原理，利益的保护模式主要有行为规制和权利化两种基本路径。③ 对于企业所掌握原始数据可产生的经济利益，若采取行为规制的

① 参见吕炳斌《论网络用户对"数据"的权利——兼论网络法中的产业政策和利益衡量》，《法律科学》2018年第6期。
② 参见劳东燕《法益衡量原理的教义学检讨》，《中外法学》2016年第2期。
③ 参见〔日〕田村善之《知识产权法的理论》，李道道译，载吴汉东编《知识产权年刊》（创刊号），北京大学出版社，2005，第32页。

路径，在刑法视域中会使行为不法的明确性和确定性难以得到保证。而私法中利益保护的权利化，是指利益的"绝对权"化。以物权和债权为基础的"绝对权－相对权"二分法，是大陆法系民法学中财产权的根基。① 绝对权的原型是所有权，具备绝对性、恒久性、排他性三项基本特征，"排他性"则是绝对权的根本特征。② 原因在于，随着社会的发展进步，新兴的绝对权，例如知识产权能够纳入民事权利的体系，是通过"行为规制物权化"的路径，不再具备绝对性与恒久性，但排他性的特征仍然始终如一，通过把特定行为类型化，将其作为权利人专有利益空间，他人不得侵犯。③

以维持排他性这一绝对权的根本特征为前提，可以参照所有权的基本结构，为企业设定一项对于企业信息专有、排他的权利。那么，所谓企业信息权，可以更确切地表述为企业信息专有权，具体是指企业在相关信息主体授权，以及前者基础上的法定授权范围内，为了生产经营，通过处理所掌握的原始数据，对所获得信息享有的占有、使用、处分、收益的权利，应属于一种新型的财产权。这一专有权有别于知识产权意义的专有权能，因为一般意义的企业信息难以成为知识产权的客体，也区别于物权中区分所有权意义的专有权，因为企业对于该项权利的专有、排他性，只有在原信息主体的授权，以及前者基础上法定授权的范围内成立。也正因如此，企业信息权的专有、排他性不及于原信息主体。尽管如此，在评价企业行为时对利益衡量的要求，在企业信息专有权中也已得到充分的体现。同时，它间接地保护作为宪法法益的信息自决权，且具备实质内涵，能够成为刑法所保护的适格集体法益。④

由于专有效力的附条件性，企业信息专有权能否被归类于绝对权，在民法视域中可能会存在一定争议。但法定范围内的排他性，或者说专

---

① 参见吕炳斌《论网络用户对"数据"的权利——兼论网络法中的产业政策和利益衡量》，《法律科学》2018年第6期。
② 参见于飞《侵权法中权利与利益的区分方法》，《法学研究》2011年第4期，第104～119页。
③ 参见〔日〕田村善之《知识产权法的理论》，李道道译，载吴汉东编《知识产权年刊》（创刊号），北京大学出版社，2005，第32页。
④ 参见敬力嘉《网络参与行为刑事归责的"风险犯"模式及其反思》，《政治与法律》2018年第6期。

有效力，某种程度上已成为当代社会民事权利的共性，只是程度的高低有所区分，不再是绝对权与相对权二者的区分标准，二者的区分更多地体现在效力及于特定还是不特定主体。① 企业信息专有权的效力及于不特定主体，应当仍属于绝对权的范畴。此项权利当然也适用于法定的个人与国家行政管理主体。接下来要进一步探讨的，是法定主体信息专有权的具体权能。

四 信息专有权的具体权能

（一）法定主体的信息占有权

在探讨法定主体的信息占有权之前，首先需厘清信息主体对信息的占有在我国刑法中的规范意义。长期以来，我国刑法理论主要是在以盗窃罪为基本犯罪构成的财产犯罪范畴内，以"本权（所有权）／占有"作为基本的理论范式探讨财产犯罪所保护的法益。② 近年来，我国学界开始有学者引入德国刑法分则教义学中对财产概念的探讨，认为"本权（所有权）／占有"的理论范式，只是日本刑法第 242 条语境下的特殊产物，目的是解决取回所有物的可罚性问题，不宜上升为财产犯罪所保护的整体法益，主张以"法律－经济的财产说"为核心，构建财产犯罪整体所保护的法益。③ 但是，我国刑法中的财产犯罪保护的是具体的财产或财产性利益，而非财产权。鉴于本书将法定主体信息专有权界定为新型财产权，故对法定主体信息占有权的探讨不是在财产犯罪法益的语境下展开。

以此为基本前提，继续展开对法定主体信息占有权的探讨。如果说未经处理的数据难以被认为具备确定的经济价值，因而难以被认定为财产④，那么经过处理之后的信息无疑具备确定的经济价值，而且传统民法上要求的物应为有体之物，而不一定是有形之物，信息应当属于"物"的范畴，信息可以作为财产权的客体，展开对法定主体信息占有权的探讨不存在理

---

① 参见金可可《论绝对权与相对权——以德国民法学为中心》，《山东社会科学》2008 年第 11 期。
② 参见周光权《刑法各论》，中国人民大学出版社，2011，第 76～77 页。
③ 参见徐凌波《财产罪法益的讨论范式及其解构》，《中外法学》2018 年第 1 期。
④ 参见梅夏英《数据的法律属性及其民法定位》，《中国社会科学》2016 年第 9 期。

论障碍。而且正如前文所指出，我国刑法所评价的行为对象是信息，确立法定主体信息占有权作为刑法所保护的法益，符合我国刑事立法的规定。就"占有"这一概念本身而言，我国学界一般认为，刑法上的占有是对物事实的控制与支配，相较于民法中的占有，不论其是否具有正当权源[①]，占有本身是一种事实状态，对占有进行这样的区分是试图将占有状态视为财产犯罪法益的理解，不适用于对法定主体信息占有权的认定。法定主体信息占有权存在的前提，是相关主体对信息设置了安全防护措施。虽然基于数据的可复制性，认可对于数据的占有权不免存在相当程度的疑问，但由于信息主体只有在权限范围内进行数据处理，才能对获得的信息享有占有权，故在法规范层面认可法定主体对由此获得的信息具备占有权，应当不存在阻碍。

（二）法定主体的信息使用权

法定主体的信息使用权，是指通过对所掌握数据进行加工处理获得信息的法定主体，在原信息主体和法律规定授权的范围内，传播与利用所获得信息的权利。对于法定主体的信息使用权，在我国刑法中，只有针对计算机信息系统身份认证信息的独立犯罪构成，包括第285条规定的非法控制计算机信息系统罪，以及第286条规定的破坏计算机信息系统罪，对除此以外的信息，只要相关主体不制造、传播、利用法定的违法、犯罪信息，或未经信息主体、法律规定授权，以及超出授权范围对合法信息进行传播与利用，在此范围之外，法定主体应当对信息享有使用权。例如，在信息主体与法律的授权范围内，企业可利用经过数据处理获得的用户消费习惯、行为规律等信息，进行商业推广、服务改进等，而当相关信息涉及违法犯罪，企业行为就超越了其使用权的权限范围，应当受到刑法处罚。

对于违法、犯罪信息的内涵，我国《网络安全法》《全国人民代表大会常务委员会关于加强网络信息保护的决定》《全国人民代表大会常务委员会关于维护互联网安全的决定》《互联网信息服务管理办法》《计算机信

---

① 参见黎宏《论财产犯中的占有》，《中国法学》2009年第1期。

息网络国际联网安全保护管理办法》中规定了 14 类违法信息。[1] 但本书认为不应以此为依据,而应当参照德国《网络执行法》规定"违法内容"[2] 的思路,通过刑法分则的具体规定进行明确。因为只有"违法、犯罪信息"依托于刑法所规定罪名的具体规定,才能判定刑法视域内企业信息使用权的权限范围。我国《刑法》第 286 条之一拒不履行信息网络安全管理义务罪第 1 款,和第 287 条之一非法利用信息网络罪中所涉及的"违法、犯罪信息",应当限于前文所列举的虚假信息、淫秽信息以及涉民族歧视、侮辱信息。例如,当企业利用用户消费习惯、行为规律等信息,向消费者推送了虚假广告,情节严重的,就超越了企业信息使用权的权限范围,应当构成虚假广告罪。

对于刑法分则规定的合法信息,包括注册资本信息、企业经营信息、商业秘密、著作权信息、计算机信息系统的身份认证信息、公民个人信息以及通信秘密,在原信息主体与法律规定授权的范围内,法定主体对其享有使用权。

(三) 法定主体的信息收益权

法定主体的信息收益权,是指通过对所掌握数据进行加工处理获得信息的法定主体,在原信息主体和法律规定授权的范围内,传播与利用所获得信息获得收益的权利。在我国刑法中,对于法定主体信息收益权的保护,主要由对商业秘密、著作权信息的保护分散进行,而保护法定主体对商业秘密与著作权信息的收益权,应以相关主体具备对相关信息的使用权为前提,如果相关主体对商业秘密与著作权信息的制造、传播与利用,并

---

① 具体包括:(1)煽动颠覆国家政权信息;(2)煽动分裂国家信息;(3)损害国家机关信誉信息;(4)宣扬恐怖主义、极端主义信息;(5)煽动或宣扬民族仇恨、民族歧视信息;(6)暴力、淫秽信息;(7)虚假信息/谣言;(8)虚假宣传;(9)教唆犯罪信息;(10)宣扬邪教和封建迷信信息;(11)侮辱或诽谤信息;(12)侵犯名誉信息;(13)隐私信息;(14)侵害他人商业或者商品信誉信息。参见我国《网络安全法》第 12 条,《全国人民代表大会常务委员会关于加强网络信息保护的决定》第 8 条,《全国人民代表大会常务委员会关于维护互联网安全的决定》第 1 条、第 2 条、第 3 条,《互联网信息服务管理办法》第 15 条,《计算机信息网络国际联网安全保护管理办法》第 5 条。

② Bernd Holznagel, *Das Compliance-System des Entwurfs des Netzwerkdurchsetzungsgesetzes—Eine Kritische Bestandsaufnahme aus internationale Sicht*, Zeitschrift für Urheber-und Medienrecht 2017, S. 615.

不具备原信息主体和法律规范的授权，或涉及刑法有关注册资本信息，企业经营信息，淫秽信息，公民个人信息，虚假信息，涉民族歧视、侮辱信息以及通信秘密的禁止性规定，则该主体不具备对商业秘密和著作权信息的使用权，应构成相应犯罪，继而也不享有对该类信息的收益权。有关侵犯著作权罪规制的构成要件行为，即复制发行的内涵中是否涵盖信息网络传播行为，学界还存在一定争议①，在以信息为出发点的整体视角下，本书主张复制发行应当包括信息网络传播。

本书试以水滴在线（北京）网络技术公司侵犯著作权罪一案②进行说明。该公司开发了"快读免费小说"软件，其搜索引擎内置聚焦爬虫，即能够定向爬取特定网页的数据的爬虫程序。通过该软件，该公司爬取了原创网络文学网站"起点中文网"公开的原创小说作品，通过软件转码后免费提供给用户阅读，再通过内置广告获取广告收益。本案中，虽然该公司通过聚焦爬虫爬取的是公开数据，但未经著作权人许可，以营利为目的，通过"快读免费小说"App复制发行了1453部小说，侵犯了"起点中文网"的运营者，即上海玄霆娱乐信息技术有限公司对著作权信息的收益权，且情节严重，构成侵犯著作权罪。③

保护法定主体信息收益权涉及的另外一个重要问题，是原信息主体应否参与收益分配。例如马蜂窝平台的用户，是否应当对其在平台上发布的点评和创作的游记享有收益权？在当前我国民法学界对企业数据权的探讨中，较为主流的意见认为只要企业对数据进行了脱敏处理，该数据就成为企业的"数据资产"④，个人不再享有通过处理该数据可获得的财产性收益，那么无论是点评还是游记，收益权都应属于马蜂窝平台，但这样的权利界分并不妥当。如前文所指出，通过格式化的用户协议，马蜂窝平台凭借其相较于用户的强势地位，约定用户在其平台发布的任何形式知识产权信息，其著作权都应非排他性地授予该平台，但这种格式化协议作为平台

---

① 参见欧阳本祺《论网络环境下著作权侵权的刑事归责——以网络服务提供者的刑事责任为中心》，《法学家》2018年第3期。

② （2014）浦刑（知）初字第24号。

③ 参见冯祥、王玉倩《运用聚焦爬虫技术内置搜索引擎侵犯著作权的认定》，《人民司法》（案例）2017年第23期。

④ 参见龙卫球《数据新型财产权构建及其体系研究》，《政法论坛》2017年第4期。

的私立规则，不具备法律效力。对于用户所发布的点评，由于难以被作为著作权法中的"作品"进行保护，而且需要考虑平台为了鼓励用户发布点评实施的奖励机制，事实上对用户支付了一定对价，应当将用户点评视为马蜂窝平台的财产，用户不参与相关的收益分配。但用户所创作的游记是用户的原创性智力成果，应属于我国著作权法所保护的"作品"，经过用户授权后，马蜂窝平台只应享有对用户所创作游记的信息网络传播权。因此，用户应当享有对其所创作游记的收益权。随着大数据应用场景的日渐丰富，保护企业信息收益权的独立价值会越来越得到体现。

（四）法定主体的信息处分权

法定主体的信息处分权，是指掌握数据的法定主体，在原信息主体和法律规定授权的范围内，通过加工处理所掌握数据，制造、传播与利用所获得信息的权利。法定主体信息处分权存在的前提，是相关主体享有在原信息主体与法律规定授权范围内，对所掌握数据进行加工处理的权利，需要通过个人信息保护法等专门法进行确立与保护，这一任务不应由刑法承担。在具备这一前提的情况下，我国刑法对法定主体信息处分权的保护还需进行具体分析，下文将结合具体的信息网络犯罪罪名进行展开。

值得特别注意的是，虽然大数据交易是涉及法定主体信息处分权的典型情境，但由于相关产业的发展还处于初级阶段①，所涉及信息类型以及关联的信息主体不明确，权能关系无法明晰，尚无保护大数据交易主体信息处分权的独立犯罪构成。目前我国的大数据交易平台有两个基本类型：第三方数据交易平台，即平台只为数据提供方与需求方提供信息中介服务；综合数据服务平台，即平台不仅提供信息中介服务，还可以进行数据的采集、处理与存储，为用户提供数据包、云服务、解决方案（如数据分析报告）等多项产品。② 第三方数据交易平台的交易场景下，交易平台本身不掌握数据，不涉及对数据进行加工处理，进而对所蕴含信息进行处分的问题。而作为数据提供方的企业，应当只有在其有权（通过采集与存

---

① 现阶段国内的大数据交易，还存在交易额度低、质量低、层次低、风险高这"三低一高"的现象，产业结构与发展水平有待进一步提升。参见郭明军、安小米、洪学海《关于规范大数据交易充分释放大数据价值的研究》，《电子政务》2018年第1期。

② 参见王卫、张梦君、王晶《国内外大数据交易平台调研分析》，《情报杂志》2019年第2期。

储）掌握数据，在规范层面即有权占有所掌握数据蕴含的信息时，才能享有对信息的处分权，也就是说，其处分权以占有权的存在为前提。在综合数据服务平台的交易场景下，无论交易平台在作为数据提供方时，抑或通过机器学习、数据挖掘与神经网络等技术①，对掌握的数据进行加工处理，为客户提供相应数据产品时，都应确保通过加工处理数据所形成信息的安全性，应当遵循以上有关信息处分权限的界定。随着相关产业进一步的发展完善，大数据交易主体的法律保护包括刑法保护规则应会逐步完善。

五 狭义信息网络犯罪所保护法益

（一）侵犯公民个人信息罪：法定主体的信息占有权与处分权

根据修订后的德国《联邦数据保护法》②第42条的规定③，从表述来看，这个罪名所保护的法益无疑是法定主体的信息占有权和处分权，其充分体现了对"IT系统的私密性与完整性"这一基本权利的保护。就《联邦数据保护法》第42条来看，"非大众可获取""无权或越权获取""通过不实陈述骗取，以获取酬金，使自己或他人获利，或伤害他人"所具备的内涵是一致的，那就是要求个人数据占有主体采取措施为所占有的数据创设安全阀，阻止或妨碍无权限的行为人获取和处分被有权占有的个人数据所蕴含的有效信息。④ 也就是说，本罪保护的法益是法定主体的信息占有权与处分权应当没有疑义。

当今大数据环境下，法定主体所占有的数据一般都数量大、类别多，法定主体对所占有数据所蕴含个人信息的占有权，从属性上讲应当具备公共性，属于集体法益。与此同时，这一集体法益是作为保护公民个体信息

---

① See Borodo S. M., Shamsuddin S. M., Hasan S., "Big Data Platforms and Techniques", in: *Indonesian Journal of Electrical Engineering and Computer Science*, 1 (2016): pp. 191 – 200.
② 本法根据2016年欧盟的《数据保护基本条例》进行了修订，新法于2017年7月正式生效。
③ 修订后的德国《联邦数据保护法》第1款规定，职业地将明显非大众可获取的、多人的个人数据转给他人，或以其他方式无权或越权获取的行为，应处以三年以下自由刑或罚金刑；第2款规定，无权限的情形下对非大众可获取的个人数据进行处理，或通过不实陈述骗取，以获取酬金，使自己或他人获利，或伤害他人的行为，应处二年以下自由刑或罚金。
④ Vgl. Andreas Popp, "Informationstechnologie und Strafrecht", *JuS* 2011, S. 386.

自决权的媒介而存在。因为，从实然层面来讲，在大数据环境下，公民个体能选择的只能是有关自己的信息所流动至的第一个主体。[①] 如果不能确保第一个占有有关自己信息的主体对于此类信息进行处分的权限，在大数据环境下基于网络空间流动性的特质，信息一旦进入信息流动链条，公民个体再无施加影响的可能。所以，只有法律严格保护法定主体的信息占有权，才能实现对个人信息自决权的间接保护。通过明确集体法益的权利主体，法益的个体性与公共性能够实现和解。从这个意义上来说，侵犯公民个人信息罪是狭义信息网络犯罪的中心罪名，是构建信息刑法保护规范体系的基点。

由于在个人信息的使用上我国宪法中没有法律保留原则的限制，在认可信息自决权也是我国宪法所保护的宪法法益的前提下，作为具体部门法的刑法基于大数据环境下的现状采用间接路径实现对公民个体信息自决权的保护，不存在实质障碍。再来看我国具体的刑法规范，就侵犯公民个人信息的行为链条而言，获取行为是起点，也是规制的核心。对于所规制的获取行为，我国《刑法》第 253 条之一第 3 款表述为"窃取或以其他方法非法获取公民个人信息"。"窃取"公民个人信息，所指的当然是在不具备个人信息处分权限，也就是信息占有权的情形下，占有了相关的公民个人信息，体现了我国刑法对信息占有权的认可。"以其他方法非法获取公民个人信息"中的"其他方法"，《公民个人信息解释》通过第 2 条和第 4 条的规定，将之明确为违反法律、行政法规、部门规章有关公民个人信息保护规定，通过购买、收受、交换等方式获取公民个人信息。结合侵犯公民个人信息罪第 2 款的规定，在履行职责或者提供服务的过程中非法获取公民个人信息的，应当从重处罚。我们从中可以清晰地看到，获取公民个人信息的行为，形式违法性的根据在于"非法"，也就是违反法律、行政法规和部门规章关于公民个人信息保护的规定。但是"有关公民个人信息保护的规定"，保护的究竟是什么，对于这个关键问题，《公民个人信息解释》只明确了保护的对象，未明确保护的法益。

---

① Vgl. Hans Peter Bull, "Hat die informationelle Selbstbestimmung eine Zukunft?" in: Stiftung Datenschutz (Hrsg.), *Zukunft der informationelle Selbstbestimmung*, Erich Schmidt Verlag, 2016, S. 18 ff..

从体系解释的协调性来看，"其他方法非法获取"的解释应当同"窃取"具有相当性。对窃取公民个人信息行为的处罚，根据在于行为人对相关主体信息占有权的侵犯，那么对以其他方法获取公民个人信息行为的处罚，其根据自然应当与之相同。因此，应当将"非法"解释为"违反法律、行政法规、部门规章有关法定主体信息占有权的保护规定"。而因为获取公民个人信息的行为的实质违法性根据在于情节，在《公民个人信息解释》中具体体现为所获取公民个人信息的类别、条数与借此获得的经济利益，对"非法"进行这样的明确，不会导致入罪门槛降低、处罚范围扩大。而且明确了获取公民个人信息的行为所侵犯的法益内涵，能让刑法为获取公民个人信息的行为提供明确的禁止性边界。

对于所规制的出售和提供公民个人信息的行为，基本条款规定在侵犯公民个人信息罪第 1 款，表述为"违反国家有关规定，向他人出售或者提供公民个人信息，情节严重的"，第 2 款是特别条款，规定"违反国家有关规定，将在履行职责或者提供服务过程中获得的公民个人信息，出售或者提供给他人的"，要按照前款规定从重处罚。此类行为形式违法性的根据，在于"违反国家有关规定"。根据《公民个人信息解释》第 2 条的规定，"违反国家有关规定"是指违反法律、行政法规和部门规章关于公民个人信息保护的规定。这一规定存在的问题还是一样，没有明确保护的法益内涵。根据本书的观点，向他人出售和提供公民个人信息的行为，应属侵犯法定主体信息处分权的行为。

需要特别说明的是，虽然德国《联邦数据保护法》第 42 条的罪状中有"获取酬金或使他人获利"的表述，我国《刑法》第 253 条之一侵犯公民个人信息罪第 1 款与第 2 款的罪状中也有"出售"的表述，但本书并不普遍认可法定主体享有对公民个人信息的收益权。虽然本书认为个人身份的可识别性无法区分公民个人与非个人信息，公民个人信息是指关于公民个人而非属于公民个人的信息，但刑法所保护的公民个人信息范畴较为清晰，限于关于公民个人人身、财产的信息，《公民个人信息解释》第 1 条对于公民个人信息的界定也基本能支持这一结论，不能将此类信息视为合法的交易对象。因为即使是此类信息也并不属于作为原信息主体的公民，它的形成与流动还涉及多方权利主体，将它投入市场自由流通不仅会给作为原信息主体的公民个体，还会给多方权利主体的人身、财产等重大法益造成现实而紧迫的危险。因此，不能将法定主体的信息收益权作为侵犯公民个人信息罪保护的法益。因此，即使是经同意买卖个人信息也能成立侵犯公民个人信息罪，因为法定主体，即使是原信息主体本身，都不具备对信息的收益权。有关本罪刑事归责的具体进路，后文将进一步展开探讨。

（二）拒不履行信息网络安全管理义务罪：法定主体的信息占有权与处分权

我国《刑法》第286条之一规定的拒不履行信息网络安全管理义务罪所保护的法益，应当是法定主体的信息占有权与处分权。通过将本罪中所规定的"信息网络安全管理义务"之"信息网络安全管理"限缩解释为信息传播的治理，可以明确本罪所保护的法益。按照拒不履行信息网络安全管理义务罪的规定，网络服务提供者应当履行"法律、行政法规规定的信息网络安全管理义务"。国务院《计算机信息网络国际联网安全保护管理办法》第10条规定，"信息网络安全"主要是指信息内容的安全，也包括信息系统本身的安全。而"信息网络安全的管理"则包括网络内容监管、网络版权监管、网络经营监管、网络经营许可监管等。以此观之，本条所保护的法益似乎是"信息网络安全"，其内涵由前刑法规范进行设定。

然而这样的理解并不妥当，理由主要有两点。第一，一般意义上进行信息网络安全管理的适格主体应当是国家网络安全管理部门，而非网络服务提供者。如我国《网络安全法》第6条明确规定，国家网信部门负责统筹协调网络安全工作和相关监督管理工作。诚然，当前网络平台对信息流动介入的广度和深度日渐增加，进而对网络安全管理的参与度日渐增加，产生了公权力与平台权力之间界限划分的问题，非常值得探讨①，但与本书主题无关，不作展开。应当具备的基本共识是，将前刑法规范中如此广泛的"信息网络安全管理义务"都赋予网络服务提供者，是极其不妥也不现实的。第二，认为通过本罪的这一规定，就可直接将前刑法规范中的相关信息网络安全管理义务提升为刑法层面的作为义务，无疑是忽略了刑法规范确定性的基本要求。按照罪刑法定原则的要求，"信息网络安全管理义务"的内

---

① 梅夏英、杨晓娜：《网络服务提供者信息安全保障义务的公共性基础》，《烟台大学学报》2014年第6期。

涵应当是明确而确定的，"法律和行政法规"的笼统规定显然不能提供这样的基础。通过进一步分析本罪条文可以发现，"致使违法信息大量传播"、"致使用户信息泄露，造成严重后果"以及"致使刑事案件证据灭失，情节严重"将"信息网络安全管理"限缩在了网络信息传播治理的范畴。

有关作为义务的问题置后再论，从本罪罪状来看，"致使用户信息泄露，造成严重后果"和"致使刑事案件证据灭失，情节严重"所保护的是刑法保护的信息主体，即用户和刑事案件侦办机构所享有的用户信息与刑事案件证据信息的占有权，这点应无疑义。而"致使违法信息大量传播"所保护的，则应是负责处理违法信息的相关部门为了履行其职能所享有的违法信息处分权。所谓的信息专有权的核心在于对数据处理的"允许"①，这样的允许来自原信息主体与立法规范的明确授权。"有其他严重情节"的解释应当与前述规定具有相当性，应予以严格限缩，那么，本罪所保护的法益应是法定主体的信息占有权与信息处分权。

需要特别说明的是，因为法定主体信息专有权的排他效力不及于原信息主体，在拒不履行信息网络安全管理义务罪第2款的语境下，网络服务提供者虽然享有对用户信息的占有权，但不排除用户自身享有对用户信息的占有权，该款所保护的法益是用户对于用户信息的占有权。而如果公民个人撤回搜集关于其信息的同意，企业应当对其所占有的公民个人信息进行删除②，或者至少使其无法再被利用（Unbrauchbarmachung）③，其信息占有权自始消灭。有关本罪刑事责任的具体认定，后文将继续探讨。

（三）帮助信息网络犯罪活动罪：法定主体的信息专有权

《刑修（九）》新增的第287条之二帮助信息网络犯罪活动罪，将明知他人利用信息网络实施犯罪，为他人提供互联网接入、服务器托管、网络存储、通讯传输等技术支持，或者提供广告推广、支付结算等业务，情节严重的网络参与行为纳入刑法处罚的范围。帮助信息网络犯罪活动罪是我国《刑修（九）》新增设的罪名，为了完善对它所保护法益的认知，以明

---

① Weichert, Thilo, "Big Data und Datenschutz", *ZD* 2013, 251 (255).
② 参见余筱兰《民法典编纂视角下信息删除权建构》，《政治与法律》2018年第4期.
③ Vgl. Sven Hunzinger, *Das Löschen im Datenschutzrecht*, Nomos, 2018, S. 299–303.

确解释适用本罪的出发点，借鉴法治发达国家的立法经验实属必要，德国的相关立法能够为我们提供有益的启示。自 1986 年 5 月以来，德国刑法中陆续增设了计算机诈骗罪（第 263a 条）、篡改数据罪（第 303a 条）、破坏计算机罪（第 303b 条）、探知数据罪（第 202a 条）、拦截数据罪（第 202b 条）等，以数据处分权利人对数据的处分权（Verfügungsrecht über Daten）作为信息网络犯罪所侵犯的独立新型法益①，以数据处理（Datenverarbeitung），具体可体现为多种行为模式作为所规制核心行为类型的一系列罪名，以《联邦数据保护法》② 为前置法基准，以欧盟《欧洲数据保护基本条例》为依托，构建起着眼于信息网络犯罪风险预防而又不违背法治国基本原则的法律规制体系。

反观我国的帮助信息网络犯罪活动罪，由于构成要件行为与法益侵害结果或抽象危险之间不具备类型化的客观关联，将网络参与行为所有可能引发的风险都作为该类行为"情节严重"的情形纳入刑法评价又并不可取，因此完全需要借助"情节严重"，通过司法解释设定基于政策考量的规范关联确定处罚范围，无异于完全放弃了教义学层面对刑罚权的约束。

因此，通过重构本罪所保护的法益内涵以明晰本罪不法的认定标准，成为应当考量的进路。对帮助信息网络犯罪活动罪条文中的"利用信息网络实施犯罪"，根据本书的观点，应当限制解释为利用信息网络实施侵犯法定主体信息专有权③的行为。所谓"明知他人利用信息网络实施犯罪"，是要求本罪所规制的一般主体网络参与行为具备法益侵害目的的客观体现，是对行为特征的要求，而非共同犯罪故意的体现，本罪所规制的行为应是侵犯法定主体信息专有权的事实性预备行为，本罪保护的法益是法定主体的信息专有权，涵括其范围内的四项权能。也正是基于这样的认识，本书不赞同当前学界对于本罪通行的"网络帮助行为正犯化"的解释进路，而采纳了实质预备犯的解释进路。两高新出台的《信息网络犯罪解

---

① Vgl. Thomas Fischer, *Strafgesetzbuch mit Nebengesetzen*, 61. Aufl. , 2014, Vorbemerkung zu § 303a, Rn. 2.

② 随着《欧洲数据保护基本条例》的生效，修改后的德国《联邦数据保护法》于 2017 年 7 月正式生效。Vgl. BDSG-neu.

③ 参见敬力嘉《论拒不履行网络安全管理义务罪——以网络中介服务者的刑事责任为中心展开》，《政治与法律》2017 年第 1 期。

释》虽也并未明确本罪构成要件所要求利用信息网络实施的犯罪范围，但从该解释第 12 条[①]的规定，特别是该条第 2 款的规定来看，仍未对本罪构成要件所要求利用信息网络实施的犯罪范围进行限缩解释，充分体现了司法机关降低本罪入罪门槛，"打早打小"，预防网络参与行为社会危害性"累计"的思想。然而这样的考量是否具备合理性与正当性，值得认真思考。有关于此，后文还将进一步展开。

（四）非法利用信息网络罪：法定主体的信息处分权

我国《刑法》第 287 条之一新规定了非法利用信息网络罪，将设立用于实施诈骗、传授犯罪方法、制作或者销售违禁物品、管制物品等违法犯罪活动的网站、通讯群组的，发布有关制作或者销售毒品、枪支、淫秽物品等违禁物品、管制物品或者其他违法犯罪信息，以及为实施诈骗等违法犯罪活动发布信息，情节严重的行为，纳入了刑法规制。本罪被理解为"预备行为正犯化"立法的典型，从实质预备犯的进路构建为抽象危险犯。

主张充分扩张本罪处罚范围的论者，在"违法犯罪活动"的解释上面做文章。持实质违法说的论者将"违法犯罪活动"解释为最广义的实质违法，并充分发挥"等"的兜底功能，将本罪使用范围扩展到最大化。[②] 持刑事违法说的论者，则将"违法"与"犯罪"分开理解，认为为犯罪行为实施实质准备活动者，应当入罪没有疑义，而"违法"则仅指刑事违法。[③] 而持广义犯罪说者，则认为"违法犯罪活动"仅指犯罪活动。[④]

---

① 《信息网络犯罪解释》第 12 条规定："明知他人利用信息网络实施犯罪，为其犯罪提供帮助，具有下列情形之一的，应当认定为刑法第二百八十七条之二第一款规定的'情节严重'：（一）为三个以上对象提供帮助的；（二）支付结算金额二十万元以上的；（三）以投放广告等方式提供资金五万元以上的；（四）违法所得一万元以上的；（五）二年内曾因非法利用信息网络、帮助信息网络犯罪活动、危害计算机信息系统安全受过行政处罚，又帮助信息网络犯罪活动的；（六）被帮助对象实施的犯罪造成严重后果的；（七）其他情节严重的情形。实施前款规定的行为，确因客观条件限制无法查证被帮助对象是否达到犯罪的程度，但相关数额总计达到前款第二项至第四项规定标准五倍以上，或者造成特别严重后果的，应当以帮助信息网络犯罪活动罪追究行为人的刑事责任。"
② 参见喻海松《网络犯罪的立法扩张与司法适用》，《法律适用》2016 年第 9 期。
③ 参见阎二鹏《预备行为实行化的法教义学审视与重构——基于〈中华人民共和国刑法修正案（九）〉的思考》，《法商研究》2016 年第 5 期。
④ 参见欧阳本祺、王倩《刑法修正案（九）新增网络犯罪的法律适用》，《法学研究》2016 年第 4 期。

本书认为，这三种观点都没有将法益侵害作为行为不法认定的核心，无法证成本罪所规制行为本身的不法。依实质违法说的进路，极有可能出现为尚不构成犯罪之违法行为实施准备活动，竟然构成犯罪的荒谬情形；依刑事违法说与广义犯罪说的进路，实质仍是认为本罪规制的预备行为可能对未来的犯罪行为具有潜在的推动作用，继而应当以刑法提前干预，阻断这一流程，行为本身所具备的不法没有实在根据。

主张限定本罪处罚范围的论者，认为可以通过所处罚行为的类型化，对情节较轻的行为根据我国《刑法》第13条但书予以出罪，以及允许对抽象危险进行反证，来限缩本罪的处罚范围。①《信息网络犯罪解释》事实上便采纳了这一立场，该解释第7条规定，本罪规定的"违法犯罪"，包括犯罪行为和属于刑法分则规定的行为类型但尚未构成犯罪的违法行为；该解释第15条规定，综合考虑社会危害程度、认罪悔罪态度等情节，认为犯罪情节轻微的，可以不起诉或者免予刑事处罚；情节显著轻微危害不大的，不以犯罪论处。但事实上，这样的进路无法有效限缩本罪的处罚范围，理由有以下两点。第一，对于当前我国刑法分则中日渐膨胀的法定犯和行政犯而言，分则规定的行为类型多为事实性归纳，而非规范层面的提炼，不具备足够的类型化特征。希望以分则规定的行为类型限缩违法行为的范围，恐怕只是美好的想象。第二，本罪所规制的三类行为难以认定为具备法益侵害的类型化风险，在认定行为本身的不法事实上缺乏实在基础。

本罪所规制的三类行为事实上侵犯了法定主体的信息专有权，具体而言，是负责处理违法信息的职能部门对于相应违法信息的处分权。第1款第（1）项所规制的设立网站与通讯群组的行为应属于事实性预备行为，本款应属独立处罚事实性预备行为的实质预备犯，处罚根据在于事实性预备行为所具备的法益侵害抽象危险。后两项所规制的发布关于违法犯罪活动信息的行为，则应属于侵犯相关职能部门对违法犯罪及相关活动信息处分权的正犯行为，应遵循抽象危险犯的归责进路认定刑事责任。二者虽然均属抽象危险犯，但归责进路存在显著差别。对于法益侵害抽象危险的规范内涵，以及抽象危险犯所涵盖的构成要件类型，下文将进行进一步的

---

① 参见商浩文《预备行为实行化的罪名体系与司法限缩》，《法学评论》2017年第6期。

探讨。

以此为前提，认定本罪所规制构成要件行为本身的不法即可具备明晰的基准，而不依赖于具备内在扩张逻辑的后续违法犯罪行为之风险。按照后者的理论进路，本罪属于实质的口袋罪①，只能依赖司法解释的规定，以及司法机关的自主裁量限缩本罪的处罚范围。而正如本书所指出的，不可放弃对刑罚权适用的规范约束机制，否则行为不法的认定会向由司法解释、司法机关政策导向所决定的"风险犯"模式转变，这样的趋势应当被终止。

总体来讲，将法定主体的信息专有权作为狭义信息网络犯罪所保护的法益，在我国现行刑法规范中具备正当性与可行性。

六 信息专有权的核心价值

选择信息专有权这一中间进路，它的核心价值在哪里？本书拟从三个层面进行阐释。

第一，基于信息的社会属性，侵犯信息所产生的危害结果兼具个体性与公共性。将狭义信息网络犯罪的法益确立为法定主体的信息专有权，以这一具备实质内涵的集体法益为基础，在对此类危害结果进行刑法评价时，就可以消解其个体性与公共性之间的冲突，实现刑法谦抑性与前置预防需求的有效和解，和对作为宪法法益的信息自决权的间接保护。

第二，以法定主体的信息专有权为基点，能够在刑法规范的层面通过信息类型化的路径，为信息流动链条中多方主体及其权利的保护预留足够的规范空间。信息的类型化，实质是对信息流动中所涉及的主体及其权利进行类型化，明确相关犯罪规制的具体范畴。比如，德国《联邦数据法》第1条开宗明义地指出，该法的保护目的，是防止公民个体的人格权被他人通过处分其个人数据所侵犯。②结合上文对德国宪法法院相关判例的解析，可以明确本法保护的法益是信息专有权。修订前的该法第44条虽然对行为方式规定详细，但个人数据欠缺类型化导致本罪的实质保护范围模糊

---

① 参见于志刚《网络空间中犯罪预备行为的制裁思路与体系完善——截至刑法修正案（九）的网络预备行为规制体系的反思》，《法学家》2017年第6期。
② §1 Abs. 1 BDSG.

不清。也正因为保护对象的不确切导致该条所禁止的行为方式不明确，其几乎成为空置条款，在德国学界受到了广泛批评①，也因此在新法中进行了大幅度的修正。而我国《公民个人信息解释》第 1 条则试图将公民个人信息区分为两大类，即能识别特定自然人身份的各种信息和能反映特定自然人活动情况的各种信息，在《公民个人信息解释》第 5 条有关"情节严重"的规定中，根据不同的个人信息类别，分别制定了 50 条、500 条和5000 条的基础入罪标准②，这是对个人信息的类型化具体标准的有益尝试，但这一标准的合理性还有待今后进一步深入地研究，本书不进一步深入。

第三，选择法定主体信息专有权作为法益，可以为信息的流动构建自主型秩序，以公民个体的信息自决为法理基础，为信息安全与信息流动自由之间冲突和解机制的构建作出有益探索。安全与自由是法规范中一对相克而相生的基本价值。传统工业社会中，它们的内涵被分别理解为社会安全与个人自由，分别对应着权力与权利。但在大数据环境下，它们除了原有的含义之外被赋予了新的内涵，分别是公共安全，可细化为信息安全与信息流动自由。在信息安全与信息流动自由相对应的视角下，二者不再能与权力和权利分别对等。以信息的刑法保护来说，由于信息是关于而不是属于信息主体的信息，就信息安全的维护而言，公民个体、网络服务提供者和国家行政主体，三者在信息流动的链条中都在某一环节具有处分信息的权力，刑法规范需要在法益保护的范围内，对三类主体处分信息的权力和应承担的保护义务进行适宜分配；就信息流动自由而言，无论信息流动的起点是公民个体、企业还是国家行政主体，而且在当前的大数据环境

---

① Vgl. Sebastian J. Golla, "Papiertieger gegen Datenkragen: Zum Schutz der Informationellen Selbstbestimmung durch das Strafrecht", *ZIS* 2016.

② 《公民个人信息解释》第 5 条规定："非法获取、出售或者提供公民个人信息，具有下列情形之一的，应当认定为刑法第二百五十三条之一规定的'情节严重'：……（三）非法获取、出售或者提供行踪轨迹信息、通信内容、征信信息、财产信息五十条以上的；（四）非法获取、出售或者提供住宿信息、通信记录、健康生理信息、交易信息等其他可能影响人身、财产安全的公民个人信息五百条以上的；（五）非法获取、出售或者提供第三项、第四项规定以外的公民个人信息五千条以上的；（六）数量未达到第三项至第五项规定标准，但是按相应比例合计达到有关数量标准的；……（八）将在履行职责或者提供服务过程中获得的公民个人信息出售或者提供给他人，数量或者数额达到第三项至第七项规定标准一半以上的……"

下，信息的流动又会涉及通信自由、科研自由、信息利用自由等①牵涉多方主体的基本自由，刑法规范需要在个体选择与行为自由同各类基本自由之间进行衡量，明确所保护的确切范围。

互联网环境下的我们陷入了互联网带来的安全焦虑②中，信息网络犯罪的实然风险使我们在个案③推动和舆论的裹挟下习惯性地遵循了惯性思维，那就是从严从快打击具有"严重危害"社会的行为，无论是刑事立法还是司法都对信息网络犯罪进行了较为严厉的规制。然而，刑事立法和司法都应当具备基于理性思考的前瞻④视野，如此才能在保证刑法安定性与适应社会发展变化之间取得良性平衡，不能一味求严求快。以法定主体的信息专有权作为狭义信息网络犯罪的法益，实质是以公民个体的信息自决为法理基础，为以上目标的实现构建稳定而又有弹性的规范框架，留待今后的学理与司法实践进行进一步的探索和完善。

至此方能完整回应前文中提出的疑问：在刑法教义学的视域内，法益应是罪名类型化标准的核心。狭义信息网络犯罪是指侵犯法定主体信息专有权，具有构成要件符合性、违法性与有责性的行为。

---

① Vgl. Indra Spiecker genannt Döhmann, "Datenschutzrecht im Internet in der Kollision", in: Stiftung Datenschutz (Hrsg.), *Zukunft der informationelle Selbstbestimmung*, Erich Schmidt Verlag, 2016, S. 137 ff..

② See Katharina Dimmroth, Wolf J. Schünemann, "The Ambiguous Relation Between Privacy and Security in German Cyber Politics", in: Wolf J. Schünemann, Max-Otto Baumann (edited), *Privacy, Data Protection and Cybersecurity in Europe*, Springer International Publisher, 2017, pp. 102 – 104.

③ 比如徐玉玉案。在 2016 年 8 月 19 日所发生的震惊全国的徐玉玉电信诈骗案中，公安机关经全力工作，查明了电信网络诈骗团伙的犯罪嫌疑人杜某，其利用技术手段攻击了"山东省 2016 高考网上报名信息系统"，并在网站植入木马病毒，获取了网站后台登录权限，盗取了包括徐玉玉在内的大量考生报名信息，利用徐玉玉的个人信息实施精准诈骗，成功骗取了徐玉玉 9900 元钱，徐玉玉在报警后因为心脏衰竭而亡。本案引起了社会舆论极大的关注，直接推动了国家对电信网络诈骗犯罪打击力度的加强和专门司法解释的出台。参见央视新闻《徐玉玉诈骗案核心细节曝光，她的个人信息原来是这样泄露的》，http://www.sohu.com/a/114103137_467356，访问时间：2019 年 7 月 8 日。

④ 参见王肃之《从回应式到前瞻式：网络犯罪刑事立法思路的应然转向——兼评〈刑法修正案〉（九）相关立法规定》，《河北法学》2016 年第 8 期。

第六章　预防转向的形式限度：构成
要件行为的定型化

第一节　信息网络犯罪构成要件行为定型化的困境

刑法所规制的是造成法益侵害结果或抽象危险的构成要件行为，在当前的网络时代，新型的信息网络犯罪行为层出不穷，面对法益侵害社会化与刑事责任个别化的冲突，信息网络犯罪的构成要件行为面临定型化困境。学界提出了"网络帮助行为正犯化"与"网络预备行为实行化"的理论解决方案，但二者存在较为显著的缺陷。

一　法益侵害社会化与刑事责任个别化的冲突

法益决定了构成要件行为类型。基于本书所确立的狭义信息网络犯罪保护的法益，可以明确拒不履行信息网络安全管理义务犯罪所处罚的是不作为，侵犯公民个人信息罪与非法利用信息网络罪第 1 款第（2）、（3）项处罚的是作为的实行行为，非法利用信息网络罪第 1 款第（1）项与帮助信息网络犯罪活动罪处罚的是事实性预备行为。前两者的刑事责任认定将在后文另行探讨，事实性预备行为的入罪值得先行关注。

将事实性预备行为独立入罪，实质理由在于行为严重的危害性。所谓严重的危害性，实质是指行为具备的法益侵害风险规模化与不可预测。本书强调预备行为的事实性，是因为非法利用信息网络罪第 1 款第（1）项与帮助信息网络犯罪活动罪所规制的行为只是事实上可能成为预备行为，不能将二者先在地评价为刑法中的预备行为，要将目光清晰地聚焦在具体行为的不法内涵上。然而，对于帮助信息网络犯罪活动罪，我国学界的主

124

流观点将罪状中的"明知"作为对共同犯意，而非如本书的将其作为对行为特征的要求，采纳了"网络帮助行为正犯化"的解释路径，通过对法益与"明知"的泛化理解实现对相关行为的入罪。对非法利用信息网络罪则采纳了"网络预备行为实行化"的解释进路。在我国学界对"网络帮助行为正犯化"和"网络预备行为实行化"探讨的主流语境中，发生在互联网这一新型"犯罪场域"[①] 中的犯罪行为，其不法程度会显著提升，基本理由在于基于网络空间的流动性，犯罪行为的实施已经跨越了特定对象、时间、空间的限制，危害性可以无限弥散。[②] 这是犯罪学层面的表述，转换成刑法教义学的语言，就是法益侵害社会化。网络环境下，犯罪行为以流动的信息为载体，在可侵害对象和可侵害法益两个层面，数量与程度两个维度都分别有了几何倍数提升。行为具备的风险取代了实害结果，成为认定行为不法的依据。

这无疑遵循了预防刑法[③]的逻辑，以风险预防作为刑罚发动的正当根据。[④] 当前的我国，互联网已然走入寻常百姓家。与此同时，企业的生产经营，以及政府对社会治理公共职能的履行，都逐渐构筑于互联网的基础架构之上。因此，信息通信技术的发展，形成了网络空间这一跨越时间与空间的流动空间，使行为人与不同主体的不同类型、重要程度与数量的法益产生连接，包括行为人对之实施侵害，成为可能，没有较高的技术门槛。借助网站与通讯群组的设立、信息的发布、互联网接入、服务器托管、网络存储、通讯传输等技术支持，或者提供广告推广、支付结算等业务，这些互联网环境下的基础参与行为，犯罪行为人的行为可侵害对象的数量，以及可侵害法益的类型、数量与重要性都无法预测。而由此，安全或者说风险预防成为我国构建网络空间法律治理体系的出发点，刑法也不

---

① 参见于志刚《网络犯罪的发展轨迹与刑法分则的转型路径》，《法商研究》2014 年第 4 期。

② Vgl. Matthias Schulze, "（Un）Sicherheit hinter dem Bildschirm: Die Versicherheitlichung des Internets", in: Susanne Fischer, Carlo Masala（Hrsg.）, *Innere Sicherheit nach 9/11: Sicherheitbedrohungen und（immer）neue Sicherheitsmaßnamen?*, Springer VS, 2016, S. 165.

③ 我国第一篇系统研究预防刑法的论著，参见何荣功《预防刑法的扩张及其限度》，《法学研究》2017 年第 4 期。

④ Vgl. Peter-Alexis Albrecht, *Kriminologie: Eine Grundlegung zum Strafrecht*, C. H. Beck, 2005, S. 4.

例外。刑法提前介入进行干预，以阻断法益侵害流程①，似乎成为应然之选。

与此同时，只有通过刑事归责，才能将刑罚施加给犯罪人，这一过程可表述为刑事责任个别化。行为人所为行为的不法，也就是行为人所为行为造成法益侵害结果，或具备法益侵害抽象危险，是刑事归责或者说刑事责任个别化的基准，是犯罪预防的刑事政策不可逾越的界限。法益侵害社会化产生的不确定性，对行为不法这一刑事责任个别化基准的确定性提出了挑战。互联网环境下刑事归责面临的核心矛盾是法益侵害社会化与刑事责任个别化的冲突，这是法治国以确定的行为不法为归责根据的责任刑法两个内在需求（即自由保障与社会防卫）之间的原生矛盾。面对这一冲突，刑事立法与司法需要予以回应。非法利用信息网络罪和帮助信息网络犯罪活动罪的设立，可以被视作刑事立法对此所作的积极回应，对其正当性本书不予置评。但在司法论层面，对于学界所给出的"网络帮助行为正犯化"与"网络预备行为实行化"的理论方案，以及它们对刑法学理论中行为体系的负面影响，本书还将进一步探讨与反思。

二 "网络帮助行为正犯化"及其反思

（一）实质正犯与网络参与行为的独立评价

提出"网络帮助行为正犯化"命题的第一个理论基础，正如上文所指出的，在于网络环境下帮助行为的危害性达到甚至超越正犯行为的危害性，而这里所指的行为危害性的实质内涵是规模化和难以预测的法益侵害风险。命题提出的第二个理论基础，在于行为具备独立性。以法益侵害风险为基点，纳入帮助信息网络犯罪活动罪处罚范围的这些网络参与行为才能被视为帮助行为。继而，事实性帮助行为的类型化取代了法益侵害后果的类型化，行为人的事实性行为模式，确切地说，是事实性帮助行为的模

---

① Vgl. Jens Puschke, "Strafbarer Umgang mit sog. Hacking-Tools——Repression, Prävention oder Intervention?" In: Beatrice Brunhöber (Hrsg.), *Strafrecht im Präventionsstaat*, Franz Steiner Verlag, 2014, S. 117–120.

式及其风险等级，就成为行为不法事实上的认定依据。[①] 按照这样的逻辑，帮助行为在共犯框架内的从属地位自然成为需要解决的理论障碍。共犯理论是共同犯罪中刑事责任的分配标准，"网络帮助行为"独立性的判定，实质是"网络帮助行为"刑事责任认定标准的判定。本书不拟着墨于对相关学说的梳理[②]，基于区分制的基本语境，实质正犯的概念，也就是以犯罪行为人对法益侵害的实际作用大小来区分认定正犯和共犯，成为相关论者证成"网络帮助行为"独立性的解释路径。

秉承实质正犯概念的学说中，重要作用说与犯罪事实支配理论分别在日、德最为有力。认同"网络帮助行为"独立性的观点认为，在网络环境下，各类"网络帮助行为"对犯罪行为的完成起到最关键作用，而犯罪行为人与帮助行为人之间的犯意联络，基于"一对多"的行为特性，又非常难以认定。由于帮助行为的不法程度已然达到甚至超过正犯行为，应当将它作为正犯进行评价，在立法上应当将帮助行为直接作为实行行为进行规定，具体的归责中，应当"以该行为本身的情节严重程度"[③]，而非依托于正犯行为的不法，对网络帮助行为的不法进行独立评价，借此也可以在罪刑法定的框架内，避免因无正犯行为、无犯意联络而无法处罚具备高度不法内涵之"网络帮助行为"的困境。

（二）刑事责任个别化的困境

以已发生的不法为依据进行刑事归责，是刑法区别于风险预防法的根本标志。[④] 以规模化但无法预测，换言之，无法类型化，依赖司法解释划定处罚范围的法益侵害风险作为基础，认定行为的不法，以不确定的行为不法来突破责任原则的要求认定行为的责任，这样的"网络帮助行为正犯

---

① Vgl. Aldo Legnaro, "Prävention als Steuerungsprinzip der späten Moderne", in: Beatrice Brunhöber (Hrsg.), *Strafrecht im Präventionsstaat*, Franz Steiner Verlag, 2014, S. 35.

② 在扩张和限制正犯概念之下，分别形成了区分制和单一制的共犯体系，德日刑法立法采取了区分制体系，主张我国采取区分制体系的观点，在学界居于主流。在此框架内，又有形式与实质正犯的区分。参见钱叶六《双层区分制下正犯与共犯的区分》，《法学研究》2012 年第 1 期。

③ 参见于志刚《共犯行为正犯化的立法探索与理论梳理——以"帮助信息网络犯罪活动罪"立法定位为角度的分析》，《法律科学》2017 年第 3 期。

④ Vgl. Tobias Mushoff, *Strafe-Maßregel-Sicherungsverwahrung*: *Eine kritische Untersuchung über das Verhältnis von Schuld und Prävention*, Peter Lang, 2008, S. 200.

化"，实质是创设了"风险犯"的归责模式，无法为刑事责任个别化提供确定基准，不具备正当性与有效性，不能成立。

1. 风险无法定型的"风险犯"：行为不法的衡量困境

霍布斯在他的名作《利维坦》中写道："公民向国家让渡自主权，其边界止于使国家足够确保公民作为人的安全。"① 换言之，国家的基本任务是保护公民的安全，也就是确保个人自由得以实现的社会条件。② 保护安全的应然内涵是预防法益侵害。但预防不是指防止所有特定的法益侵害结果发生，只能是将法益侵害风险显著降低到可以接受的程度，法律规范要提供"可接受"的判断标准。

以风险预防为出发点构建网络空间的法律治理机制，面临的首要问题，就是要提供风险衡量的明确标准，对于刑法而言，这一标准还需具备确定性。作为规定了对公民人身、财产与民主权利限制与剥夺措施的最具强制力的法律规范，刑法需要为公民的行为划定清晰的禁止性边界。同时，作为社会治理机制之一，刑法有设置刑罚的排他权，却没有设置犯罪预防措施的排他权。③ 犯罪预防目标的实现程度受包括刑法在内的多种机制的综合影响。明确刑法的保护范围也是为了避免刑法与其他犯罪预防机制产生冲突，确保整体社会治理机制的顺利运行。④ 就刑法规范内部而言，可以避免立法冗余导致的不同罪名保护范围的冲突。

以事实性行为模式的类型化为基础，辅以"情节严重"加以限缩作为帮助信息网络犯罪活动罪构成要件行为不法的认定标准，不符合明确性与确定性的要求。法条规定的技术支持、广告推广与支付结算等网络参与行为，仅以在客观上可促进信息网络犯罪分子实施犯罪行为为标准，没有指向确切法益，而可帮助的犯罪类型没有界限，本罪可能侵犯的法益也就没有界限，本罪的保护范围因而模糊不清。根据笔者的统计，截至 2019 年 7 月 8 日，中国裁判文书网收录的判决书中，包含帮助信息网络犯罪活动罪

---

① See T. Hobbes, *Leviathan*, Oxford University Press, 2008, Ch. XIII.

② See Andrew Ashworth, Lucia Zedner, *Preventive Justice*, Oxford University Press, 2015, p. 8.

③ See M. Thorburn, "Reinventing the Nightwatchman State", *University of Toronto Law Journal* 60, 2010, pp. 425 – 443.

④ Vgl. Tobias Mushoff, *Strafe-Maßregel-Sicherungsverwahrung: Eine kritische Untersuchung über das Verhältnis von Schuld und Prävention*, Peter Lang, 2008, S. 136.

的案件有 28 件①，案由有盗窃罪（2 件），诈骗罪（8 件），侵犯公民个人信息罪（1 件），开设赌场罪（1 件），破坏计算机信息系统罪（1 件），非法获取计算机信息系统数据罪（2 件），组织领导传销罪（1 件），破坏广播电视、公用电信设施罪（1 件），制作、复制、传播、出版、贩卖淫秽物品牟利罪（1 件），扰乱无线电管理秩序罪（1 件），非法经营罪（1 件），非法利用信息网络罪（1 件），单独判处本罪的有 7 件。司法实践中，显然已将本罪普遍适用于借助信息网络技术实施犯罪的情形，本罪构成要件行为及其不法认定中巨大的恣意空间，显露无遗。这等于通过本罪创设了普遍的风险预防义务，但是在一个自由的法治国，不能认同法律可以创设一般性、强制性的法定义务。② 因为法律需要明确信息网络技术发展和应用中可能的违法风险，以便于公民在技术发展和应用的过程中进行修正。③如果违法风险是普遍的、不确定的，法律就不再是社会发展自由空间的保障，而是一把高悬的利剑，由权力决定它何时落下，不利于引导网络空间的良性发展。

学界的有力观点却认为，在其可帮助的独立正犯行为与构成帮助的参与行为均成立犯罪时，应当定"最能体现谴责效应和犯罪预防效应的罪名"，因为本罪是"对难以查清'共犯（帮助犯）'与'正犯'之间的犯意联系的情况下，为了严厉制裁职业化、产业链化的网络犯罪帮助行为而

---

① （2016）浙 06 刑终 307 号，（2016）苏 05 刑终 776 号，（2016）粤 51 刑终 154 号，（2017）琼 97 刑终 74 号，（2017）宁 03 刑终 134 号，（2015）吉刑初字第 204 号，（2017）豫 0611 刑初 340 号，（2016）桂 0126 刑初 149 号，（2016）苏 0302 刑初 206 号，（2017）鄂 0303 刑初 74 号，（2016）苏 1182 刑初 310 号，（2016）浙 0726 刑初 968 号，（2016）浙 0604 刑初 1032 号，（2017）苏 0412 刑初 437 号，（2016）苏 1182 刑初 331 号，（2016）新 0203 刑初 151 号，（2016）冀 1102 刑初 202 号，（2016）粤 0306 刑初 350 号，（2016）苏 0206 刑初 578 号，（2017）苏 0311 刑初 275 号，（2016）京 0108 刑初 2019 号，（2015）锡滨刑二初字第 00026 号，（2016）渝 0106 刑初 1393 号，（2017）苏 0311 刑初 67 号，（2016）苏 0311 刑初 509 号，（2016）浙 1082 刑初 722 号，（2016）新 0203 刑初 151 号，（2017）浙 0782 刑初 1563 号。文书号源自中国裁判文书网，http://wenshu.court.gov.cn/list/list/？sorttype=1&number=6HWSQNKQ&guid=6b2d721e-4361-5f5f1c7c-265f07ddb7c0&conditions=searchWord+QWJS+++全文检索：帮助信息网络犯罪活动罪，访问时间：2019 年 7 月 8 日。
② Vgl. Wessels, Hettinger. *Strafrecht Besonderer Teil 1: Straftaten gegen Persönlichkeits und Gemeinschaftswerte*, C. F. Müller, 2016, S. 26.
③ 参见〔德〕埃里克·希尔根多夫《德国刑法学：从传统到现代》，江溯、黄笑岩等译，北京大学出版社，2015，第 378 页。

设立的筐型罪名，是一个小小的'口袋罪'"。① 风险的严重性体现为规模化与不可预测，这与刑法规范明确性与确定性的要求存在本质冲突。以预防严重的法益侵害风险为名，口袋罪就能堂而皇之地在刑法理论中获得正当依据？本书实在无法认同。那么，"情节严重"能否为帮助行为风险等级的划分提供明确而确定的标准，避免本罪成为口袋罪？

答案恐怕是否定的。因为一项罪名保护的法益才是决定它打击范围，也是保护范围的基准。刑法规范的明确性与确定性，要求法益侵害的去实质化不能突破定型化的底线要求，具体到教义学范畴也就是抽象危险。但将本罪规定的构成要件行为理解为"帮助行为"，所依据的前提是法益侵害风险。但网络参与行为具备的法益侵害风险规模化而不可预测，也就是无法定型，抽象危险的标准都无法达到。

主张独立评价网络参与行为的观点不明确本罪所保护的法益内涵，反而在"帮助行为正犯化"的进路上越走越远，这无疑是南辕北辙。依照这一进路，随着我国社会组织结构持续的数据化、网络化，通过这些参与行为能够侵害的对象以及法益的数量、类型和重要性会持续增长，若将这些行为都视为制造风险的行为，它们的不法内涵会随之无限扩张。这一进路下的必然选择，是通过司法解释的规定，以行为模式的类型化为基础明确情节严重的具体标准，以确定不同行为模式的风险等级。② 这样一来，司法解释会常态化地越俎代庖，承担实质的立法职能，这是对罪刑法定原则的显著违背，缺乏正当性。

从有效性的层面来看，互联网时代行为的风险规模化而不可预测，也就是无法类型化。本罪情节犯的规定只是提供了一个口袋，仍无法给行为的风险衡量提供明确而确定的标准。在学界"网络帮助行为正犯化"的理论供给影响下，《信息网络犯罪解释》已经出台。但对于其正当性与有效性，本书不能不表示疑虑。"网络帮助行为正犯化"的客观前提，也就是行为的不法，没有以帮助信息网络犯罪活动罪本身所侵犯的法益为判断基准，而是以无法定型的法益侵害风险为判断基准，并以此为核心论据，要求通过

---

① 于志刚：《共犯行为正犯化的立法探索与理论梳理——以"帮助信息网络犯罪活动罪"立法定位为角度的分析》，《法律科学》2017年第3期。

② 参见王爱鲜《帮助行为正犯化视野下的帮助信息网络犯罪活动罪研究》，《海南大学学报》（社会科学版）2017年第2期。

独立评价"网络帮助行为"突破实行行为的定型性，实质是创设了"风险犯"的归责模式，不符合刑法规范明确性与确定性的基本要求，不能成立。要对本罪构成要件行为的不法进行独立评价，需要明确的是本罪所保护的法益内涵。

2. 责任内涵空心化：行为责任的认定困境

接下来再来看本罪行为责任的认定。本罪罪名条款中规定了网络参与行为人应当"明知"作为责任认定的标准，有关此"明知"是否包含应知，学界存在争议，但本书认为在刑事归责的教义学判断中，这样的争议没有价值，因为"明知"的内容包含对行为危害性的认识以及共犯语境下的犯意沟通，属于刑事实体法的要求，以明确本罪构成要件行为侵害的法益为前提。而支持"网络帮助行为正犯化"，对"网络帮助行为"独立评价的观点旗帜鲜明地指出，提出该命题就是为了解决"网络帮助行为"危害性过大，共同犯罪理论中就行为人对行为危害性认识，以及犯意沟通的要求阻碍将其入罪的问题。[①] 如前文所论证，由于行为不法认定没有确定的基准，这样的空心化责任内涵就没有正当性与有效性。所谓的"应知"是程序法上证明方法的问题，对需要证明的内容没有影响。《信息网络犯罪解释》第 11 条[②]详细列举了对帮助信息网络犯罪活动主观明知的推定情形，事实上并未对刑事实体法层面"明知"的内容作出实质突破，也明确允许对推定进行反证，未否定本书以上结论。

论及于此，结论应当已经非常清晰：独立评价帮助信息网络犯罪活动罪所规制网络参与行为的前提，是要明确本罪所保护的法益，继而才能明确认定此类行为的不法与有责，"网络帮助行为正犯化"是既无正当性也无有效性的解释路径。

---

① 参见于志刚《共犯行为正犯化的立法探索与理论梳理——以"帮助信息网络犯罪活动罪"立法定位为角度的分析》，《法律科学》2017 年第 3 期。
② 《信息网络犯罪解释》第 11 条规定："为他人实施犯罪提供技术支持或者帮助，具有下列情形之一的，可以认定行为人明知他人利用信息网络实施犯罪，但是有相反证据的除外：（一）经监管部门告知后仍然实施有关行为的；（二）接到举报后不履行法定管理职责的；（三）交易价格或者方式明显异常的；（四）提供专门用于违法犯罪的程序、工具或者其他技术支持、帮助的；（五）频繁采用隐蔽上网、加密通信、销毁数据等措施或者使用虚假身份，逃避监管或者规避调查的；（六）为他人逃避监管或者规避调查提供技术支持、帮助的；（七）其他足以认定行为人明知的情形。"

（三）共犯归责模式及其困境

1. 共犯归责模式的理论基础

目前，学界反对该罪是网络帮助行为正犯化立法的观点主要有三种。第一种观点认为，认定共同犯罪的"共同"应坚持行为共同说，仅指不法层面的共同，责任的认定应当分别进行，在我国刑法中要淡化"共同犯罪"的概念①，因此，本罪没有将帮助行为正犯化，而是属于网络帮助行为的量刑规则。② 第二种代表性观点则是从形式正犯理论出发，以坚持实行行为的定型性为基本立场，认为我国的犯罪参与体系是共犯－正犯与主犯－从犯的二元区分制结构，前者应当坚持构成要件行为共同的基本立场，对犯罪行为人的分工进行形式认定，而后者根据"情节严重"的标准，帮助犯完全可以认定为主犯，在犯罪故意的认定上坚持最小从属性说③或限制从属性说④可以做到罪刑均衡，实现对网络参与行为的妥当归责，具体的归责路径多采用客观归责理论。第三种观点从单一正犯体系出发，认为该罪实现的是"从犯主犯化"。⑤

第一种观点与"网络帮助行为正犯化"理论没有实质差别，实质都是主张独立评价本罪所规制的网络参与行为的不法与有责，将本罪理解为根据网络参与行为的预防必要性确保刑罚与之合比例的量刑规则，本书无法认同。第三种观点与本书的基本立场相冲突，不予展开。值得探讨的是第二种观点，那就是主张对网络参与行为的评价应当回归共犯归责模式。本书赞同第二种观点有关对我国共犯体系的基本认知，这一体系的妥当性暂且不论，本书关注的，是此种共犯归责模式下，网络参与行为的刑事责任个别化是否有确定的基准。

2. 刑事责任个别化的困境

共犯归责模式能够很好地将网络参与行为入罪，而不破坏我国犯罪参

---

① 参见张明楷《共同犯罪的认定方法》，《法学研究》2014年第3期。
② 参见张明楷《论帮助信息网络犯罪活动罪》，《政治与法律》2016年第2期。
③ 参见王霖《网络犯罪参与行为刑事责任模式的教义学塑造——共犯归责模式的回归》，《政治与法律》2016年第9期。
④ 参见于冲《帮助行为正犯化的类型研究与入罪化思路》，《政法论坛》2016年第4期。
⑤ 参见张勇、王杰《网络帮助行为的犯罪化与非犯罪化》，《苏州大学学报》（哲学社会科学版）2017年第3期。

与体系的现有规范框架，却仍属于"风险犯"的归责模式，不能为刑事责任个别化提供确定的标准，这会导致本罪处罚范围不明晰，本罪规制的网络参与行为缺乏出罪的规范机制。

刑法的预防转向给刑法功能带来的核心转变，是它从限制报应，也就是限制国家刑罚权的恣意发动，转向了对预防性社会控制的授权。"风险社会中新型的重大风险，人民日渐升高的安全需求，以及对刑法能够控制社会发展的期待，是推动刑法预防转向的三个主要原因。"[①] 面对我国互联网产业迅速发展所催生的严重的，也就是规模化而不可预测的法益侵害风险，民众产生了日益高涨但不一定理性的安全需求，而这种安全需求进一步促使控制风险以安抚民众的情绪成为现代社会压倒性的政治需要。[②] 刑法以其强制力带来的及时、可感性，承担了预防犯罪风险、保障社会稳定发展的强烈期待。在这一背景下，犯罪化成为主旋律，刑事立法层面的体现是处罚早期化，犯罪圈向预备行为、参与行为扩张，司法层面则体现为以入罪为罪名解释适用的核心导向，对罪名处罚范围的明确却缺乏应有的关注。

在二元区分制共犯体系下，如果采取最小从属性说来"疏通"共犯和正犯之间的犯意联络，放弃对正犯违法性（程度）的要求以达成入罪的追求，共犯的从属性只剩下形式意义，完全丧失了从主观要素方面限制入罪的可能。那么，能否从"情节严重"入手，寻找从客观要素方面构建限制入罪的规范机制？

从客观归责理论的视角，也就是网络参与行为是否制造、升高或实现了法不允许的风险出发，学界有观点认为，可以以是否具备"技术风险"[③] 进行类型化，或者将"中立帮助行为过当的可罚性限定在关联犯罪侵犯国家安全、国防利益、军事职责、公共安全和暴力侵犯公民人身法益的场合"[④]，继而将网络参与行为作为帮助行为进行归责。这样的选择，就是因

---

① Vgl. Brunhöber, *Festschrift für Schünemann*, S. 8.

② 参见劳东燕《风险社会中的刑法：社会转型与刑法理论的变迁》，北京大学出版社，2015，第 33 页。

③ 参见熊亚文、黄雅珠《帮助信息网络犯罪活动罪的司法适用》，《人民司法》（应用）2016 年第 31 期。

④ 参见马荣春《中立帮助行为及其过当》，《东方法学》2017 年第 2 期。

为网络参与行为本身具备的风险无法类型化，需要完全通过刑事政策的考量，借由司法解释对"情节严重"标准的明确为刑法处罚的法益侵害风险划定范围，以"情节不严重"的政策性判断为唯一的出罪路径。正如前文所指出的，这一标准不符合刑法规范明确性和确定性的要求，不能为刑事责任个别化提供确定的基准。

不能因为这一标准能顺利规制网络参与行为"严重的法益侵害风险"，也体现了二元区分制共犯体系的"灵活性"就欣然接受。对本罪处罚范围可能的不当扩张，二元区分制体系下的共犯归责模式不能提供明确而确定的出罪规范机制。为了将网络参与行为入罪而对共犯从属性进行松绑，也会导致对共同犯罪的否定成为极其例外的情形，进而致使共犯理论产生整体性的功能失调。因此，不应采取共犯归责模式。

（四）从以风险为中心回归以法益为中心

在本罪已经将网络参与行为独立纳入刑法规制范围的前提下，网络参与行为应属于本罪规制的正犯行为，应当进一步着眼的，是基于本罪所保护独立法益这一应然的逻辑前提，明确本罪所创设刑事责任的基本属性及其处罚范围，德国的相关立法能够提供很好的借鉴。

2007 年 8 月，通过第 41 次刑法修正案，德国增设了刑法第 202c 条"预备探知和拦截数据罪"。本罪第 1 款规定，"任何人制造、为自己或他人获取、出售、转让、传播或者通过其他方式，使他人获取可用于访问本法第 202a 条第 2 款规定之数据的密码，或其他安全代码，或者使他人获取用于实施数据探知或拦截的计算机程序，从而预备实施本法第 202a 条（探知数据罪）或第 202b 条（拦截数据罪）规定的犯罪的，处两年以下自由刑或者罚金刑"。[①] 若以行为的法益侵害风险为出发点，本罪规制的构成要件行为当然是帮助行为，相较于我国的帮助信息网络犯罪活动罪，本罪无疑更适合"网络帮助行为正犯化"的理论方案。但这一为刑罚权全面松绑的进路，德国刑法学界与司法实务界都没有选择。基于本罪保护的独立法益，根据本罪对构成要件规制的具体行为类型以及行为目的的清晰规定，德国刑法理论界对本罪的探讨一直都在预备行为实行化的语境下进

---

① §202c StGB.

行。① 对于本罪规制的预备行为欠缺与法益侵害结果之间的客观危险关联，也就是预备行为欠缺类型化的法益侵害风险②，仅凭对主观目的的要求是否就足以弥补行为本身不法内涵的缺失，这一点仍被理论界广为质疑。虽然2015 年判处本罪的案件只有 5 件③，但由于本罪将网络时代公民的常态化行为纳入了刑法规制，尽可能明确本罪的处罚范围对证成本罪的正当性至关重要。

因此，联邦宪法法院在一个决定性判决中明确指出，该条第 1 款第 2 项意义上的"计算机程序"，必须满足为了实施探知数据罪和拦截数据罪而设计或者改制这一客观特征，单纯具备实现上述犯罪目的功能的计算机程序，还不能满足第 202c 条的规定。④ 也就是说，通过"专门设计和改制"这一要求，可以明确预备行为侵害法益风险的类型化标准。因此，可以认定本罪属于抽象危险犯，对本罪刑事责任具体的认定路径，后文将进一步展开探讨。

对权力保持必要警惕的态度，决定了在认定预备探知、拦截数据罪的刑事责任时，德国理论与实务界均坚守类型化的风险，也就是抽象危险为认定行为不法底线标准的选择。互联网环境下法益侵害的社会化趋势没有为打破这一底线提供论据，反而更加清晰地证明将刑事责任个别化的基准寄望于行为不法，也就是构成要件行为与法益内涵的定型化，比完全交付给政策权力的考量更为稳妥。

前文已经证成法定主体信息专有权是帮助信息网络犯罪活动罪保护的法益，本罪不属于按照我国《刑法》第 22 条第 2 款规定的原则处罚的形式预备犯，而是原本为预备行为，被刑法分则独立成罪的实质预备犯。从法益视角出发，本罪应当属于抽象危险犯。通过"情节严重"的规定，本罪所规制的网络参与行为与法益侵害抽象危险之间的客观关联能够得到进一步明确，而本罪作为实质预备犯的独立不法类型以及具体的构成要件要素，本书将在后文进行进一步探讨。

---

① Vgl. Hilgendorf/Valerius, *Computer-und Internetstrafrecht*, 2 Aufl., Verlag Springer, 2012, S. 171 - 175.

② Vgl. Jens Puschke, "Strafbarer Umgang mit sog. Hacking-Tools——Repression, Prävention oder Intervention?" In: Beatrice Brunhöber (Hrsg.), *Strafrecht im Präventionsstaat*, Franz Steiner Verlag, 2014, S. 114.

③ Vgl. Statistisches Bundesamt, Fachserie 10 Reihe 3, Tabelle 2.4 (2015).

④ Vgl. Olzen D., Schäfe G. *Juristische Rundschau*, De Gruyter, 2010, S. 82.

三 "网络预备行为实行化"及其反思

在本书体系下，非法利用信息网络罪所保护的法益是法定主体的信息处分权，帮助信息网络犯罪活动罪保护的法益是法定主体整体的信息专有权，那么，设立网站与通讯群组、互联网接入、服务器托管、网络存储、通讯传输等技术支持，或者提供广告推广、支付结算等业务等行为应属事实性预备行为，也就是非法利用信息网络罪的第 1 款第（1）项和帮助信息网络犯罪活动罪应属独立处罚事实性预备行为的独立预备罪。我国学界多倾向于将此类独立预备罪解释为实质预备犯[1]，却并未明确其构成要件要素，径直将具体罪名作为抽象危险犯，认为实施了符合构成要件规定的客观行为即为犯罪既遂[2]，但本类犯罪构成要件行为的抽象性使之面临入罪是否正当的诘问。我国学界当前的主流观点认为，实质预备犯成立的形式要件是将事实性预备行为独立规定为构成要件行为，实质要件是基于经验法则判断后此类行为具备的危险性可罚。[3] 但这只提供了个案中限缩预备犯处罚范围的经验标准，在我国刑法原则处罚预备的语境下容易造成实质预备犯处罚泛化，并导致独立预备罪与此预备行为所追求目的犯罪间的罪数判断难题。[4]

事实性预备行为由刑法独立处罚，但又不直接侵害法益（造成实害结果或具体危险），"法益侵害抽象危险"是处罚事实性预备行为的适宜根据，因为行为若不能被评价为具备造成法益侵害结果的抽象危险，难以认为具备刑事可罚性，那么实质预备犯应被纳入抽象危险犯范畴。可是，当代法治国语境下，刑法规范与现实的连接点在于行为[5]，在行为刑法原则

---

① 所谓"实质"预备犯，更确切的表述应为"事实"预备犯。为了与当前我国学界的话语体系融合，本书仍使用"实质预备犯"的表述。

② 参见王新《〈刑法修正案（九）〉第 120 条前置规制的法理探析》，《北方法学》2016 年第 3 期。

③ 参见李晓明等《中国刑法基本原理》，法律出版社，2013，第 424 页；陈兴良《赵春华非法持有枪支案的教义学分析》，《华东政法大学学报》2017 年第 6 期。

④ 参见彭文华、刘昊《论我国刑法中实质预备犯的范围》，《中国应用法学》2018 年第 3 期。

⑤ Vgl. Winfried Hassemer, "Darf es Straftaten geben, die ein strafrechtliches Rechtsgut nicht in Mitleidenschaft ziehen?" In: Roland Hefendehl, Andrew von Hirsch, Wolfgang Wohlers (Hrsg.), *Rechtsgutstheorie*, Nomos, 2003, S. 57 (64).

视域下，刑法教义学需提供评价已入罪的网络参与行为所具备抽象危险的规范标准。如果完全依赖于司法解释（设置数量与情节标准），本质是摒弃了对犯罪构成的判断，赋予了法律适用者事实造法的权力[①]，并不足取。

既然不能让法律适用者的合目的性考量完全取代规范评价标准，那么，可具体化应是实质预备犯构成要件明确性的最低限度。我国学界有关预备行为实行化的既有研究，多在未检验这一规范前提的情形下，径直认定实质预备犯已大量存在于我国立法中[②]，在实质预备犯语境下探讨相关罪名的解释适用，极易以实质预备犯的合法外衣消解预备行为可罚性的规范判断，这与"预备犯例外处罚"的追求方向无疑背道而驰。

基于构成要件行为即为实行行为的认知，学界对实质预备犯的研究多着眼于对实行行为着手与独立处罚之预备行为的区分，从而将问题集中在独立处罚之预备行为与实行行为的等价性判断上。[③] 有关这一问题，修正构成要件理论给出的答案实质是刑法有规定所以应当处罚，陷入了循环论证。当前学界有力的观点认为，只有直接威胁重大法益的预备行为才具有刑事可罚性[④]，试图以此作为处罚实质预备犯的实质限缩标准。然而以上有力学说混同了经验与规范评价标准，只是将处罚形式预备犯的经验性限缩标准[⑤]适用于实质预备犯，并未明确实质预备犯独立的不法类型。而在我国刑法原则处罚预备犯的语境下，独立的不法类型对于区分形式与实质预备犯尤为必要，能明确处罚实质预备犯的教义学边界。

第二节　定型化困境的超越

一　客观−目的与合宪的构成要件解释方法

探索对信息网络犯罪构成要件行为定型化困境的超越，首先要探索适

---

① Sophie Zaufal, *Was kann ein strafrechtlicher Tatbestand leisten?*, *Die Bestimmtheit von Strafnormen als hermeneutisch-methodisches Problem im Verfassungsstaat*, Nomos, 2018, S. 282.

② 参见梁根林《预备犯普遍处罚原则的困境与突围——〈刑法〉第22条的解读与重构》，《中国法学》2011年第2期。

③ 参见王新《〈刑法修正案（九）〉第120条前置规制的法理探析》，《北方法学》2016年第3期。

④ 参见高丽丽《准备实施恐怖活动罪——以预备行为实行化为视角的宏观解构》，《法学论坛》2018年第2期。

⑤ 参见郑延谱《预备犯处罚界限论》，《中国法学》2014年第4期。

宜的构成要件解释方法。对于实质预备犯而言，构成要件行为的不明确与不可明确，是需要认知到的事实。以非法利用信息网络罪第 1 款第（1）项和帮助信息网络犯罪活动罪为例，作为独立处罚事实性预备行为的实定法，只对待处罚事实性预备行为进行了事实层面的归纳与一定程度的类型化，并未提供足够明确的刑事可罚性判断标准[①]，构成要件行为并不明确。在传统的预防刑法理论语境下，它们作为刑法规范也是不可明确的，因为它们并不是有责的直接法益侵害行为，而是服务于犯罪预防的目的。但基于本书所选择的"通过报应实现预防"的刑罚正当化进路，在教义学层面找到基于构成要件、评价可罚的事实性预备行为不法内涵具体标准的解释方法，具备充分的必要性。

有关刑法解释论，刑法学理论中长期存在主观解释与客观解释的路径争议。前者以历史上立法者的立法目的为核心，后者以独立于立法者的立法目的、不断发展变化的法条客观内涵为核心。而所谓的"法条的客观内涵"，实质上由具备刑事政策内涵的刑罚目的，更确切地说，是法律适用者的预防目的所决定。对于实行犯相关罪名的法条解释，上述解释路径争议的解决办法在于以文义解释为边界，在此范围内体系地考虑立法目的与法律适用者的预防目的，对文义解释进行扩张或限缩。也就是说，法条可能的文义承担了目的解释边界的功能。[②] 但是，"具备前置预防功能的构成要件需要保持开放性"。[③] 对于独立处罚事实性预备行为的罪名，它们作为刑法规范的功能已经发生了实质改变，向着追求风险预防的警察法转变，构成要件的开放性是其显著特征。因为若要追求有效的风险预防，构成要件行为就不能被描述得非常精确。在这样的背景下，文义解释已经无法承担目的解释边界的功能，很多情境下反而会成为罪名适用边界扩张的助推器，这在上一节对构成要件行为定型化反思的探讨中已体现得非常清晰。

---

① Sophie Zaufal, *Was kann ein strafrechtlicher Tatbestand leisten?*, *Die Bestimmtheit von Strafnormen als hermeneutisch-methodisches Problem im Verfassungsstaat*, Nomos, 2018, S. 203 ff. .

② Claus Roxin, *Strafrecht Allgemeiner Teil（Band I, Grundlagen. Der Aufbau der Verbrechenslehre）*, 4. Auflage, C. H. Beck, 2006, § 5 Rn. 26 ff. .

③ Eva Maria Maier, "Organisierte Kriminalität oder ziviler Ungehorsam?, Methodische und rechtsphilosophische Anmerkungen zur rechtsstaatlichen Problematik der Strafverfolgung von Tierschutzaktivistinnen gemäß § 278a StGB", *JK* 2010, S. 46 – 47, 49.

　　那么，寻找足以承担目的解释客观边界的构成要件解释方法便成为当务之急。有些观点主张可以用刑罚目的的定型化取代行为不法内涵的定型化，此类观点可以认为是当前"刑事政策进入教义学体系"思潮的实践进路。例如，德国学者 Böhm 就认为，"当适用法律的目的尽可能清晰、明确、细致，用以实现目的的手段也事实上合比例，这样的法律就是刑法"。① 我国当前无论是学界还是实务界，对于信息网络犯罪解释适用的主流见解事实上都遵循了这样的思路。但本书认为，这样的进路或许具备实用性，但长远来看并不可取。事实上，这是对刑法所应坚持的行为刑法原则，也就是以行为作为评价基础这一基本原则的背离。

　　罪刑法定原则框架下，明确性原则与行为刑法原则有着紧密连接，不容突破。所谓明确性原则，不只是说刑法应当具体地确定所处罚的任一行为，还要求此行为具备的危险性应当可被理解、可被归责，这是刑事立法者不可推卸的责任。② 刑事立法者有义务"尽可能详尽地描述应受刑罚处罚性的前提条件，只有这样，构成要件的效力和适用范围才能通过解释得到明确。也就是说，对被刑法规范所规制的公民来说，行为受刑罚处罚的风险至少应当可识别。因此，按照刑法明确性原则的要求，用可识别、可理解的语言来描述相关罪名的法定构成要件，对一般公民来说极为重要"。③ 因此，"不只是构成要件中的目的应当确定，在具体案件中待处罚行为的不法内涵也应当通过构成要件得到明确"。④ 这就要求，通过对构成要件的解释，使符合构成要件的行为本身就足以反映可罚事实性预备行为所具备的特别潜在危险性。⑤

---

① Maria Lauram Böhm, *Der Gefährder und das Gefährdungsrecht. Eine rechtssoziologische Analyse am Beispiel der Urteile des Bundesverfassungsgerichts über die nachträgliche Sicherungsverwahrung und die akustische Wohnraumüberwachung*, Universitätsverlag Göttingen, 2011, S. 308.

② Walter Gropp, "Tatstrafrecht und Verbrechenssystem und die Vorverlagerung der Strafbarkeit", in: Sinn/Gropp/Nagy (Hrsg.), *Grenzen der Vorverlagerung in einem Tatstrafrecht*, 2011, S. 13 (19).

③ BVerfG NJW 1998, S. 2589 (2590); BVerfGE S. 41, 314 (319); BGH NJW S. 2014, 3459 (3460).

④ Sophie Zaufal, *Was kann ein strafrechtlicher Tatbestand leisten*, *Die Bestimmtheit von Strafnormen als hermeneutisch-methodisches Problem im Verfassungsstaat*, Nomos, 2018, S. 282–283.

⑤ Petra Velten, "Die Organisationsdelikte haben Konjunktur: Eine moderne Form der Sippenhaftung, Banken und Tierschützer vor Gericht", *JS* (2) 2009, S. 57.

以此为前提，在法治国语境下对实质预备犯的相关罪名进行解释，应当以已存在的生活事实为基础，对构成要件所保护法益以及待处罚事实性预备行为的不法内涵进行具体化，以此作为对构成要件进行目的解释的客观边界。换言之，若要充实事实性预备行为的刑事可罚性，仅有对该行为将来可造成不法的计算，也就是对法益侵害风险的考量还不够，需要的是"基于过去的计算"，也就是说，对法益侵害风险判断的基础是待处罚行为具体的不法内涵，这样才能消弭以文义为外衣进行目的解释恣意扩张行为应受刑罚处罚性的可能。

具体来说，构成要件的本质，是使从法条文义中能推导出行为刑事可罚性的教义学工具[1]，那么在构成要件与构成要件行为之间是不能画等号的，构成要件应为行为具有刑事可罚性的规范评价标准。[2] 作为实质预备犯，在明确本罪所保护法益的前提下，应明晰评价本罪所处罚预备行为同本罪所保护法益间主客观规范连接的标准。这样的解释方法可以被描述为"客观-目的解释论"。而本书确立法益内涵的价值标准在于直接或间接保护宪法基本权利，这确保了目的解释的合宪性，保障法律适用者对构成要件的目的解释是公民个人自决的表达，而不是法律适用者个人自决的表达。[3] 因此，遵循客观-目的与合宪的解释方法，是超越信息网络犯罪构成要件行为定型化困境的教义学进路。

二 判断集体法益适格性

本书在前文中已经明确，作为实质预备犯，帮助信息网络犯罪活动罪与非法利用信息网络罪第1款第（1）项保护的法益是法定主体信息专有权，属于集体法益。所谓集体法益，是个人法益受保障的权利空间。[4] 只有认可集体法益相较于个人法益具备独立性，它才有独立存在的价值，作

---

[1] Vgl. Ralph Christensen/Friedrich Müller, *Juristische Methodik*, Aufl. 8, Dunckler & Humblot, 2002, S. 1100.

[2] 参见陈兴良《刑法阶层理论：三阶层与四要件的对比性考察》，《清华法学》2017年第5期。

[3] Karl-Ludwig Kunz/Martino Mona, *Rechtsphilosophie, Rechtstheorie, Rechtssoziologie. Eine Einführung in die theoretischen Grundlagen der Rechtswissenschaft*, 1. Aufl., UTB Verlag, 2006, S. 218.

[4] Vgl. W. Hassemer, "Grundlinien einer personalen Rechtsgutslehre", in: Philipps/Scholler (Hrsg.), *Jenseits des Funktionalismus-Arthur Kaufmann zum 65. Geburtstag*, Decker/Müller Verlag, 1989, S. 92.

为刑法法益的集体法益应无法再还原为个人法益。在教义学语境下，法益的立法批判与解释论功能间的冲突，集中体现在保护集体法益的犯罪构成的解释适用中。二者的冲突实质催生了"集体法益适格性"这一客观构成要件要素，本书所提出的判断法益内涵的两条标准，可被视作判断集体法益适格性的具体要求。

通过对集体法益适格性的判断，能够在认可集体法益相较于个人法益独立性的基础上明确集体法益的内涵，并确保集体法益保障个人权利的底色。通过前文的论证可以明确，法定主体的信息专有权具备现实关联，可以具体化，并且以保护公民个人的信息自决权作为法益的价值基准，维持了间接保障公民个人基本权利的底色，因此属于适格的集体法益，可以作为进一步解释适用相关罪名的教义学基础。事实上，这一客观构成要件要素不仅适用于实质预备犯，也普遍适用于狭义信息网络犯罪的所有罪名，后文在具体探讨刑事责任认定时对此不再赘述。

需要特别说明的是，本书为何要将集体法益的适格性作为客观构成要件要素。为了维持法益概念的立法批判功能，势必无法采纳形式的法益概念。但"一千个读者心中就有一千个哈姆雷特"，采纳实质法益概念必然导致法益概念的开放性，在解释适用具体罪名时，法律适用者都会有自己心中本罪所保护的法益。集体法益适格性的判断，是对法律适用者心目中集体法益是否能够作为构成要件解释基准的评价，将此接纳为客观构成要件要素是适宜的选择。

三　法益侵害风险与危险的区分

明确信息网络犯罪构成要件的解释方法后，还需明确在风险社会语境下，网络空间的法益侵害风险是否适宜作为行为不法的认定依据，这是进一步明确行为不法内涵的前提。上文在反思"网络帮助行为正犯化"与"网络预备行为实行化"时有部分涉及，接下来将对此进行系统探讨。

我国刑法理论中探讨的"风险"，直接源自德国社会学家贝克所提出、英国社会学家吉登斯等进一步完善的风险社会理论。然而对于风险社会理论中的"风险"，与客观归责理论中"法不允许的风险"之"风险"，以及"危险"概念之间的区别，学界却莫衷一是。本书认为，风险社会理论中的"风险"经过法益保护原则的过滤之后，在刑法教义学中体现为侵害法益的危险，继而成为预防性刑事归责中"不法"的基础。

　　传统意义上自由法治国刑法的基本形态，是在法益侵害事实发生后才被动介入的"事后干预性刑法"。[①] 此种模式下，以犯罪行为、法益侵害结果以及两者间因果关系为基础的已经发生了的不法，是对犯罪行为人进行刑事归责的客观基础，法益侵害又是已发生之不法得以证成的前提。随着人类社会进入风险社会阶段，"犯罪已是如同空气污染和交通堵塞一样普遍的日常风险"[②]，这一意义上的犯罪风险是一个中性和广义的概念。刑事政策的价值取向由此转向以风险控制为基本内涵的犯罪预防，关注犯罪的影响而非原因，关注犯罪人刑事责任的认定与分配而非改造是它的基本特征，客观归责理论便是这一价值取向指引下的产物。

　　客观归责理论以"法不允许的法益侵害风险"[③] 为中心，由两大基本原理支撑：第一，风险创设和实现，即将结果归责于行为要以行为实现自己创设法不允许的风险为前提；[④] 第二，风险变形（包括风险降低、维持），即行为若没提升该先在的法不允许的风险，则不能予以归责。[⑤] 本书不展开对客观归责理论的系统探讨，总体来说，通过"法不允许的法益侵害风险"的概念以及以此为基础构建的归责原理，客观归责理论将规范评价纳入了结果归责考量，区分了归因和归责。二者本质上的区别在于，因果关系的判断认定的是外在世界的法益侵害结果是否为行为人所造成，而客观归责的判断解决的是在行为人与他人的法关系中，刑事责任的分配是否符合积极一般预防的刑罚目的。就其"风险"的概念而论，是在风险社会理论之广义、中性"风险"的基础上，以有无刑法规范的负面评价为标准，限缩为刑法规范"不可欲的风险"。[⑥]

---

① 参见何荣功《"预防性"反恐刑事立法思考》，《中国法学》2016 年第 3 期。
② 〔英〕戈登·休斯：《解读犯罪预防——社会控制、风险与后现代》，刘晓梅、刘志松译，中国人民公安大学出版社，2009，第 216 页。
③ 〔德〕乌尔里希·齐白：《全球风险社会与信息社会中的刑法——二十一世纪刑法模式的转换》，周遵友、江溯等译，中国法制出版社，2012，第 209 页。
④ Vgl. Kühl, *Strafrecht Allgemeiner Teil*, Verlag Franz Vahlen, 2012, S. 49.
⑤ Vgl. Samson, *Hypothekische Kausalverläufer im Strafrecht*, A. Metzner, 1972, S. 96 ff. .
⑥ 劳东燕：《风险分配与刑法归责——因果关系理论的反思》，《政法论坛》2010 第 6 期。

客观归责的根据是"法不允许"，实质是在强调对刑法规范效力的确证，发挥其行为规范的效力，实现犯罪预防的目的。但确证行为规范的效力应服务于法益侵害结果预防，也就是法益保护①，而非本末倒置。客观归责对于风险的判断原理却存在这一本末倒置的根本性逻辑缺陷，规范保护目的所充当的角色是确证规范效力正当性的依据。就风险的创设和实现而言，对于何为法不允许的风险，本质仍是由适用刑法规范的权力主体判断，而此主体只能采用具有有限知识的一般理性人的标准，而非全知全能者的标准，自然也就有错误的可能。② 而就风险变形的案件来说，本质都是损害替代，是假设结果与现实结果之间的权衡，应当在违法性阶层而非构成要件阶层进行判断。③ 风险变形的判断规则，实质是在行为消灭了原有风险，同时创设了另一个等同或者更小的风险时不予刑事归责，而非同一风险的变形。这本质是以假设的因果关系作为基础，并不可取。④

风险控制，或者说法规范效力的确证本身不能成为刑罚权发动的正当依据，法益侵害才是刑事不法的根基，在预防刑法中亦然。在法益保护原则的框架下，明确危险的规范结构是运用刑法进行犯罪风险控制的基本界限。从这个角度来说，风险是指根据当前社会科学技术的发展水平与一般人的认知水平，无法判断其发生的盖然性、严重性以及影响广泛性的损害发生可能性；危险是指在法益保护的目的内，以比例原则作为限制，根据当前社会科学技术发展水平与一般人认知水平，通过可执行和证实的方法验证具备足够盖然性的损害发生可能性。⑤

结论是，刑法可以规制的是已经发生了的不法，也就是在法益保护原则的框架下，确证了法益重要性和侵害风险发生盖然性的法益侵害危险。

---

① 参见乌尔斯·金德霍伊泽尔《法益保护与规范效力的保障——论刑法的目的》，陈璇译，《中外法学》2015 年第 2 期。

② Vgl. Kindhäuser, "Risikoerhöhung und Risikoverringerung", *ZStW* 2008, S. 492 – 493.

③ Vgl. Samson, *Hypothekische Kausalverläufer im Strafrecht*, A. Metztner, 1972, S. 96 ff.

④ 例如著名的"自行车案"中，货车司机未与自行车保持法定距离，而将骑自行车的人碾死，实际上骑车人当时因醉酒摔倒，就算保持了法定距离，货车也会把骑自行车的人碾死。这种情况下，货车司机合法驾驶时，因骑车人醉酒驾驶而碾死他的风险，和货车司机违法驾驶而碾死他的结果并没有关联，是两个完全不同的风险。

⑤ Vgl. Rüdiger Breuer. *Gefahrenabwehr und Risikovorsorge im Atomrecht*, *Deutsches Verwaltungsblatt*, *93. Jahrgang des Reichsverwaltungsblatt*, 1978, S. 829 – 831.

刑法所规制的最远边界应在于法益侵害危险，而非风险。从行为方法论的层面来看，"风险"和"危险"最大的区别在于，前者是"在不确定性中作出行为的决定"[①]，对于法益侵害的普遍"风险"应当采取的是"防范"（precaution）措施，要防范的是依据现有认知仍然未知的危害（unknown harm）；后者则是在确定性中作出行为的决定，对法益侵害的危险应当采取"预防"（prevention）措施，要预防的是依据现有的个人和社会认知，能够明确的已知危害（known harm）。以明确的行为不法作为刑事责任认定的依据，是刑法区别于风险预防法的核心特征，是避免犯罪行为人沦为社会治理纯粹工具的安全阀，不能为了应对这一挑战，就以风险衡量取代法益侵害作为行为不法的判断基准，这也会模糊刑法与其他社会治理机制之间的界限，导致各自功能无法得到充分发挥。

四　法益侵害抽象危险规范内涵的重构

本书确立的信息法益是法定主体的信息专有权，属于集体法益，侵害集体法益的结果不法难以如同个人法益一般具体衡量，这决定了抽象危险犯应是保护集体法益的基本构成要件类型，狭义信息网络犯罪亦属此列。这也符合上文所作出的"刑法规制的最远边界在于法益侵害危险"的结论。这一点，往往被学界既有的研究有意或无意地回避了，放弃对抽象危险犯这一构成要件类型解释适用路径的探索，代之以对待规制行为方式确定性要求的提升。然而，若要明确待处罚事实性预备行为的不法内涵，在构成要件视域下对其处罚根据，也就是法益侵害抽象危险的规范内涵进行重新探讨，是不能回避的问题。

（一）法益侵害抽象危险的传统理解

根据大陆法系刑法理论的通说，以构成要件是否包含结果要素，可以将犯罪行为划分为行为犯和结果犯。[②] 而我国通说一般认为，抽象危险犯就是行为犯，因为抽象危险是立法者基于现实考量和政策需求，从而犯罪

---

① Liv Jaeckel, *Gefahrenabwehrrecht und Risikodogmatik*: *Moderne Technologien im Spiegel des Verwaltungsrechts*, Mohr Siebeck, 2010, S. 77.
② 参见〔日〕大塚仁《刑法概说（总论）》，冯军译，中国人民大学出版社，2003，第120页。

化了的构成要件行为本身具备的类型化法定风险，抽象危险不是构成要件要素，而只是立法者考量的要素。如马克昌教授曾指出："抽象危险的确认依据，主要是行为实施的危险性，只要行为在法定的客观条件下实行，作为构成要件结果的一般危险状态就伴随而来，犯罪即既遂。"[1] 这种思路实质是将抽象危险作为法律拟制的危险，抽象危险犯的既遂只需要实行了构成要件行为，而无须对法益侵害风险进行具体判断。

随着研究的深入，以上通说观点存在着将抽象犯与所谓的"形式犯"[2]等同视之，从而导致刑罚权被滥用的风险。为了避免将纯粹违反法规范而不具任何法益侵害危险的情形排除出处罚范围，关于抽象危险的认识在两条路径上被进一步深化。

第一，坚持法律拟制说的论者认为，抽象危险犯虽然不需要判断具体考虑了的行为情状等要素的法益侵害危险，但仍然要判断构成要件行为需要具备的法定类型化风险是否存在。在此意义上，有论者提出了对此类型化风险的细致判断规则，以平衡抽象危险犯立法模式和法益侵害说的立场；[3] 也有论者认为抽象危险犯是结果犯而非行为犯，所要求的结果不是构成要件结果，而是所谓的"违法结果"[4]，为判断构成要件行为的类型化风险构建了规范根据；还有论者在认可抽象危险是构成要件要素的基础上，采取了"所有抽象危险都可反证"的反面路径。[5] 但本书认为，按照第一种和第三种观点的主张，抽象危险的判断都缺乏规范限定标准，第二种观点所主张的对结果的概念进行的规范化改造，已超出了一般公众的预测可能性，也破坏了"结果"这一概念蕴含的存在论内涵对刑罚权发动的内在限制功能，不可取。

第二，否定法律拟制说的论者认为，抽象危险犯仍属行为犯，但抽象危险是法律推定而非拟制的，应允许反证。区别在于所有的抽象危险犯都

---

[1]　马克昌：《犯罪通论》，武汉大学出版社，1995，第 204 页。

[2]　在日本，形式犯在行政刑法中适用，违反规范即可处罚，在德国属于《秩序违反法》的规制范畴，不属于犯罪。

[3]　参见黎宏《论抽象危险犯危险判断的经验法则之构建与适用——以抽象危险犯立法模式与传统法益侵害说的平衡与协调为目标》，《政治与法律》2013 年第 8 期。

[4]　参见王永茜《抽象危险犯立法技术探讨——以对传统"结果"概念的延伸解释为切入点》，《政治与法律》2013 年第 8 期。

[5]　参见付立庆《应否允许抽象危险犯反证问题研究》，《法商研究》2013 第 6 期。

允许反证，还是只在抽象危险犯保护的法益包含可以分解为个人法益的集体法益时允许反证。[①]

（二）法益侵害抽象危险规范内涵的重构

通过个案中允许反证的规则，刑法创设抽象危险犯追求预防效果的经验限度可以确立。但在行为刑法原则视域下，应明确刑法追求预防效果的规范限度。作为我国刑法的基本原则，罪刑法定原则内蕴明确性要求，行为刑法原则是明确性要求的具体体现。所谓行为刑法原则，即要求刑法应以具体行为而非行为人人格特征作为处罚依据。依据该原则，构成要件行为具备的危险性应能被社会一般人理解，且能被归责。[②] 在本书语境下，这一要求可更确切地表述为，刑事责任的认定取决于抽象危险的程度，对抽象危险的衡量应具备明确的规范标准，这一规范标准即构成要件，也就是行为不法的评价标准，以此区分可罚与不可罚行为。

1. 正犯中的法益侵害抽象危险

"其实行为不法并不是行为时便已'具备'，需经构成要件检验才能证明它存在。构成要件只是对犯罪行为的规范描述，构成要件行为是'假定'的犯罪行为，经过审判程序才能判定它是否事实上可罚。"[③] 法益侵害抽象危险本身并非抽象危险犯的构成要件要素，它应是通过构成要件符合性判断后，对行为与法益侵害结果之间的规范连接作出的规范评价。构成要件规制的事实性行为无法定型并不妨碍对构成要件明确性的要求，在行为刑法视域下，对抽象危险犯的处罚也应以明确的行为不法作为刑事责任认定的依据。

以此为前提，本书赞同德国学者 Jens Puschke 对抽象危险犯所作的分类。他以上文所述规范连接的不同类别为依据，将抽象危险犯分为狭义与广义两类。狭义抽象危险犯，其处罚依据是行为同法益间客观的危险连

---

① Vgl. Tiedemann, *Tatbestandsfunktionen im Nebenstrafrecht*, Mohr Siebeck, 1969. S. 162.

② Vgl. Katrin Gierhake, *Der Zusammenhang von Freiheit, Sicherheit und Strafe im Recht-Eine Untersuchung zu den Grundlagen und Kriterien legitimer Terrorismusprävention*, Duncker & Humblot, 2013, S. 203 f. .

③ Sophie Zaufal, *Was kann ein strafrechtlicher Tatbestand leisten, Die Bestimmtheit von Strafnormen als hermeneutisch-methodisches Problem im Verfassungsstaat*, Nomos, 2018, S. 264 f. .

接，其法益保护功能通过"控制意外"（Zufallbeherrschung）[1]，也就是控制法益侵害结果的出现来实现。此类抽象危险犯又可分为两类，第一类犯罪行为的抽象危险为推定所得，不要求进行具体司法认定，但可进行反证，典型代表有醉酒型危险驾驶罪[2]，侵犯法定主体信息专有权作为的实行行为，包括侵犯公民个人信息罪和非法利用信息网络罪第 1 款第（2）、（3）项，应当也属于此类抽象危险犯，满足情节要求的，可推定行为具备法益侵害的抽象危险，但也应当允许对抽象危险进行反证。有关于此，后文将进一步探讨。我国学界当下探讨的"准抽象危险犯"则属其中第二类，需对行为的客观危险性进行进一步规范判断。[3] 这二者间的区分属于立法论层面的问题，本书不作探讨。广义抽象危险犯的处罚依据，是该行为为自己或第三人的后续行为创造了一个具体情境，此情境使后续行为造成法益侵害结果成为可能。[4] 此类行为不仅依靠行为的客观危险属性实现抽象危险，还依赖于后续行为人的主观要素。因为没有行为人能够自担其责的后续行为，独立处罚之预备行为的抽象危险无法实现，作为实质预备犯的非法利用信息网络罪第 1 款第（2）、（3）项与帮助信息网络犯罪活动罪应属此类，下文将就实质预备犯的归责进路进行深入探讨。

2. 共犯中的法益侵害抽象危险

以上是对作为正犯的抽象危险犯的分类，在将法益侵害抽象危险理解为行为与直接法益侵害结果间规范连接的前提下，本书认为共犯处罚的实质根据也应在于共犯行为具备的法益侵害抽象危险。

当前，以因果共犯论（或称"惹起说"）作为共犯处罚根据，也就是认为"处罚共犯的原因在于其共同惹起了正犯所实现的法益侵害结果"[5]的观点，在德日与我国学界基本处于通说地位。针对共犯的不法是否具备

---

① Harro Otto, "Der Missbrauch von Insider-Informationen als abstraktes Gefährdungsdelikt", in: Bernd Schünemann/Carlos Suarez Gonzalez（Hrsg.）, *Madrid Symposium für Klaus Tiedermann*, 1994, S. 447（455）.

② 学界也存在相反观点，参见李婕《限缩抑或分化：准抽象危险犯的构造与范围》，《法学评论》2017 年第 3 期。

③ 参见李婕《限缩抑或分化：准抽象危险犯的构造与范围》，《法学评论》2017 年第 3 期。

④ Vgl. Jens Puschke, *Legitimation, Grenzen und Dogmatik von Vorbereitungstatbeständen*, Mohr Siebeck, 2017, S. 323

⑤ 参见〔日〕高桥则夫《共犯体系和共犯理论》，冯军等译，人民大学出版社，2010，第 114 页。

独立性，存在纯粹惹起说、修正惹起说与混合惹起说三种主要见解。纯粹惹起说主张共犯不法具备独立性，共犯对正犯只具备"事实的依存性"[1]，应以不法的从属性作为可罚性条件，或分析分则中适合共犯实施的构成要件要素[2]以限缩处罚范围。然而该说以共犯的行为无价值作为共犯的不法根据，偏离了以法益侵害为基础的因果共犯论的基本立场，也放弃了共犯不法从属性所征表的法治国要求，无法避免共犯可罚性的恣意扩张，因而已基本为德日与我国学界所淘汰。[3]

然而吊诡的是，针对部分事实性帮助行为被独立入罪的立法现象，我国学界提出了"帮助行为正犯化"命题，径直以所谓的"实质共犯论"[4]为依据，认为共犯的处罚依据是独立的法益侵害结果或抽象危险，主张对可能侵害重大法益的事实性帮助行为，例如网络环境中的技术支持行为，可以适用刑法处罚。[5] 相较于纯粹惹起说，这样的观点在主张共犯不法完全独立的基础上，更彻底地抛弃了对共犯可罚性扩张的教义学限制，将这一重任全部交给刑事政策，这既不能明确入罪的事实性帮助行为独立的不法类型，也破坏了共犯理论对刑罚恣意扩张的限制功能。

混合惹起说和修正惹起说都承认共犯不法的从属性，区别在于，前者认为共犯不法是由正犯不法与自身的法益侵害性共同构成，部分从属、部分独立于正犯不法，后者则认为共犯不法从属于正犯不法。前者有限承认"不存在共犯的正犯"，后者则基于共犯不法的从属性对此完全否定。[6] 本书认为，主张二说的现有观点将从属性理解为共犯的不法内涵，并在此基础上展开争论，无疑脱离了因果共犯论的基本语境。共犯不法的内涵与正犯不法一样，都是对正犯构成要件所保护法益的侵害结果或抽象危险，共犯不法应完全从属于正犯不法，体现为对正犯构成要件行为所造成法益侵害结果的从属。但与此同时，帮助行为若不能被评价为具备法益侵害抽象

---

[1] Klaus Lüderseen, *Zum Strafgrund der Teilnahme*, Nomos, 1967, S. 25, 119.

[2] Vgl. Eberhard Schmidhäuser, *Strafrecht AT*, 2 Aufl., Mohr Siebeck, 1976, S. 542 f..

[3] 参见钱叶六《共犯论的基础及其展开》，中国政法大学出版社，2014，第18~21页。

[4] 参见周啸天《正犯与主犯关系辨正》，《法学》2016年第6期。

[5] 参见于志刚《共帮助行为正犯化的立法探索与理论梳理——以"帮助信息网络犯罪活动罪"立法定位为角度的分析》，《法律科学》2017年第3期。

[6] 参见〔日〕高桥则夫《共犯体系和共犯理论》，冯军等译，中国人民大学出版社，2010，第134页。

危险，则不具备刑事可罚性，这是个人责任原则的基本要求。在此前提下，"不存在共犯的正犯"完全可能存在。依照这样的理论进路，既可避免修正惹起说主张违法完全连带所导致的共犯可罚性实质标准的缺失，也可避免混合惹起说"违法结果二元论"[①] 的逻辑缺陷。正犯实施符合构成要件的行为是共犯刑事可罚性的形式界限，帮助行为至少具备法益侵害抽象危险是共犯刑事可罚性的实质界限。本书主张的以法益侵害性作为共犯可罚性的实质底线，仍应处于混合惹起说的范畴，属于对混合惹起说的修正。

---

① 参见钱叶六《共犯论的基础及其展开》，中国政法大学出版社，2014，第 107 页。

第七章　预防转向的责任限度：
刑事责任的认定

　　厘清刑法参与信息网络犯罪治理的限度，最终要回归刑事规制预防转向的责任限度，也就是厘清相关罪名刑事责任认定的具体路径。以完整的责任原则为依托，以刑事责任作为刑事归责的规范基准，结合本书所确立的信息专有权法益以及构成要件行为定型化困境的超越进路，狭义信息网络犯罪以及网络化传统犯罪的刑事责任能够得到妥当认定。

第一节　刑事责任的功能：刑事归责的基准

一　责任原则的功能化

　　"无责任即无犯罪，无责任即无刑罚"（nulla poena sine culpa），这是责任原则在刑法学中的基本含义。以三阶层体系为基本语境，以刑事责任在刑法理论中的功能为视角，可以认为它具备三层内涵，那就是作为刑罚发动的正当根据、犯罪构成的要素以及刑罚衡量的基准。① 在近代以来法治国的语境下，刑事责任一直被视作刑罚权发动的前提与基准，但具体内涵在争议中经历了较大转变。从结果责任论到心理责任论、规范责任论，再到功能责任论②，整体的发展趋势是以自由意志存在与否存在争议为理由，瓦解报应，或者说罪刑均衡（Schuldausgleich）作为刑罚正当根据的地位，以符合犯罪预防目的取而代之。

---

① Vgl. Hans Achenbach, *Historische und dogmatische Grundlagen der strafrechtssystematischen Schuldlehre*, J. Schweitzer, 1974, S. 5.

② 参见冯军《刑法中的责任原则——兼与张明楷教授商榷》，《中外法学》2012 年第 1 期。

著名德国刑法学家罗克辛教授倡导的要"完全摒弃刑罚中报应的成分"①，通过以"法不允许"为核心标准的客观归责理论，以刑事政策的预防考量取代无法验证的基于自由意志的抉择，成为认定刑事责任的正当性根基。在他的实质责任论语境下，通过"适用刑罚预防犯罪的必要性大小和行为人罪责及其大小，可以实现对刑罚的双重限制"。② 德国刑罚理论中，目前占据通说地位的是罗克辛教授主张的预防性综合理论。该理论本质上是以积极一般预防理论为基底，认为刑罚的目的在于保护民众对法秩序存在与效力的信赖，强化其法忠诚③，刑事责任作为预防刑的上限而存在。

然而，确定这个上限的基准是什么？以积极一般预防作为刑罚发动的正当依据，基准在于法益侵害风险的计算与分级。在这个层面上，责任原则只具有指导量刑的意义④，刑事责任的认定就是根据犯罪行为法益侵害风险等级的衡量，衡量的内容具体包括对犯罪行为人人身危险性的考量以及社会的安全需要⑤，合比例地确定刑罚。那么，第一个悖论在于，适用刑法预防犯罪这一目标的实现取决于罪刑是否均衡，也就是报应，积极一般预防无法成为刑罚发动的正当依据。第二个潜在的悖论在于，适用刑罚预防犯罪的必要性大小以及刑事责任能否成为预防刑的上限，取决于潜在犯罪行为侵害法益的风险是否能够被精确预测与衡量。如果不能，刑罚是否"合比例"就缺乏明确而确定的标准，会为权力的恣意专断制造巨大空间。⑥ 而正如上文所指出的，这样的计算，科学性、准确性是无法保证的。我国的相关论者寄希望于立法者在树立风险只能规制不能消除，将有限资源投入最能有效规避的风险类型，考虑不同群体间效果最佳的风险分配，

---

① Vgl. Claus Roxin, *Strafrecht Allgemeiner Teil*, Bd. 1, C. H. Beck, 2006, Aufl. 4, S. 88, Rn. 44.

② 陈兴良：《风险刑法理论的教义学批判》，《中外法学》2014 年第 1 期。

③ Vgl. Winfried Hassemer/Ulfrid Neumann, im Kindhäuser/Neumann/Päffgen. *Strafgesetzbuch*. 4. Auflage 2013, Vorbemerkung zu § 1 ff., Rn. 154.

④ Vgl. Günter Ellscheid/Winfried Hassemer, "Strafe ohne Vorwurf. Bemerkungen zum Grund strafrechtlicher Haftung", in：*Civitas. Jahrbuch für Sozialwissenschaften*, Bd. 9, Pesch-Haus, 1970, S. 44 ff..

⑤ Vgl. Julia Maria Erber-Schropp, *Schuld und Strafe：Perspektive der Ethik*, Mohr Siebeck, 2016, S. 64.

⑥ Vgl. Julia Maria Erber-Schropp, *Schuld und Strafe：Perspektive der Ethik*, Mohr Siebeck, 2016, S. 183.

这样"正确"的风险观的前提下，尽量依靠客观因素，通过第三方机构的大数据调研等手段，实现对风险"科学客观的评估"①，这不正是在用风险社会中不被信任的专家系统做出的风险计算，为放松对刑罚权的规范约束背书吗？这样的解决方案回应不了对"计算正义"的质疑。这样将犯罪预防引入刑事责任的概念中，是否能够进一步限制刑事责任的范围，取决于权力支配下的刑事政策导向，而没有明确的规范标准，刑事责任丧失了作为刑法对预防效果的追求，也就是刑法功能教义学边界的功能。将刑事政策的考量导入刑事责任，这是必然会产生的副作用。

有关刑事责任与刑罚发动正当根据的问题，英国著名法学家哈特教授提出了"分配中的报应"（retribution in distribution）这一命题，他认为，刑罚的普遍目的只能是犯罪预防，但对针对公民个体施加的刑罚应当公平正义的要求，与刑罚的普遍目的无关②，作为报应思想的载体，刑事责任能够为刑罚的衡量与实施设定界限。他认为自己的思想与纯粹功利主义的思想最大的区别，在于后者在刑罚的衡量与实施时只考量避免未来继续发生犯罪行为，而他的理论中刑罚的衡量与实施应当选择对犯罪人与社会公众伤害最小的方式。③哈特教授实质是承认了责任原则只能成为量刑时刑罚衡量的边界，而无法成为刑罚发动与否的边界，不具备明确性与确定性的刑事政策承担了这一功能。

责任原则功能化的背景下，寄希望于"以可责的不法之存在，来限制刑法的预防导向，不至于使刑事政策上的需罚性考虑完全凌驾于教义学层面的应罚性因素之上"④，这样的设想可以说完全是空中楼阁。如对于信息网络犯罪的规制，我国学界有论者多年来倡导应根据打击犯罪的现实需要，在立法层面对新型犯罪行为先由司法解释予以规定，再由立法予以确认，司法层面应根据网络空间中预备行为和帮助行为较大的危害性，突破传统理论，适用预备行为实行化和帮助行为正犯化的解释路径，将具备

---

① 参见劳东燕《风险社会与功能主义的刑法立法观》，《法学评论》2017年第6期。
② See Herbert L. A. Hart, *Punishment and Responsibility*, *Essays in the philosophie of law*, Oxford University Press, 2008, p. 14.
③ See Herbert L. A. Hart, *Punishment and Responsibility*, *Essays in the philosophie of law*, Oxford University Press, 2008, p. 12.
④ 参见劳东燕《风险社会与功能主义的刑法立法观》，《法学评论》2017年第6期。

152

"严重社会危害性"的行为入罪。① 这样的思路无疑是彻底否定了"刑法是刑事政策不可逾越的界限"，通过刑事政策突破刑法功能的教义学边界，让刑法成为社会治理的纯粹工具。

二　消极责任原则视域下刑事责任的功能

信息网络犯罪的刑事归责，即是根据犯罪人的刑事责任确定适用的刑罚。行为人所为行为的不法，也就是行为人所为行为造成法益侵害结果或具备法益侵害抽象危险，是刑事归责或者说刑事责任个别化的基准，是犯罪预防的刑事政策不可逾越的界限。② 法益侵害社会化产生的不确定性，对行为不法这一刑事归责基准的确定性提出了挑战。在明确了信息网络犯罪的法益以及构成要件的解释方法后，行为不法的确定性有了规范保障。但是，在责任原则功能化的背景下，责任原则限制刑罚的消极意涵只限于量刑层面，已经失去了限制刑罚权发动的功能。

刑法规范视野中的刑事责任，其功能应当是在定罪和量刑两个层面都为刑罚发动提供明确而确定的标准，这是消极责任原则的完整内涵。作为刑罚发动的正当根据，报应，或者说罪责均衡的规范内涵本就与意志自由是否存在无关，而是将法益侵害结果或抽象危险归责于行为人的具体行为。通过对行为人所为行为之不法的合比例报应，也就是罪刑均衡，才能实现刑法的预防效果，同时避免犯罪人成为犯罪预防目的实现的纯粹工具。"希望拥有自由者，必须要准备好承担只具有限制性功能的刑法所带来的代价，在并不是都以好人组成，但以自由作为基础价值的社会，希望通过刑法保障完全的安全，只能是一个不切实际的愿望。"③ 德国著名刑法学家 Pawlik 教授所主张的以报应为基点的综合理论，能够很好地支撑笔者的观点。

Pawlik 教授认为，在德国刑罚理论中的绝对理论与相对理论争议中，绝对理论认为报应的含义是刑罚只用以恢复正义，这无法成为刑罚发动的

---

① 参见于志刚《青年刑法学者要有跟上时代的激情和责任——20 年来网络犯罪理论研究反思》，《法商研究》2017 年第 6 期。

② Vgl. Julia Maria Erber-Schropp, *Schuld und Strafe：Perspektive der Ethik*, Mohr Siebeck, 2016, S. 183.

③ Wolfgang Frisch, "Sicherheit durch Strafrecht?, Erwartungen, Möglichkeiten und Grenzen", in Duttge, Gunnar/Geilen, Gerd/Mever-Großner, Lutz/Warda, Günter（Hrsg.）：*Gedächtnisschrift für Ellen Schlüchter*, Carl Heymanns, 2002, S. 686.

唯一理由。因为"国家作为刑罚权的排他性行使者，当然也要承担正义维护者的角色。在刑法学的视域中，成为问题的，始终是刑罚权的发动有没有明确而确定的标准。因此，刑事责任的功能，应当是动用刑罚限缩自由的标准"。① 具体而言，他认为将刑法作为社会治理的机制，那它就要实现社会目的。刑法的社会目的应当是通过保护法秩序来保护社会自由的存在秩序。社会生活中，公民都有自由活动的空间，需要禁止他人未经允许妨碍公民的自由活动空间，才能够确保整体社会自由的存在秩序。刑罚这一机制的功能，就是界定并保护自由的社会秩序的边界，而每一个社会成员都有义务共同维护这一自由社会秩序的边界。这一模式下，犯罪是对刑法规范的违反，以及对公民自身的法忠诚义务的违反，其行为不法中包含直接对受害人造成的伤害，以及对自由社会秩序的伤害。对于受害人的直接伤害，可以通过行为人与被害人协商（Täter-Opfer-Ausgleich）等具体措施予以修复，对于超个人的对自由社会秩序的伤害，只能通过刑罚予以修复。② 前者指具体损害，后者指行为的可谴责性。

对于 Pawlik 教授规范论的具体建构路径，本书持审慎的态度。但他的思考路径与理念能够很好地支撑本书的观点。因为，他的综合性报应刑理论的价值，不是要我们"去学习一个现成的刑罚理论，更不是倒逼不法与罪责的界限消解，而是在刑罚观念上强调一种'刑罚合法性'的话语转换、追求一种'刑罚是对……的回应'的报应主义思考方向"。③ 明确刑事责任认定的前提是已发生具体行为的不法，因此是刑罚发动，或者说刑事归责的限定基准这一消极责任原则的完整内涵，是实现这一话语转向的起点。概言之，在报应这一刑罚正当根据的基本框架下，有效的预防只有通过合比例的报应才能实现。

三 坚持消极责任原则的必要性

首先，从规范层面的妥当性来说，风险预防需求不能否定坚持消极责

---

① Michael Pawlik, "Kritik der präventionsstheoretischen Strafbegründungen", in：(Hrsg.) Klaus Rogall/Ingeborg Puppe/Ulrich Stein/Jürgen Wolter, *Festschrift für Rudolphi*, Luchterhand, 2004., S. 229.
② Pawlik 2004（b），S. 229.
③ 翼洋、王立强：《规范论视野中的刑罚合法性——读帕夫利克教授的报应主义》，《四川警察学院学报》2014 年第 1 期。

任原则的必要性。训练民众对刑法规范的信赖，与刑法规范本身是值得信赖的是两回事。将积极一般预防作为刑罚发动的正当根据，在合目的性的考量下软化甚至放弃以限制刑罚权恣意发动为核心内涵的消极责任原则，不能忽视的是刑罚权对公民自由的强制之维。

刑法规范无疑是由国家强制力保证实施的。积极一般预防意义上将刑法规范确立之法秩序的有效运转，作为在当下风险社会中的刑法规范视野内实现犯罪预防的唯一有效路径，实质就是认为在具备高度不确定性的当下社会，实现犯罪预防只有通过树立刑法规范的绝对权威来实现。此预防理论的支持者希望将这一权威塑造为民众自主的信赖、信仰[1]来模糊其中的强制属性，这并不具备足够的说服力。由强制力进行驯化而达成对法秩序的"忠诚"，显然与自主的信任与信赖不能混为一谈。[2]而为了将这种强制力保障的权威修饰为公民自主的遵循，重新将法律与道德相勾连，乃至在刑法中"注入爱"[3]，从而为"自由即服从"的悖论寻找合理注脚的努力同样不可取。毕竟"上帝的归上帝，恺撒的归恺撒"，当今社会主要应由法律、道德、宗教、习俗四种社会规范互补地支撑，不能将其中任意的两种进行混同，否则就会演化出不能受任何质疑的权威，进而通向不同形式的专制。坚持消极责任原则即是要求在"犯罪已如同空气污染和交通堵塞一样普遍的日常风险"[4]的当代风险社会中，刑法权威应当保持必要的谦逊与克制，如此才能树立民众对刑法规范长久的信任，避免探索社会问题解决方案的自由空间受到侵蚀。在此意义上，消极责任原则是教义学体系内依旧值得信赖的安全阀。

在我国，从现实层面的可能性来说，风险预防也不能否定刑法中坚持消极责任原则的必要性。近年来，面对社会发展转型时期突出的社会问题，我国的刑事立法进入空前活性化的阶段，出现了显著向预防刑法转向

① Hans Welzel, *Das Deutsche Strafrecht*, de Gruyter, 1947, S. 3.
② 参见张永和《信仰与权威——诅咒（赌咒）、发誓与法律之比较研究》，法律出版社，2006，第 184~188 页。
③ 〔美〕哈罗德·J. 伯尔曼：《法律与宗教》，梁治平译，商务印书馆，2014，第 90 页。
④ 〔英〕戈登·休斯：《解读犯罪预防——社会控制、风险与后现代》，刘晓梅、刘志松译，中国人民公安大学出版社，2009，第 216 页。

的趋势;① 我国学者也在"风险刑法"的语境下，结合立法对当代风险社会背景下传统刑法的基本架构，对从犯罪构成体系，到具体的行为论、法益理论、因果关系理论、刑事归责理论等受到的冲击进行了深入的考察，并形成了极有见地的论述。② 在以类型化③作为刑法规范确定性与社会现实非确定性间握手言和之基本路径的前提下，明确坚持刑法对公民自由保障之价值立场的学者，希望将宪法中的基本原则，特别是比例原则，作为刑罚为风险预防而发动之正当性的衡量标准;④ 而构建积极的风险刑法体系的支持者，则直接认为安全的价值在一定阶段可以高于自由的价值⑤，应当扬弃传统刑法谦抑自守的价值立场。二者都主张不再坚持消极责任原则对刑罚权发动的限制功能。

对于后一种观点，前文经过详细的论证已经进行了否定。本书的基本立场非常明确，那就是保障民众的自由是当代法治国家刑法应然的价值立场。前一种观点主要来自对德国理论的借鉴，预防论者批判报应论以及作为其核心载体的责任原则的核心论点，在于他们认为只有具备社会意义（理论上可测量和理解的）的目的，刑罚措施才可能被正当化，而报应论认为通过报应实现正义，或者说罪刑均衡本身就足以成为刑罚目的的观念，无法证实或证伪，缺乏现实基础，与作为宪法基本原则的比例原则相抵触。⑥ 但在报应论语境下，刑罚事实上也是服务于一个界定清晰、具备社会意义的目的：根据犯罪行为人的个人责任施以刑罚，使刑法规范的违反得到合比例的回复。在"通过报应实现预防"的基本框架下，合比例的报应是指责任与刑罚的合比例。

---

① 参见劳东燕《风险社会中的刑法——社会转型与刑法理论的变迁》，北京大学出版社，2015，第 15~35 页。

② 相关论著与论文均较为丰富，代表性论著可参见劳东燕《风险社会中的刑法——社会转型与刑法理论的变迁》，北京大学出版社，2015，第 15~35 页；代表性论文可参见张明楷《"风险社会"若干刑法理论问题反思》，《法商研究》2011 年第 5 期等。

③ 参见焦旭鹏《风险刑法的基本立场》，法律出版社，2014，第 4 页。

④ 参见〔德〕罗伯特·阿列克西《法　理性　商谈——法哲学研究》，朱光、雷磊译，中国法制出版社，2011，第 207~208 页。

⑤ 参见郝艳兵《风险刑法——以危险犯为中心展开》，中国政法大学出版社，2012，第 61 页。

⑥ Puschke, "Strafbarer Umgang mit sog. Hacking-Tools——Repression, Prävention oder Intervention" in: Brunhöber (Hrsg.), *Strafrecht im Präventionsstaat*, 2014, S. 109 (116).

除了坚持责任原则与比例原则本身并不抵触之外，还应当看到，德国刑法教义学中逐渐对消极责任原则进行解构的趋势，之所以能够较少触及刑法人权保障功能被削弱的疑虑，很大程度上有赖于其有完备的宪法与程序法作为保障。① 在司法实践中，还有德国联邦宪法法院以及欧洲层面的欧洲人权法院，二者保持着对德国刑事司法运行的有效监督。② 换言之，德国具备基于成熟宪政体制的刑事司法制度，以最大限度控制预防性刑法的权力之维对民众自由可能产生的不利后果。诚然，我国已经在建设社会主义法治国家的道路上取得了伟大成就，但还远远没有达到可以放开刑法内部约束机制的程度。脱离我国的实际国情，侈谈既可充分运用刑法预防犯罪又可以外部机制约束其恣意发动的理想状况，未尝不是以刑法为中心的心态主导下的一种浪漫主义。"现代社会中犯罪的危险主要不在犯罪本身，而在于用来打击犯罪的战斗可能导致社会向极权方向发展。"③ 因此，作为对刑罚权发动必要的内部安全阀，刑法中的消极责任原则应当坚持。

完整的消极责任原则还确保了刑法与纯粹的保安处分法之间的功能区分。能动的风险预防，从传统上来说一直是警察法的职能。④ 刑法中的保安处分在刑罚执行的阶段同样承担了这样的功能。只有坚持完整意涵的消极责任原则，才能够使刑事责任将刑罚措施从一般性的犯罪预防措施中标记出来，责任原则才能够在犯罪预防的刑事政策导向下成为刑法功能的教义学边界，避免刑罚的恣意发动，而不仅是避免量刑不公正与不合比例。信息网络犯罪具体的刑事归责路径将在后文结合具体的罪名展开，对于抽象危险犯的责任以及网络服务提供者的责任认定是否需要遵循消极责任原则，本书需要先进行分析说明。

四　抽象危险犯的责任判断需遵循消极责任原则

以本书对消极责任原则的完整内涵，也就是刑事责任基本功能的认识为前提，认定抽象危险犯的责任也必须要接受消极责任原则的限定。虽然

---

① Vgl. Hirsch, "Das Schuldprinzip und seine Funktion im Strafrecht", *ZStW* 106 (1994).

② Vgl. Klaus Tiedemann, *Verfassungsrecht und Strafrecht*, 1990, S. 44 ff.

③ 参见〔挪威〕尼尔·克里斯蒂《犯罪控制工业化》，胡菀如译，北京大学出版社，2014，第3页。

④ Vgl. Geis Götz, *Allgemeines Polizei-und Ordnungsrecht*, 16 Aufl., C. H. Beck, 2017, S. 1.

抽象危险犯的立法模式本身就是在风险社会的背景下保护重大集体法益时，为了避免因果流程证明困难所导致的保护迟延，基于经验或规范而对法益侵害危险进行的推定，对法益进行预防性前置保护避免危害结果发生，但在一个自由的法治国，不能认同法律可以创设一般性、强制性的法定义务。[①] 本书认为，不能将法定抽象危险预防义务等同于普遍的抽象危险预防义务。运用刑法进行犯罪预防，除了应当在法益侵害抽象危险的边界之内，刑罚的适用还应当符合行为人的刑事责任。

鉴于抽象危险犯通常是故意犯罪，暂且搁置对犯罪论体系中"责任"的具体内涵和体系位置的争议，在抽象危险犯的场合，对构成要件意义上行为人责任的判断体现为对行为人犯罪故意的认定。抽象危险犯所要求的故意，应当是指行为人对具体行为情状（Tatumstand），也就是构成要件行为所具备的类型化危险的"明知"。[②] 通过对抽象危险的反证，可以满足对行为人犯罪故意认定的要求，也就符合了消极责任原则的要求。笔者在后文将结合具体罪名进行更详尽的分析。

第二节　间接刑事责任的否定

网络服务提供者，是随着狭义信息网络犯罪的创设所新增的刑事责任主体。狭义信息网络犯罪的责任认定中需要探讨的核心问题之一，是如何认定网络服务提供者的刑事责任。作为信息通信技术在当前发展阶段的大成，网络空间的形成与发展使人类社会进入了以数据化为基础的信息网络化时代。人们相互之间的身份识别与互信的构建，已经无法再依赖于面对面的直接交流，只能依托于例如个体姓名录入（PNRs）、电子产品密码（EPCs）[③] 等间接的抽象技术机制实现。而从法律规范作为社会治理手段的层面来看，它以调整公民个体行为之间的关系，协调或弥补可能由之产

---

① Vgl. Wessels/Hettinger. *Strafrecht Besonderer Teil* 1：*Straftaten gegen Persönlichkeits und Gemeinschaftswerte*，C. F. Müller，2016，S. 26.

② Vgl. Teresa Göttl, "Der Subjektive Tatbestand der Gefährdungsdelikte：Ein Analytischer Vergleich mit den Verletzungsdelikten am Beispiel der Verkehrsdelikte"，*JuS* 2017.

③ See Irma van der Ploeg, Jason Pridmore, *Digitizing Identities：Doing Identity in a Networked World*，Routledge Taylor & Francis，2016，p. 2.

生的利益冲突和法益侵害为中心。因此，这种抽象机制的强化所导致的行为间关系间接化从而带来的规制困境，是这一变化给法律规范带来的核心挑战。

具体到刑法，这一挑战集中体现在刑事责任认定中，是对消极责任原则这一限制刑法功能的核心教义学边界的挑战。在消极责任原则的要求下，刑事责任主要被构建为一种直接责任，也就是出现对刑法所保护法益的侵害时将其归责于实施不法且有责犯罪行为的人。然而，网络空间的间接性①冲击了传统社会治理体系中静态、直接的权力作用机制的根基：行为与结果之间清晰的因果关系，以及明确的行为人主观责任。在犯罪预防刑事政策的导向下，认定刑事责任的过程不再仅仅是将外在结果直接归属于特定行为人，还包括因果关系或主观责任证明困难时，在行为人与他人的法关系中以符合积极一般预防目的的方式对刑事责任进行分配，这样的主张日趋有力。这对消极责任原则要求下的直接刑事责任提出了严峻挑战。

目前，我国刑事立法进入了活性化阶段，运用刑罚权作为最具强制力的工具，以求实现对网络空间犯罪风险的有效预防，已经成为学界与实务界愈加有力的声音。以此考量，刑法为网络服务提供者创设了拒不履行信息网络安全管理义务罪。本罪中"责令改正而拒不改正"这一要件，通常被我国学界理解为推定网络服务提供者具有明知的依据②，并以此为据，认为本罪原则上仍坚持了消极责任原则，不涉及间接刑事责任的问题。结合《电信网络诈骗意见》第 3 条第 6 款③和第 8 款④，以及《网络安全法》的相关规定进行分析后可以发现，这一认知有误。因为，在网络服务提供者违反《网络安全法》赋予的信息网络安全管理义务被监管部门"责令改正"之前，已造成用户信息泄露或诈骗信息大量传播，而这些信息被第三

---

① 它是流动性的另一个面向。关于流动性，参见〔波〕齐格蒙特·鲍曼《被围困的社会》，郇建立译，江苏人民出版社，2005，引言，第 15 页。

② 参见谢望原《论拒不履行信息网络安全管理义务罪》，《中国法学》2017 年第 2 期。

③ 其第 3 条第 6 款规定："网络服务提供者不履行法律、行政法规规定的信息网络安全管理义务，经监管部门责令采取改正措施而拒不改正，致使诈骗信息大量传播，或者用户信息泄露造成严重后果的，依照刑法第二百八十六条之一的规定，以拒不履行信息网络安全管理义务罪追究刑事责任。同时构成诈骗罪的，依照处罚较重的规定定罪处罚。"

④ 《电信网络诈骗意见》第 3 条第 8 款规定："金融机构、网络服务提供者、电信业务经营者等在经营活动中，违反国家有关规定，被电信网络诈骗犯罪分子利用，使他人遭受财产损失的，依法承担相应刑事责任。构成犯罪的，依法追究刑事责任。"

人利用实施诈骗犯罪造成"严重后果"时①，网络服务提供者不构成拒不
履行信息网络安全管理义务罪，同样的情形，在经监管部门"责令改正而
拒不改正"之后发生就构成本罪。换言之，虽仍需要判断不法，但是否经
监管部门"责令改正而拒不改正"这一行政裁量，取代了对网络服务提供
者主观责任的规范判断，属于间接刑事责任。基于这一法定的行政裁量程
序，此种间接刑事责任与英美刑法中要求无罪过为自己所为客观行为负刑
事责任的严格责任相区别，也与英美刑法中在普通法上仅适用于公共妨害
与刑事诽谤，在制定法上只适用于雇主为雇员在雇佣范围内的特定行为，
以及持照人对他人持己照实施的不法行为的刑事替代责任②相区别，成为
新的刑事责任类型。

在犯罪风险预防的考量下，以社会转型时期的需要等理由突破消极责
任原则的限制，否定刑法的最后手段性并运用刑法积极介入社会治理的价
值取向，如今在学界已经变得相当有力。此种间接刑事责任无疑符合这一
价值取向，也并未违背刑法解释的基本原则。此种间接刑事责任，是增设
的拒不履行信息网络安全管理义务罪体现的独特规范现象，基于刑法应当
恪守最后手段性的基本立场，有必要从刑法理论的高度对其法理依据予以
严肃反思。

一　网络服务提供者间接刑事责任的概念厘定

明确网络服务提供者间接刑事责任的概念，是本书立论的前提。所谓
直接与间接刑事责任，在德日刑法理论的相关文献中尚未见到相关界分。
而从起源看，侵权法与刑法具有天然的亲缘关系③，侵权法理论与刑法理
论所关注的核心，都是行为造成损害时，如何基于损害结果或者行为具备
的抽象危险，对行为进行归责。二者的责任性质、法律依据、法律后果不
同，但归责的原则相通。而由于罪刑法定原则的约束，刑法相较于侵权法

---

① 这也是我国当下现实生活中最为普遍的现状，最需要规制的是"责令改正"之前已经泄
露的用户信息被恶意利用，进行违法犯罪行为的情形。

② 参见赖佳文《刑事替代责任的理论现状、制度引进与现实选择》，《中国刑事法杂志》
2013 年第 2 期。

③ See Reinhard Zimmermann, *The Law of Obligations: Roman Foundations of the Civilian Tradi-
tion*, Oxford University Press, 1996, p. 922ff.

而言，对社会发展变化的回应具有显著滞后性，此种滞后性也体现在刑法理论对于刑事责任类型的认知中。面对新增设的拒不履行信息网络安全管理义务罪，侵权法理论对于直接侵权责任与间接侵权责任的划分，对于刑法理论中明晰本罪的刑事责任类型具有重要参考价值。

　　大陆法系侵权法理论中明确存在直接侵权责任与间接侵权责任的划分，认为如果行为人实施侵权行为并因此使他人遭受损害，在符合侵权责任构成要件的情况下，行为人承担之侵权责任为直接侵权责任；若此行为为第三人所实施，行为人承担的是间接侵权责任[①]，在传统上这两种责任类型均被认为属于过错责任。[②] 而随着"危险责任"[③] 概念的提出并在德国立法与理论中被接受，德国法中的间接侵权责任开始借由安全注意义务[④]的扩展，有限度地突破过错原则的限制。民法中着眼于版权保护，需要对侵权风险进行主动监管的"妨害人责任"（Störerhaftung）扩展适用于网络平台提供者，便是这一趋向的体现。[⑤]

　　普通法系的侵权法理论中，使用的则是"自己责任"与"替代责任"的分类，在"一个人应为代表他的利益行事时所犯错误承担责任"[⑥] 之核心原则指引下，初始限于雇佣关系[⑦]，其后扩展到版权保护等领域，其"替代责任"的内涵在上述间接责任定义基础上借由注意义务的扩展[⑧]，有限突破了过错原则的限制。但具体到网络服务提供者的侵权责任认定上，普通法系国家则坚持其对网络空间谨慎介入的一贯态度。比如美国，在版权保护方面有"避风港原则"与"红旗原则"[⑨] 为网络服务提供者提供责任指引与豁免；对除此之外的网络侵权责任认定，则遵照《侵权法》（第

---

① See Paula Gillker, *Vicarious Liability in Tort：A Comparative Perspective*, Cambridge University Press, 2010, p. 231.

② 如法国《民法典》第 1384 条和德国《民法典》第 831 条。

③ Ruemelin, AeP88（1898）285, 301.

④ 参见王泽鉴《侵权行为法》（第一册），中国政法大学出版社，2001，第 94 页。

⑤ Sandra Mießner, Providerhaftung, *Störerhaftung und Internetauktion*, Peter Lang Verlag, 2008, S. 77.

⑥ John T. Cross, "Contributory and Vicarious Liability for Trademark Dilution", *80 Or. L. Rev.* 625, 638.

⑦ Kelly Tickle, "The Vicarious Liability of Electronic Bulletin Board Operators for the Copyright Infringement Occurring on Their Bulletin Boards", *80 Iowa L. Rev.* 391, 411.

⑧ Mark A. Geistfeld, *Tort Law：The Essentials*, Wolters Kluwer, 2008, p. 159.

⑨ Michael L. Rustad, *Global Internet Law*, West Academic Publishing, 2014, p. 452.

二次修正）的规定，"只有一方主体明知第三方的行为破坏了其应遵守的义务，并对该第三方行为给予了实质支持与鼓励"① 时，该主体才为第三方的侵权行为承担责任，仍然坚持着过错原则。

可以说，"间接"侵权责任对过错原则的突破，在侵权法的意义上代表着风险社会背景下，大陆法系国家对网络空间侵权风险前置性预防的强调；而"替代"侵权责任对过错原则的坚持，代表着普通法系国家对法律权威介入网络空间发展之自由空间的谨慎。我国侵权法理论基本继受了普通法系的这一分类②，但以《侵权责任法》第 7 条③作为原则性规定，我国通过为特定主体创设安全保障义务④，以及为特定类型的网络服务提供者创设相应的作为义务⑤，部分突破了过错原则对替代责任适用范围的限制。

参考间接侵权责任的定义，可以认为本书所探讨的间接刑事责任，是指行为人之外的第三人实施的行为造成了法益侵害结果，第三人的行为在刑法评价中不法且有责，应受刑法处罚，在不要求行为人符合有责性评价的前提下，为该第三人的行为所承担的刑事责任。作为对法律强制效力发动的规范限制，与侵权责任法中的过错原则具备相同功能的，是刑法理论中的消极责任原则，间接刑事责任的本质特征，是以犯罪风险预防为导向，突破消极责任原则⑥对刑罚权发动的约束。

在保障公民自由的基本理念指引下，近代以来的刑法理论保持着警惕，警惕刑罚权发动对公民自由所可能造成的最严重的限制与剥夺。刑法

---

① Restatement（Second）of Torts §876（b）（1979）.

② 参见杨立新《侵权责任法》，法律出版社，2015，第 131 条。

③ 《侵权责任法》第 7 条规定："行为人损害他人民事权益，不论行为人有无过错，法律规定应当承担侵权责任的，依照其规定。"否定了过错原则对于侵权责任的绝对限制。

④ 《侵权责任法》第 37 条规定："宾馆、商场、银行、车站、娱乐场所等公共场所的管理人或者群众性活动的组织者，未尽到安全保障义务，造成他人损害的，应当承担侵权责任。因第三人的行为造成他人损害的，由第三人承担侵权责任；管理人或者组织者未尽到安全保障义务的，承担相应的补充责任。"

⑤ 《消费者权益保护法》第 44 条规定："消费者通过网络交易平台购买商品或者接受服务，其合法权益受到损害的，可以向销售者或者服务者要求赔偿。网络交易平台提供者不能提供销售者或者服务者的真实名称、地址和有效联系方式的，消费者也可以向网络交易平台提供者要求赔偿；网络交易平台提供者作出更有利于消费者的承诺的，应当履行承诺。"

⑥ Vgl. Claus Roxin, *Strafrecht AT*, *Band 1*, *Grundlagen*, *der Aufbau der Verbrechenslehre*, 4. Aufl., C. H. Beck, 2006, S. 854, Rn. 7.

体系以行为为中心构建，在限制预防刑为己任的消极责任原则框架下，要求行为人原则上只为自己直接造成的法益侵害承担刑事责任。在技术革命尚未到来的时代，限制国家刑罚权的恣意发动为刑法学理论关注的重心，此种间接刑事责任概念在刑法理论中并无显著的探讨价值。

随着工业革命以来人类社会中风险的不断增加，以及防控措施的介入所新催生之风险的推波助澜①，刑事责任认定中的消极责任原则，面临着与间接侵权责任认定中过错原则所面临的同样挑战。可以看到的结果是，消极责任原则逐渐被预防需求所软化，行为的概念由个体延伸向社会②，行为的范畴由作为延伸向不作为③，因果关系的判断由实然存在延伸向规范意义上的支配或者创设、升高法不允许之风险。④ 虽然这只是将刑事责任直接性的认定由事实层面扩展向规范层面，但也充分体现了积极一般预防的目的⑤在逐步消解"责任"对刑罚权发动的限制功能，在刑法积极参与社会治理的理念推动下，对限制刑罚权发动的必要性，也就是刑法谦抑基本立场的坚持开始动摇，⑥ 探讨的重点变成了如何在积极一般预防目的的指引下，让行为人为第三人直接造成的法益侵害承担刑事责任。本书所要探讨的，是被风险预防需求突破消极责任原则限制的间接刑事责任，也就是出于犯罪预防需求，完全消解对待评价行为之有责性的规范判断要求，从而为第三人的犯罪行为所承担的刑事责任，在我国刑法中是否存在。

二　网络服务提供者不纯正不作为刑事责任不是间接刑事责任

过去近二十年中我国互联网产业蓬勃发展，互联网产业毋庸置疑地成功担当了经济社会高速发展强劲引擎的角色，网络服务提供者在我国经济社会中具备愈加重要的功能。然而，网络服务提供者重要性增强的暗面，

---

① 参见〔挪威〕尼尔·克里斯蒂《犯罪控制工业化》，胡菀如译，北京大学出版社，2014，第 3 页。
② Vgl. Claus Roxin, Strafrecht AT, Band 1, Grundlagen, der Aufbau der Verbrechenslehre, 4. Aufl., C. H. Beck, 2006, S. 155.
③ 参见陈兴良《不作为犯论的生成》，《中外法学》2012 年第 4 期。
④ Vgl. Friedrich-Christian Schroeder, "Die Genesis der Lehre von der objektiven Zurechnung", in: *Festschrift für Nikolaos K. Androulakis*, 2003, S. 668.
⑤ 参见陈金林《积极一般预防理论研究》，武汉大学出版社，2013，第 203 页。
⑥ 参见王世洲《刑法的辅助原则与谦抑原则的概念》，北京大学法学院刑事法学科群编《犯罪、刑罚与人格———张文教授七十华诞贺岁集》，北京大学出版社，2009，第 62 页。

便是我国经济社会的运转对它们所提供服务依赖性的同步增强。它们的服务过程在网络空间中以数据化的形态实现，基于网络空间中数据处理的超高速①，人类的个体思维能力无法快速到足以应对其中即刻产生的犯罪风险，乃至灾难性的后果；② 而我国网民主体部分受教育程度较低，也影响到社会整体应对网络空间犯罪风险的能力。因此，从整体上构建以网络服务提供者为规制对象的法律制度以应对网络犯罪风险，成为应然之选。

在这样的背景下，我国通过《刑修（九）》增设的拒不履行信息网络安全管理义务罪，对网络服务提供者的不作为实质构成帮助进行独立处罚，所保护的法益是法定主体的信息专有权，保护的对象是法定主体的专有信息。在网络服务提供者"致使违法信息大量传播""致使刑事证据灭失，情节严重""致使用户信息泄露，造成严重后果"，以及其他具有相当性的信息专有权被侵犯的情形下，第三人利用所获得的受刑法保护的专有信息实施犯罪，造成严重后果的，网络服务提供者是否构成拒不履行信息网络安全管理义务罪，无须判断其主观责任，以是否经由行政监管部门"责令改正而拒不改正"取而代之，符合上文关于间接刑事责任的界定。

（一）拒不履行信息网络安全管理义务罪的不纯正不作为犯属性

根据拒不履行信息网络安全管理义务罪的规定，网络服务提供者应当履行"法律、行政法规规定的信息网络安全管理义务"。

法条的表述和本条罪名的确定，传递出的信息是本条设定的刑事作为义务即为"信息网络安全管理义务"，此项义务的法定内涵只能明确到"法律和行政法规规定的、主动监管信息网络安全的义务"的程度，具体的内容则由相应的法律和行政法规确定，学界也已出现了这样的观点。③然而，在处于消极司法法地位的刑法框架下，广泛而能动的社会"管理"职能与刑法在社会治理中应有的基本功能④相抵触。这样的解释所代表的，

① 2012 年版 iPad 的运算速度最高即可达到每秒钟 10 亿次。
② Mark Johnson, *Cybercrime, Security and Digital Intelligence*, Gower Publishing Limited, 2013, pp. 2 – 5.
③ 参见王文华《拒不履行信息网络安全管理义务罪适用分析》，《人民检察》2016 年第 6 期。
④ 〔英〕安东尼·吉登斯：《社会学》，北京大学出版社，2010，第 23 页。

则是将行政管理义务强行提升为刑法规范确立之刑事作为义务的意图，在立法论层面，这并不具备正当理据。同时，罪刑法定原则对本条设定的刑事作为义务之内涵具有明确性的基本要求，在教义学层面以之对以下认识，即本条设定的刑事作为义务即为"法律和行政法规规定的信息网络安全管理义务"进行衡量，会发现也无法得到解释上的自洽。

可以说，"任何部门法都没有同刑法一般如此强调法律规范的明确性"。① 因为刑法涉及对公民自由最为严厉的限制与剥夺，因此，刑法条文必须清楚地告诉人们什么是被禁止的，以便让大家能够以此规束自己的举止。"对犯罪构成要件各个特征同样地也要描述得如此具体，使得对它们的意思含义和意义含义可以通过解释的方法来获取。"② 上文已经指出，通过进一步对法律和行政法规的考察会遗憾地发现，依据国务院《计算机信息网络国际联网安全保护管理办法》的规定，此义务内涵的解释无法得到明确，反而会产生矛盾。我国互联网领域的基本法——《网络安全法》规定了承担此义务的主体。其第8条即明确规定，国务院电信主管部门、公安部门和其他有关机关依照相关法律规定，负责对网络安全的管理和监督，国家网信部门负责统筹协调网络安全工作和相关监督管理工作。也就是说，此义务的适格主体应当是国家法律法规明确赋权的主管部门，而非网络服务提供者。但刑法中此义务的主体已经明确为网络服务提供者，这与上述结论产生了明显的冲突。

这充分说明，将"信息网络安全管理义务"这一行政监管义务解释为本罪为网络服务提供者创设的作为义务，无法得到解释上的自洽，因为网络服务提供者本就不是法定的义务主体，不能认为本罪的创设意味着要求网络服务提供者承担与行政监管部门同等的监管义务，因此，将本罪解释为纯正不作为犯并不合理。所谓"不履行信息网络安全管理义务"，实质是为明确待规制网络服务提供者的行为类型提供了指引，并不等同于为网络服务提供者赋予了"信息网络安全管理义务"，本罪应当属于不纯正不作为犯。但为何不纯正不作为犯要由刑法分则独立规定处罚？本书需要从

---

① 张明楷：《明确性原则在司法实践中的贯彻》，《吉林大学社会科学学报》2015年第4期。
② 〔德〕约翰内斯·韦塞尔斯：《德国刑法总论》，李昌珂译，法律出版社，2008，第20～21页。

不纯正不作为犯的法理入手，对此进行进一步的论证。

基于对德国刑法理论的考察可以认为，从不纯正不作为犯的规范构造看，是否坚持责任原则存在争议。就不纯正不作为犯的理论主张而言，主要有德国著名刑法学家许乃曼教授和罗克辛教授①所主张的，以对"造成原因的结果的支配"作为可罚性基础的支配犯理论，和雅各布斯所主张的，纯粹以义务违反作为可罚性基础的彻底规范化的义务犯理论。②

在后者框架下，若认可本罪为网络服务提供者设定了网络信息安全保护的积极义务，则它自然成立不作为"致使违法信息大量传播""致使用户信息泄露，造成严重后果"和"致使刑事案件证据灭失，造成严重后果"，以及其他被刑法所保护的信息专有权被侵犯所应构成之犯罪的正犯。首先毋庸置疑的是，规范化的义务犯理论框架下，有责性的判断完全失去了位置。其次，本罪所独立规制的是网络服务提供者之不作为，对此三种以及与之相当的危害结果发生实质构成帮助的情形独立处罚之意义，正在于其可谴责性较正犯为低。一味将之作为正犯处罚，一是完全否定了本条存在之必要性，二是完全丧失了刑法教义学对刑罚权恣意发动的内在限制，滑向重刑主义。因此这一进路并不可取，不能作为网络服务提供者间接刑事责任认定的理论根据。

前者框架下，基于德国刑法总则中通过其第 13 条③总括地规定了保证人地位，在作为义务来源实质化的大趋势下，其解释的根本逻辑落脚在保证人对"造成结果的原因的支配"上，将之视作不纯正不作为犯与作为犯等价的核心。也就是说，就不纯正不作为犯的归责判断而言，其处罚的当然根据是保证人地位及其刑事作为义务的存在，以及行为人对造成结果之原因的支配。④

---

① Vgl. Claus Roxin, *Strafrecht AT*, *Band* 1, *Grundlagen*, *der Aufbau der Verbrechenslehre*, 4. Aufl. , C. H. Beck, 2006, S. 716.

② 参见何庆仁《德国刑法学中的义务犯理论》，载陈兴良主编《刑事法评论》第 24 卷，北京大学出版社，2009，第 252～258 页。

③ "不防止属于刑法构成要件的结果发生的人，只有当其依法必须保证该结果不发生的义务，且当其不作为与因作为而使法定构成要件的实现相当时，才依法受处罚。" Vgl. Art. 13 StGB, 52 Auflage, Beck-Texte im dtv, 2014.

④ 参见敬力嘉《论拒不履行网络安全管理义务罪——以网络中介服务者的刑事责任为中心展开》，《政治与法律》2017 年第 1 期。

首先，应判断网络服务提供者的保证人地位以及其产生的刑事作为义务。保证人地位是不纯正不作为犯对"造成结果的原因的支配"的来源，亦即可罚性的前提。在我国刑法总则并无保证人地位条款的背景下，对不纯正不作为犯作为义务实质来源的解释，暂且搁置对此违反罪刑法定原则的质疑，面临的最大问题在于对保证人地位的解释趋于恣意。本罪作为独立的处罚规定，处罚的是网络服务提供者不纯正不作为之实行行为构成帮助，成为网络服务提供者保证人地位的法定来源。其次，判断是否有对"造成结果的原因的支配"，要求对行为人的有责性进行判断，这一归责路径是可取的。因为如果不问行为人对其行为所造成的结果有无认识，只要客观上出现某种结果就让他承担责任，即使纳入"客观处罚条件"① 也无法改变它作为结果责任的本质属性，是不足取的，因此不应突破责任原则的限制。

（二）对"经责令改正而拒不改正"的批判

那么，在"导致违法信息大量传播"等相应信息专有权被侵犯的场合下，被非法获取此类专有信息的第三人利用实施其他犯罪时，是否能够通过本罪"经监管部门责令采取改正措施而拒不改正"的规定，推定得出网络服务提供者的"明知"，从而在证明网络服务提供者主观责任比较困难的前提下，以监管部门"责令改正"的通知取代责任原则的功能，限缩本罪处罚范围？恐怕不能。

本罪条文的表述，是网络服务提供者违反信息网络安全管理义务，经监管机构责令改正而拒不改正，导致"违法信息大量传播"等后果。对于作为拒不履行信息网络安全管理义务罪构成要件的四种情形，认为网络服务提供者对它们应具备直接故意才能构罪的观点②，没有以法益作为本罪

---

① 所谓"客观处罚条件"，发源和发展于德国刑法理论，通说是指"不法中立要件"，也就是刑法中所有排除责任原则的、与犯罪行为无关的处罚条件的集合，代表了从法律后果出发，将这些基于政策性的处罚需求而排除责任原则的处罚条件常态化、体系化的构建。但结果加重犯尚且需要行为人对加重结果至少具备过失，客观处罚条件在刑法理论中日趋独立的体系地位，并不能改变它是残余的结果责任的属性，不能以此为依据排除责任原则的适用。参见王钰《对客观处罚条件历史性质的考察》，《清华法学》2012 年第 1 期。

② 参见谢望原《论拒不履行信息网络安全管理义务罪》，《中国法学》2017 年第 2 期。

建构的起点，并不妥当。本罪保护的法益是法定主体的信息专有权，而这些信息专有权被侵犯产生的严重后果体现了它们的重要性，是它们成为刑法所保护法益的前提，应是本罪构成的构成要件要素。因此，网络服务提供者构成本罪应当具有对严重后果的认识。鉴于"责令改正而拒不改正"才是本罪的客观行为，要求体现网络服务提供者明知故犯、故意而为的态度，因此，认定网络服务提供者对严重后果具有间接故意而非过失，是恰当的。

而认定"责令改正而拒不改正"的前提，是界定何为"改正"。《信息网络犯罪解释》第2条①以监管部门为中心，明确了"监管部门责令采取改正措施"的具体形式是监管部门以责令整改通知书或其他文书形式责令网络服务提供者整改，却并未从网络服务提供者的视角出发，明确网络服务提供者应当如何改正。我国《网络安全法》第47条规定："网络运营者应当加强对其用户发布的信息的管理，发现法律、行政法规禁止发布或者传输的信息的，应当立即停止传输该信息，采取消除等处置措施，防止信息扩散，保存有关记录，并向有关主管部门报告。"第42条第2款规定："在发生或者可能发生个人信息泄露、毁损、丢失的情况时，应当立即采取补救措施，按照规定及时告知用户并向有关主管部门报告。"那么本罪中"改正"的含义应是在发现用户发布和传输违法信息时，立即停止传输，并采取消除等措施，防止信息扩散，并保存记录，向有关部门报告；用户信息泄露时，采取"补救措施"，并及时告知用户和向有关主管部门报告。

前者的核心在于"防止信息扩散"和"保存记录"。而在如今的网络时代，"保存记录"或许还能做到，防止已经传播出的信息扩散真的能够做到吗？笔者认为太难。举一个简单的例子，如今广泛普及的智能手机基本都具备截屏功能，完全能够在信息被消除之前进行保存，这种已形成的扩散网络服务提供者无法防止。而后者的核心在于"补救措施"，其内涵

---

① 《信息网络犯罪解释》第2条规定："刑法第二百八十六条之一第一款规定的'监管部门责令采取改正措施'，是指网信、电信、公安等依照法律、行政法规的规定承担信息网络安全监管职责的部门，以责令整改通知书或者其他文书形式，责令网络服务提供者采取改正措施。认定'经监管部门责令采取改正措施而拒不改正'，应当综合考虑监管部门责令改正是否具有法律、行政法规依据，改正措施及期限要求是否明确、合理，网络服务提供者是否具有按照要求采取改正措施的能力等因素进行判断。"

是什么？修补用户信息保护机制中存在的问题，防止继续泄露是其应有之义。然而，根据《网络安全法》第 46 条①和第 42 条第 1 款②的规定，网络服务提供者不履行信息网络安全管理义务的表现，已包括导致违法信息大量传播，用户信息泄露以及刑事证据灭失等侵犯法定主体信息专有权的情形。

对于责令改正之前已造成的这些危害结果，上述层面的补救措施显然无法"改正"，这也是本罪与我国《刑法》第 276 条之一拒不支付劳动报酬罪的本质区别。拒不支付劳动报酬罪处罚的，是个人或单位以转移财产、逃匿等方法逃避支付劳动者的劳动报酬，或者有能力支付而不支付劳动者的劳动报酬，数额较大，经政府有关部门责令支付仍不支付的行为。该罪似乎也有"经有关部门责令支付仍不支付"的规定，由于单位或个人支付劳动报酬之后损害即消除，若责令支付仍不支付的，可以推定拒不支付的单位或个人具有犯罪故意。该罪第 3 款规定"有前两款行为，尚未造成严重后果，在提起公诉前支付劳动者的劳动报酬，并依法承担相应赔偿责任的，可以减轻或者免除处罚"，充分体现了"责令支付仍不支付"对该罪处罚范围的限缩。但本罪在责令改正之前已经造成的危害结果存在无法改正的情形，本罪"责令改正而拒不改正"的规定就无法成为规范意义上推定故意的依据。

"责令改正"前，第三人利用获取的专有信息实施其他犯罪造成严重后果的，网络服务提供者显然存在故意、过失或者两者皆无的情形。若与第三人实施之罪具有共同故意，应当构成第三人实施之罪的共同正犯，没有拒不履行信息网络安全管理义务罪适用的空间。本罪的故意，无须认识到确切的"严重后果"，限于间接故意，也就是对危害结果的放任。然而，鉴于"经责令改正而拒不改正"是构成本罪所必备的行为要件，那么同样是故意或过失泄露用户信息造成相应严重后果的，结合《网络安全法》第

---

① 《网络安全法》第 46 条规定："任何个人和组织应当对其使用网络的行为负责，不得设立用于实施诈骗，传授犯罪方法，制作或者销售违禁物品、管制物品等违法犯罪活动的网站、通讯群组，不得利用网络发布涉及实施诈骗，制作或者销售违禁物品、管制物品以及其他违法犯罪活动的信息。"
② 《网络安全法》第 42 条第 1 款规定："网络运营者不得泄露、篡改、毁损其收集的个人信息。"

64 条①和第 68 条②的规定，在"责令改正"之前只能适用行政处罚，"责令改正"之后对故意者可适用本罪刑罚。这就产生了两个问题：第一，既然"责令改正"之前网络服务提供者侵犯特定主体信息专有权的故意并不在推定可得的范围内，为何同样是网络服务提供者侵犯特定主体的信息专有权，"责令改正"之前就不能适用本罪处罚？第二，如果"责令改正而拒不改正"不是构成要件要素，为何本罪不处罚过失犯？

结合《电信网络诈骗意见》第 3 条第 6 款和第 8 款，在网络服务提供者导致"诈骗信息大量传播"和"用户信息泄露"所产生的严重后果是第三人成功实施诈骗犯罪时，对上文提出的两个疑问进行进一步探讨。首先来看《电信网络诈骗意见》第 3 条第 8 款，在关于责任主体的内容之外，该款可以提炼出三个值得注意的要件："违反国家有关规定""被电信网络诈骗犯罪分子利用，使他人遭受财产损失"和"依法承担相应责任，构成犯罪的，依法追究刑事责任"。首先来看"被电信网络诈骗犯罪分子利用，使他人遭受财产损失"。"他人"遭受之财产损失，当然是认定网络服务提供者应承担刑事责任所要求的法益侵害结果，按照刑事归责的必然逻辑，应当追问的是，此结果是由何行为所造成？从"被电信网络诈骗犯罪分子利用"的要件来看，《电信网络诈骗意见》的制定者希望规制的，应当是在犯罪人利用电信网络实施诈骗的案件中，网络服务提供者对其犯罪行为的完成与他人财产损失之法益侵害后果的实现具备原因力的情形。通过对所谓的"被利用"的解释，才能明确本款规制的网络服务提供者之行为。

---

① 《网络安全法》第 64 条规定："网络运营者、网络产品或服务的提供者违反本法第二十二条第三款、第四十一条至第四十三条规定，侵害个人信息依法得到保护的权利的，由有关主管部门责令改正，可以根据情节单处或并处警告、没收违法所得、处违法所得一倍以上十倍以下罚款，没有违法所得的，处一百万元以下罚款，对直接负责的主管人员和其他责任人员处一万元以上十万元以下罚款；情节严重的，并可以责令暂停相关业务、停业整顿、关闭网站、吊销相关业务许可证或吊销营业执照。"

② 《网络安全法》第 68 条规定："网络运营者违反本法第四十七条规定，对法律、行政法规禁止发布或者传输的信息未停止传输、采取消除等处置措施、保存有关记录，由有关主管部门责令改正，给予警告，没收违法所得；拒不改正或者情节严重的，处十万元以上五十万元以下罚款，并可以责令暂停相关业务、停业整顿、关闭网站、吊销相关业务许可证或者吊销营业执照，对直接负责的主管人员和其他直接责任人员处一万元以上十万元以下罚款。"

从文义来看，"被利用"通常是指被作为手段，亦即工具，来达到某种目的。如唐代大诗人元稹在其《说剑》诗中所言："曾经铸农器，利用剪秧莠。"其"利用"就是这个意思。鉴于本意见所规定的是网络服务提供者对于电信网络诈骗犯罪所应承担的法律责任，接下来还需要再来看《电信网络诈骗意见》第3条第6款的规定：网络服务提供者拒不履行信息网络安全管理义务的行为，符合拒不履行信息网络安全管理义务罪构成要件，违法且有责的，成立此罪，同时构成诈骗罪的，处以处罚较重的罪名。成为问题的是，在"违法信息大量传播"的"违法信息"是诈骗信息，且行为人借此成功实施了诈骗犯罪，以及"导致用户信息泄露，造成严重后果"，此"严重后果"是指所泄露的用户信息被第三人利用，实施诈骗犯罪时，对网络服务提供者刑事责任的认定。

当网络服务提供者与诈骗犯罪行为人存在事前通谋，也就是网络服务提供者具备诈骗罪的共同故意时，网络服务提供者无疑应当构成相应诈骗罪的共同正犯，没有拒不履行信息网络安全管理义务罪适用的空间，这点并无疑问。值得探讨的是，在无法认定网络服务提供者具备共同故意的场合，网络服务提供者应当承担怎样的法律责任。

例如，在2016年8月19日所发生的震惊全国的徐玉玉电信诈骗案中，公安机关经全力工作，查明了电信网络诈骗团伙的犯罪嫌疑人陈文辉等人，从杜天禹手中购买了5万余条山东省2016年高考考生个人信息，这些信息是杜天禹利用技术手段攻击"山东省2016高考网上报名信息系统"，并在网站植入木马病毒，获取了网站后台登录权限，盗取的包括徐玉玉在内的大量考生报名信息，陈文辉等人利用徐玉玉的个人信息实施精准诈骗，成功骗取了徐玉玉9900元钱，徐玉玉在报警后因为心脏衰竭而亡。[①]本案于2017年4月19日提起公诉，网络上要求重判犯罪人的呼声四起，2017年9月15日二审宣判，主犯陈文辉被以诈骗罪和侵犯公民个人信息罪并处无期徒刑，杜天禹被以侵犯公民个人信息罪判处有期徒刑6年，其余犯罪嫌疑人也都被判处了相应刑罚。陈文辉等人诚然应当被重处，但按照本书观点，鉴于我国高校和行政机构对信息安全的保护机制乃至意识都

[①] 央视新闻：《徐玉玉诈骗案核心细节曝光，她的个人信息原来是这样泄露的》，http://www.sohu.com/a/114103137_467356，访问时间：2019年7月8日。

非常薄弱的现状，如果能够证明负责运营山东省高考网上报名信息系统的网络服务提供者对于用户信息的泄露至少具备过失，为什么不能够适用拒不履行信息网络安全管理义务罪对其进行处罚？

因此，不能不对"责令改正而拒不改正"的规范地位进行反思。《信息网络犯罪解释》第2条第2款强调了应当综合判断网络服务提供者是否"经监管部门责令采取改正措施而拒不改正"，但仍未回应监管机构的行政认定与本罪网络服务提供者行为不法评价的关系，即回避了对"经监管部门责令采取改正措施而拒不改正"规范地位的界定。反观《网络安全法》第64条和第68条规定，"责令改正而拒不改正"只是对网络服务提供者行政处罚升格的要件。本书认为，在拒不履行信息网络安全管理义务罪的认定中，同样应当只将它视为量刑情节，而非定罪的构成要件，由此，刑事不法和有责而非监管机构的行政认定，得以重新成为本罪刑事违法性的基础。另一方面，对于网络服务提供者过失侵犯特定主体信息专有权导致严重后果的情形，也能纳入本罪的处罚范围，本罪罪名也因此应当修正为"不履行信息网络安全管理义务罪"。这样来看，本罪处罚范围唯一的限缩要件似乎就被去除了，但其实并非如此。首先，对网络服务提供者应承担的信息网络安全管理义务，应当严格限缩其范围，后文将作进一步展开；[①]其次，鉴于网络服务提供者主观责任认定的现实困难，基于犯罪预防的考量，对于难以认定其主观责任的情形，应尝试充分发挥非刑事法律规范的积极调控功能。这样一来，才能充分而合理地发挥本罪应有的功能。换言之，要在整体法规范的体系内，将犯罪作为社会问题，构建对它的体系化应对机制。刑法谦抑的内涵不是孤立地以刑罚作为应对犯罪的唯一手段，在此基础上主张尽量不动用刑法。这样的认知，当然无法充分发挥刑法的保护功能。刑法的谦抑，是指明确刑法处罚的范围，明确具体罪名保护的范围，为刑罚权发动划定确定的边界，对于刑法处罚范围之外的部分，充分发挥前刑法规范的积极调控功能。只有明确刑法处罚的范围，才能够达到实质限缩处罚范围的效果。

---

① 参见敬力嘉《信息网络安全管理义务的刑法教义学展开》，《东方法学》2017年第5期。

第三节　不纯正不作为犯刑事责任的认定

世界范围内，各国立法例为保障网络发展的活性秩序，多慎用刑法规制网络服务提供者，并着力于确立对网络服务提供者的责任限制制度[1]，而我国则选择为网络服务提供者构建刑事责任，在我国刑法中可明确为《刑修（九）》新增的第286条之一拒不履行信息网络安全管理义务罪[2]所规定的不纯正不作为刑事责任。否定了网络服务提供者间接刑事责任存在的空间，接下来需明确刑法为网络服务提供者所创设的不纯正不作为刑事责任的归责进路。

一　刑事责任主体：网络服务提供者

（一）网络服务提供者的功能分化

网络服务提供者是本罪所创设的不纯正不作为刑事责任的适格主体。前文在论述网络空间多层次特性时，已经阐明了网络服务提供者类型化的基本标准，接下来拟对网络服务提供者在两个维度的功能分化进行进一步的阐释。

随着时代的发展与技术的进步，在接受上述以促进互联网发展创新为导向的原则性框架的前提下，网络服务提供者的功能在两个维度上进一步产生分化。目前学界对于应当根据网络服务提供者的不同类型分别认定其刑事责任基本已形成共识[3]，但对于前文所指出的两个功能分化的维度却缺乏必要的关注，值得加以深入探讨。

第一，对网络平台来说，"对网络空间的控制并不存在过多障碍"。[4]

---

[1]　以美国1998年通过的《数字千年版权法》确立的"避风港原则"为代表。

[2]　第286条之一："网络服务提供者不履行法律、行政法规规定的信息网络安全管理义务，经监管部门责令采取改正措施而拒不改正，有下列情形之一的，处三年以下有期徒刑、拘役或者管制，并处或者单处罚金：（一）致使违法信息大量传播的；（二）致使用户信息泄露，造成严重后果的；（三）致使刑事案件证据灭失，情节严重的；（四）有其他严重情节的。"

[3]　Alexandra Giannopoulou, "Copyright Enforcement Measures: the Role of the ISPs and the Respect of the Principle of Proportionality", *European Journal of Law and Technology*, 2014, p. 5.

[4]　Lawrence Lessig, *Code Version* 2.0, at 38 (2006).

一个极好的例证是阿里巴巴对于制假售假的打击。阿里巴巴充分利用自身所掌握的大数据资源，从 2015 年 4 月至 9 月向执法机关推送售假团伙线索 717 条，获各地执法部门立案的为 330 条，被破获的案件为 279 起。其间，阿里巴巴协助警方捣毁制假、仓储、售假窝点 600 余个，抓获犯罪嫌疑人 715 人。① 这充分说明，作为信息交互进而已具备部分社交功能的平台，网络平台有能力也有义务前置性防控在其平台服务的范畴内所产生的信息网络犯罪的风险。并且，在可以预见的将来，网络平台服务提供者对于网络空间服务的集成范围只会不断扩大，云端服务的产生与发展，乃至 AI 产业的全面发展，即代表了这一趋势。②

第二，在基本功能界分的框架下，还应当根据该主体所保护法益的重要性对义务主体作出第二层次的划分，以此决定该主体应当承担的作为义务强度。《网络安全法》中即做出了"关键信息基础设施运营者"和"网络运营者"③ 的划分，并且通过本法第 31 条明确了"关键信息基础设施"的内涵④，"网络运营者"的含义则没有规范的定义，可以参考欧盟《网络与信息系统安全指令》（NIS 指令）的规定，在今后的立法中进一步完善。《信息网络犯罪解释》第 1 条将信息网络公共服务提供者划分为独立的网络服务提供者类型，事实上已经在以主体所保护法益重要性为基准的前提之上，将"关键信息基础设施运营者"的范畴进一步扩张，将信息网络教育、医疗服务提供者也纳入了本罪的规制范围。

（二）网络服务提供者刑事责任的中心价值

在结合刑法条文展开对网络服务提供者刑事责任的具体探讨之前，本书首先需要回答一个前置性的问题：信息网络犯罪的治理为何要以它为中

---

① 参见《马云打造"制假国家队"，让制假售假者"颤抖"》，凤凰网，http://news.ifeng.com/a/20160314/47848942_0.shtml，访问时间：2018 年 1 月 15 日。

② Christopher Soghoian，"Caught in the Cloud：Privacy，Encryption，and Government Back Doors in the Web2.0 Era. 8"，*Tele-com. & High Tech.*，2009，（8）：361.《信息网络犯罪解释》第 1 条对信息网络应用服务提供者和信息网络公共服务提供者的类型划分，就体现了网络平台服务提供者的重要地位。

③ "网络产品和服务提供者"应当归于"网络运营者"的概念范畴。

④ 即"公共通信和信息服务、能源、交通、水利、金融、公共服务、电子政务等重要行业和领域，以及其他一旦遭到破坏、丧失功能或者数据泄露，可能严重危害国家安全、国计民生、公共利益的关键信息基础设施"。

心展开，其中心价值何在？这个问题涉及两个层次，即需释明网络服务提供者的中心价值，及其刑事责任的中心价值。

1. 以网络服务提供者为中心主体

以网络服务提供者为法律治理的中心主体，符合网络空间结构的要求。从一般意义上来说，网络空间具备以下三点独有特性：多层次性，即由硬件、软件和内容方能构成；终端对终端，即其运转不依赖于中心控制系统；内容的中立性，即互联网上的数据信息不可以被选择性发布。① 其中，网络空间的多层次性决定了其内三类主体的存在：网络信息内容提供者、网络服务提供者和用户。网络空间治理中心主体确定为网络服务提供者，是基于它在网络空间信息流动中所处的"守门人"地位。

网络的出现，究其本质是为人类社会提供了一种革命性的连接方式，进而将消极的信息接收个体变为积极的信息交互主体，创造了巨量的信息流动。但在利益的驱动下，信息网络违法犯罪行为也日益增多。仅从 2011 年至 2014 年底，已被公开并被证实已经泄露的中国公民个人信息就多达 11.27 亿条，内容包括账号密码、电子邮件、电话号码、通信录、家庭住址，甚至是身份证号码等信息。泄露的途径主要有无良商家盗卖、网站数据窃取、木马病毒攻击、钓鱼网站诈骗、二手手机泄密、新型黑客技术窃取等。② 而快播案、徐玉玉案等相关社会热点案件的发生，使社会公众愈加关注以下问题，即如何更好地通过法律手段增强网络服务提供者在相关犯罪风险防控中所发挥的作用。作为流动空间的网络空间，其根基在于连接与交互，承担这个基本功能的是网络服务提供者，换言之，它也是网络空间信息流动中的"守门人"。将它的活动纳入法治规范的轨道，即可有效阻断非法的信息传播与获取路径，防控相关犯罪风险。

此外，在信息网络犯罪的侦办过程中，网络服务提供者发挥着不可替代的重要作用。依照传统思路，犯罪行为人是犯罪治理当然的中心对象。只有通过认定行为人所为之犯罪行为的不法与责任，才能得以适用刑法对

---

① See Andrej Savin, *EU Internet Law*, Eldward Elgar Publishing, 2013, pp. 4 – 7.
② 北京网络安全反诈骗联盟：《2015 年第一季度网络犯罪数据研究报告》，http://scitech. people. com. cn/n/2015/0429/c1057 – 26920246. html，访问时间：2018 年 1 月 3 日。

其处罚，从而实现对犯罪的有效治理。但当这个思路适用于信息网络犯罪，而此类犯罪发生在网络空间时，存在很多现实困难，需要抓住网络服务提供者作为信息中介这一关键环节，为其设置法定作为义务，才能实现对犯罪行为的有效认定。此类困难主要体现在：网络空间中犯罪主体从线下的自然人变成了网络账户，人机同一性认定存在一定难度，导致对犯罪行为人的认定困难；其次，受害人分布地域极广，存在众多个案单个危害结果轻微但危害范围极广的情形，难以对行为不法进行有效认定；最后，侵害信息权犯罪的案件发生于网络空间时，犯罪行为人的行为轨迹直接体现为信息的流动轨迹，案件的搜集取证存在相当的技术门槛。而由于自身的技术优势和常态化的业务活动，网络服务提供者对网络空间中信息的追踪与获取具备无可取代的优势。因此，为它设置相关的法定作为义务能够有效突破上述难题。

因此，面对互联网与当代社会经济发展高度融合的现状与网络空间中信息网络犯罪的高发态势，充分认识到网络服务提供者的关键作用，并以其作为信息网络犯罪法律治理的中心主体，没有疑义。

2. 以网络服务提供者刑事责任为中心展开

以此为前提，继续探讨网络服务提供者刑事责任的中心价值。应当说，构建各层次法律责任明晰的归责体系，是对网络空间中信息流动进行法律治理的理想目标，但以刑事责任作为考察的中心，是基于中国当前国情作出的应然选择。

我国的现状是互联网产业蓬勃发展与法律治理体系僵化且滞后并存。在网络空间已经基本形成的我国当下社会，互联网已经渗透到经济、社会与生活的方方面面。在利益的驱动下，侵犯信息权的违法犯罪行为也日益增多，快播案①等案件引发了民众对加强网络服务提供者对相关犯罪风险防控法律责任的高度关注。但我国迄今为止制定的互联网立法只有《电子签名法》、《网络安全法》、《电子商务法》以及全国人大常委会 2 个关于互联网安全的决定，不到 10 部行政法规，其中只有《侵权责任法》第 36

---

① 参见王巍《百万人"围观"快播案庭审直播》，载新华网，http://news.xinhuanet.com/info/2016 - 01/10/c_134994613.htm，访问时间：2018 年 1 月 1 日。

条第 3 款①对网络服务提供者的侵权责任作出了明确的原则性规定，地方性法规也非常少。② 除此之外，目前的互联网专门立法主要由部委规章或者规章以下的规范性文件构成，《网络安全法》与《电子商务法》这两部网络专门法通过不久，完善相应的配套规范还需要比较长的过程。③ 因此，探讨能否使网络服务提供者在信息网络犯罪中承担刑事责任，便成为应然之选。应以其刑事责任为考察中心，继而明确网络服务提供者基本的法律责任层次。

二　刑事责任根基：网络信息安全保护义务

（一）刑事作为义务的内涵：网络信息安全保护

本书认为，本罪的性质，是由刑法分则通过独立处罚规定确立网络服务提供者保证人地位的不纯正不作为犯，进一步明确由此法定保证人地位所产生的刑事作为义务，是厘清网络服务提供者不纯正不作为刑事责任归责进路的前提。考察我国拒不履行信息网络安全管理义务罪的具体规定，并结合世界主要法治发达国家立法中网络服务提供者作为义务的确立与完善沿革，可以明确本罪为网络服务提供者所创设的，是作为刑事作为义务的"网络信息安全保护义务"。

首先，以"避风港原则"为义务范畴的基本限制是世界各国比较通行的做法。刑事作为义务也是法定义务之一种，廓清整体上网络服务提供者法定作为义务的内涵，是进一步理解我国语境下其刑事作为义务含义的前提。追本溯源，美国所提出的基本归责原则，即以网络服务提供者是否对经由其传播的信息内容没有任何积极的介入以及是否知情为标准④，在过

---

① 《侵权责任法》第 36 条："网络用户、网络服务提供者利用网络侵害他人民事权益的，应当承担侵权责任。网络用户利用网络服务实施侵权行为的，被侵权人有权通知网络服务提供者采取删除、屏蔽、断开链接等必要措施。网络服务提供者接到通知后未及时采取必要措施的，对损害的扩大部分与该网络用户承担连带责任。网络服务提供者知道网络用户利用其网络服务侵害他人民事权益，未采取必要措施的，与该网络用户承担连带责任。"
② 参见张平《互联网法律规制的若干问题探讨》，《知识产权》2012 年第 8 期。
③ 全国人大常委会 2016 年 11 月表决通过了《网络安全法》，这是我国网络空间治理的基本法。
④ Mark F. Grady，Francisco Parisi（eds.），*The Law and Economics of Cybersecurity*，Cambridge University Press，2005，p. 222.

去近二十年中成为世界各国对于网络服务提供者进行归责认定所继受的基本框架。其《数字千年版权法》第 512 节列举了对不同类型网络服务提供者免责的条件①，从而为网络服务提供者创设了法律规制中的"避风港"；Zeran v. AOL②案确认了对《传播净化法案》（Comunication Decency Act）第 230 条的解释，即网络服务提供者对任何己方所提供，但来源于第三方主体的信息所造成之危害结果免责。两者与其后美国法院的判例③一起共同创设了上述基本原则。继而还要求"搜寻侵权信息及通知服务提供者的责任由版权人承担"④，网络服务提供者只要保持对信息内容不作积极介入且能证明并不知情，并履行"通知—取下"⑤ 的配合义务，即可免责。

在"避风港原则"的框架之下，以"内容管理"为核心，并按照对信息内容是否积极介入对网络服务提供者的类型进行划分，在"类型化"的框架下分别明确各自是否应承担内容管理义务，这样的观念被广为接受。美国《数字千年版权法》中提出的二分法，即网络信息内容提供者和网络服务提供者，以及德国和欧盟法律中的四分法，即内容提供者、网络接入服务提供者、缓存服务提供者、存储服务提供者⑥，都是基于这样的理念而提出的。

德国法中"妨害人责任"对网络服务提供者的作为义务内涵进行了新的扩展，也提出了相应的限制标准。距离上述法案颁布毕竟已经过去近二十年，并且，它也仅仅停留在侵权行为规制的范畴，网络服务提供者应承担的法定义务内涵，随着其功能与业务范围的扩展已经得到相当程度的拓展。自互联网进入 Web 2.0，即信息积极交互的时代，虽然仍有作为"纯粹中介性通道"的网络服务提供者存在，但传统的网络服务提供者类型已

---

① 可概括为：①无论信息的传输、搜索还是存储，均由网络用户发起和主导，即服务提供者是被动的、从属的，不干涉信息的流动；②服务提供者对信息内容不知情；③在接到满足法定格式的权利人通知后，立即删除、屏蔽相关侵权信息或断开链接；④服务提供者实际采取了对反复侵权人（repeat infringer）取消账户或访问权限的政策（policy），并向网络用户明示该项政策。See Digital Millennium Copyright Act, 512 (a), (b), (c), (d), (i).

② Zeran v. America Online, Inc. 129 F. 3d 327, US Court of Appeals, Fourth Circuit.

③ Viacom v. Youtube, No. 10 – 3270 (2d Cir. Filed Aug. 11, 2010).

④ See Robert A. Gorman, Jane C. Ginsburg, *Cases and Materials*, 7th ed., Foundation Press, 2006, p. 887.

⑤ Andrej Savin, *EU Internet Law*, Eldward Elgar Publishing, 2013, p. 50.

⑥ 参见王华伟《网络服务提供者的刑法责任比较研究》，《环球法律评论》2016 年第 4 期。

开始发生进一步的分化，如网络平台提供者所发挥的作用就已远远超出单纯的技术支持。作为信息交互平台的管理者而非单纯的"内容"展示平台，网络平台提供者有能力和义务防控其框架内信息传播与获取过程中产生的违法犯罪风险，其应当承担的法定义务内涵已远超内容管理。

有鉴于此，德国的司法实践中，联邦最高法院通过类推适用德国民法典第1004条和第823条所创设的"妨害人责任"，要求网站对正在发生的侵权有排除义务，并对未来的妨害负有审查控制义务。① 但是，作为德国民法中普遍适用的对"人身和财产性法益保护极端重要"② 的民事责任，在德国互联网法律的理论和实务界，对于"妨害人责任"在网络空间中能够延伸多远一直存在巨大的争议。传统上，在德国法律体系中主要适用《电信传媒法》（Telemediengesetz）的第5～10条为不同类型的网络服务提供者设定作为义务并赋予相应的法律责任。③ 而自2006年汉堡高等法院在下述案件，即WLAN的私人拥有者由于未设置密码而使他人连接上自己的WLAN，从而完成对他人虚拟财产侵害的案件中④，认定此私人拥有者应当作为"服务提供者"（Dienstanbieter）承担"妨害人责任"开始，暂且不论欧洲与德国范围内围绕WLAN私人拥有者是否可以解释为"服务提供者"展开的争议⑤，若认可其可以解释为网络接入服务提供者，仅由此责任给网络接入服务提供者科赋之风险审查义务的正当性，就引起了德国法律界的广泛质疑。

在以具备妨害发生之风险而非妨害结果即足的前提下，德国联邦最高法院继受了该国民法理论中对"妨害人责任"认定的三个限定条件，即放任妨害发生之故意⑥，具备相当因果关系的作为加功或者违反法定义务的不作为⑦，以

---

① BGH MMR 2004, 668, 671 f.；BGH MMR 2007, 507, 511；BGH NJW 2008, 758, 762.

② Sandra Mießner, *Providerhaftung*, Störerhaftung und Internetauktion, Lang, 2008, S. 77.

③ 本法中所指称的服务提供者（Dienstanbieter），根据本法第2条第1款，指所有"掌控或提供自己或他人所有的无线传媒服务之自然人或法人"，包含本书所指之网络服务提供者。条文引自本法2016年7月21日最新修改生效的文本。Vgl. Art. 8, TMG.

④ LG Hamburg MMR 2006, 763.

⑤ Die Bundesregierung, Digitale Agenda 2014 – 2017, PRpetuum, 2014, S. 19 – 20.

⑥ Stefan M. Freytag, *Haftung im Netz: Verantwortlichkeit für Urheber-, Marken-und Wettbewerbsrechtsverletzungen nach § 5 TDG und § 5 MDStV*, C. H. Beck, 1999. S. 63.

⑦ BGH, NJW 1996, 845（846）；Bamberger/Roth-Fritzsche, *BGB-Komm*, §1004, Rn. 114.

及具备排除妨害的可能性①，在 2015 年 11 月 26 日作出的判决中②有限度地承认了它对网络接入服务提供者的适用。这事实上打破了"避风港原则"的基本限制，有限度地赋予了传统上被视作"中立技术通道"的网络接入服务提供者风险审查的义务。

自此，在非刑法的法律规范范畴内，借由"妨害人责任"突破"避风港原则"对网络服务提供者的所谓"技术中立"的绝对保护，从而有限度地将网络服务提供者的义务内涵由"内容管理"扩展到"信息传播治理"，已成为不可逆转的趋势。但是，对于此义务的限度进行探寻的努力也一直没有停止。例如，2016 年 7 月 21 日通过的对《电信传媒法》第 8 条的修改，即为网络接入服务提供者创设了免责条款。③ 此外，德国联邦宪法法院近期在公民诉《反恐数据法》（Antiterrordateigesetz）第 8～12 条违宪一案④的判决中认为，警局对网络通信软件服务提供者所掌握的依据本法认定涉恐之信息的管制，只有在与公民的"通信秘密及其他由宪法保护之不可侵犯之基本权利相冲突"时，才能得以解除，即德国联邦宪法法院在认可上文所述义务之内涵扩张的基本前提下，试图通过法益冲突衡量的教义学路径，对网络服务提供者的风险审查义务进行限缩。

而具体到我国语境下，经过刑法教义学的规范判断，可以将拒不履行信息网络安全管理义务罪所创设的刑事作为义务的内涵限缩理解为"网络信息安全保护"。应当说，我国承认了"避风港原则"的精神，通过《侵权责任法》和《信息网络传播权保护条例》等法律法规的规定，为网络服务提供者的侵权责任设定了免责条件。但是，在上文所述的普遍趋势下，再来考察我国刑法中的拒不履行信息网络安全管理义务罪中的"信息网络安全管理义务"，会发现两点重要的变化。

其一，作为网络服务提供者刑事归责的义务来源，从行政法律法规中

---

① BGH，GRUR 1994，441（443）；GRUR 1995，62（64）；GRUR 1997，313（315）；NJW 1999，1960（1960）.
② I ZR 3/14；I ZR 174/14.
③ 德国《电信传媒法》第 8 条规定，当服务提供者并未引起信息的传递，选择传递的主体，以及选择或改变所传递的信息时，服务提供者不对在其通信网络内，或者借由其所提供服务实现的他方信息之传递承担法律责任，当其故意选择其服务使用者而共同完成违法行为时例外。Vgl. Art. 8，TMG.
④ 1 BvR 1215/07.

的"信息内容管理"到刑法中的"信息传播治理"，在义务主体的层面是作出了限缩，限定于网络服务提供者，这是刑法规范明确性的应然要求。上文中已经论证了以下观点，在刑法层面，网络服务提供者不是"信息网络安全管理义务"的适格主体，将如此广泛的行政监管义务赋予网络服务提供者并无法律根据，极其不现实，也与刑罚分配所应遵循的基本原则相悖。①

其二，在义务实质内容的层面，由"信息内容管理"到"信息传播治理"则是产生了扩张。"信息传播治理义务"所要求的，是网络服务提供者除了对信息内容的事后管理之外，还应对网络空间中侵害信息权犯罪风险进行主动与前置性的审查与防控。考察相关的法律和行政法规规定会发现，《网络安全法》第三章第一节和第四章分别为网络运营者，包括网络服务提供者设定的"网络运行安全保护义务"和"网络信息安全保护义务"都应属于"信息传播治理义务"。后者是对信息内容的管理义务，即为网络服务提供者对于网络信息的储存、使用、公开等行为设置了相应的作为义务；前者则要求对网络空间信息流动中所产生的风险进行主动监测与防控。那么，在义务实质内涵的层面，本罪为网络服务提供者设定的刑事作为义务是否涵盖了上述两种类型呢？因为此义务是刑事作为义务，所以它的范围应受到刑法条文的明确限定，它的具体内涵也应经过刑法教义学的规范判断得出。

作为刑事作为义务，它所规制的只能是具有值得动用刑法进行处罚之严重性的情形，因为刑法的发动不能超越公正和效用的边界，那么，它就不能为网络服务提供者设定广泛的"信息传播治理义务"。继续来看本罪的规定，本罪罪状继续列举了"致使违法信息大量传播"、"致使用户信息泄露，造成严重后果"以及"致使刑事案件证据灭失，情节严重"三种情形，作为兜底条款的"其他严重情节"应当与前三种情形具备相当性，才可以适用本罪处罚。本罪通过对这些具体情形的列举，将"信息网络安全管理"的内涵限定在对所明文列举之相关信息安全的保护上，同时，本罪将"经监管部门责令采取改正措施而改正"作为不予认定网络服务提供者

---

① 参见〔美〕保罗·H. 罗宾逊《刑法的分配原则——谁应受罚，如何量刑?》，沙丽金译，中国人民公安大学出版社，2009，第264~277页。

刑事责任的条件，也就明白无误地排除了信息网络安全管理义务中对主动监测犯罪风险的要求，也就是将"信息传播治理义务"的范畴限定在网络信息安全保护内。即使如前文所主张的，出于对网络服务提供者间接刑事责任的反对，将"经监管部门责令采取改正措施而拒不改正"这一构成要件要素移除，通过本罪前述罪状的规定，本罪所创设的刑事作为义务的内涵也应限缩在网络信息安全保护内。

正如上文所述，刑法规范的明确性以可以通过解释的方法获取其含义为基本界限，那么作为刑法所设定的刑事作为义务可以明确为网络信息安全的保护。作为刑事作为义务的网络信息安全保护义务区别于《网络安全法》中的网络信息安全保护义务，它还包括了《网络安全法》中网络运行安全保护义务的内涵。《刑法》第286条之一为网络服务提供者创设的，不是作为行政管理义务的"信息网络安全管理义务"，而是作为刑事作为义务的"网络信息安全保护义务"。通过作此区分，也可以明确本条创设的刑事作为义务与作为行政管理义务的"信息网络安全管理义务"之间的本质区别。

(二) 网络信息安全保护义务的边界

至此可以明确，我国《刑法》第286条之一为网络服务提供者设定的，不是"信息网络安全管理义务"，而是"网络信息安全保护义务"，其适用边界至此已完全厘清了吗？恐怕还不能。接下来，本书拟对此项义务边界不明会产生的法治风险进行梳理进而进行识别与评估①，并通过刑法教义学的限缩解释对此风险加以规避，以实现在尊重实定刑法的规范效力与内涵的基础上，对其进行符合刑事政策目标、刑法规范的法益保护目的以及刑法教义学逻辑的限缩②，使符合构成要件、违法且有责因而真正值得刑罚处罚的行为被定罪量刑的目标。前文已明确本罪保护的法益是法定主体的信息占有权和信息处分权，此处不再赘述，继续展开对其他限缩标准的探讨。

---

① 周敏：《阐释·流动·想象——风险社会下的信息流动与传播管理》，北京大学出版社，2014，第165页。
② 梁根林：《传统犯罪网络化：归责障碍、刑法应对与教义限缩》，《法学》2017年第2期。

1. 廓清边界的动因：义务边界不明晰的法治风险

廓清义务边界的动因在于义务边界不明晰，可能会产生以下法治风险。第一，不廓清义务边界，会产生司法适用不确定的风险。从刑法教义学的视角出发，此信息网络安全管理义务的义务主体，即处于刑事保证人地位之保证人尚不够明确，这催生了第一个风险，即此项义务司法适用不确定的风险。作为不纯正不作为犯，在寻找刑事保证人地位实质根据已经成为学界共识的背景下，仅由法条为网络服务提供者设定网络信息安全保护义务，不必然产生网络服务提供者的刑事保证人地位，需要从学理上对其进一步明确。在对刑事保证人地位实质根据进行探讨的诸多学说中，本书认为危险源监督说最为有力。"对于危险源的监督，产生了保护他人法益不受来自于自己控制领域危险威胁的义务。这种对危险源的控制是不作为犯的义务，其根据在于，复杂社会系统中的秩序必须依赖于（处分权人）所管理的特定空间和特定控制领域的安全。"[1] 以此观之，网络服务提供者作为此义务刑事保证人地位的确立，仅明确至"网络服务提供者"这一概括的上位概念尚显不足，还应当进一步对它的功能类型作进一步的区分，进而才能认定各自应承担的具体义务类型。

然而，虽然《信息网络犯罪解释》明确了拒不履行信息网络安全管理义务罪中网络服务提供者的规范类型，但各类型网络服务提供者应承担的义务内容仍未明确。而刑法条文的明确性则是决定刑法适用确定性的重要因素之一。[2] 所谓刑法规范的确定性，是指刑法是否总是（或者大多数时候或者从不）对法律问题提供唯一正确的答案。[3] 在作为公民的角色中，行为人要承担他对于社会共同体的、合法的共同责任。[4] 在这种共同责任中，他与刑罚联系在了一起。为了使刑罚的发动具备正当性，刑法的适用应当具有确定性。这种确定性可以为司法机关提供明确的裁判规范，限制

---

① 〔德〕乌尔里希·齐白：《网络服务提供者的刑事责任——刑法总论中的核心问题》，王华伟译，《刑法论丛》2016年第4卷。

② 〔英〕蒂莫西·A.O.恩迪科特：《法律中的模糊性》，程朝阳译，北京大学出版社，2010，第115页。

③ 〔美〕布赖恩·比克斯：《法律、语言与法律的确定性》，邱昭继译，法律出版社，2007，导读，第2页。

④ 〔德〕米夏埃尔·帕夫利克：《人格体、主体、公民——刑罚的合法性研究》，谭淦译，中国人民大学出版社，2011，第79页。

其权力的恣意发动，也可以为公民提供明晰的行为规范，使其明确知晓可为与不可为的界限。若对网络服务提供者的类型和义务的具体类型不作明确区分，此种确定性便不可得。

第二，不廓清义务边界会产生窒息网络服务提供者创新与发展的风险。忽略此项义务应有的法益保护目的和网络服务提供者履行义务的可能性，可能会对网络服务提供者创新与发展带来沉重负担的风险。对于本罪设立的批判者来说，其最大的理据便是认为不可能要求网络服务提供者对网络空间中的信息传播承担广泛的治理义务，这会给它们制造巨大的人力、金钱与时间负担，进而会扼杀互联网产业的创新与发展，是"情绪化"的刑事立法。[①] 法益保护目的的缺失与义务履行可能性考量的缺位是两个重要的影响因素。

法益的概念对于作为限制科学的刑法教义学功能，即追求逻辑自治、功能自足、体系一致与有效、限制刑法适用[②]、实现个案公正之功能的发挥具有重要意义。具体而言，确定拒不履行信息网络安全管理义务罪所保护的法益为何，可以将信息网络安全管理义务的适用限定于保护法益之目的，从而避免将网络服务提供者的业务活动全面纳入规制范围。而承担义务的可能性则是完成对网络服务提供者刑事归责的保障。此种可能性在现实层面体现为义务履行的技术可能性，在规范层面，则体现为义务履行的期待可能性。正如前文所述，在我国经济社会的发展中，网络服务提供者逐渐占据愈加重要的地位，将其纳入法治规范的轨道实为必然。然而在网络世界中，信息自由流动所产生的碰撞是创新与发展的动力源泉，而不能被一概视作网络空间这一统一机体上的病痛，采取措施加以祛除。[③] 只有对网络刑事法进行技术制衡才能避免窒息网络的发展。因此，在现实层面应当考量网络服务提供者在具体的技术环境下是否可能履行义务，而在刑事归责的规范层面，则应当以技术可能性为基础，在教义学的判断中考量

---

① 刘宪权：《刑事立法应力戒情绪——以〈刑法修正案（九）〉为视角》，《法学评论》2016年第1期。

② Winfried Hassemer, *Theorie und Soziologie des Verbrechens: Ansätze zu einer praxisorientierten Rechtsgutslehre*, Athenäum Fischer Taschenbuch Verlag, 1973, S. 9.

③ 〔法〕弗乔鲁瓦·德·拉加斯纳里：《福柯的最后一课——关于新自由主义、理论和政治》，潘培庆译，重庆大学出版社，2016，第54页。

网络服务提供者是否具有履行义务的期待可能性。

2. 具体的义务类型为依据

如何明晰义务的边界，消解法治风险？这需要通过刑法教义学的规范判断确立明确的标准。具体的义务类型是明晰义务边界的依据，考察我国《网络安全法》的具体规定之后，可以确认为本法第三章第一节中规定的，只限于自我管理以及对用户和主管部门进行配合范围内的网络运行安全保护义务，以及第四章所规定的网络信息安全保护义务。二者的性质可以归纳为配合义务，具备配合风险审查与配合信息内容管理的两个侧面。

所谓配合义务，是指在法律明文授权的前提下，所有类型的网络服务提供者配合用户或者国家主管部门将特定目标信息存储、提供或公开的义务。[①] 因为当下在网络空间中难以像在传统犯罪中一般，通过对现实空间中证据材料的搜集对信息网络犯罪进行认定，只有行为产生的信息流动的轨迹才可以作为此类犯罪的证据材料，网络服务提供者的配合对于此轨迹的确定就显得非常重要。[②] "避风港原则"所设立的"通知—取下"义务便属于配合义务的范畴，我国《侵权责任法》第36条第3款对此予以肯定。

通过《网络安全法》第三章的规定，为网络服务提供者设立了广泛的配合义务。其本质是网络服务提供者为主动审查侵犯信息权犯罪风险提供配合，但并非主动审查，这是配合义务的风险防控侧面。就本书探讨的中心而言，作为本罪确定的刑事作为义务，其内容可以参照法律和行政法规的规定，但是否成立犯罪继而承担本罪设定的刑事责任，应以不纯正不作为犯的刑事归责路径进行展开，下文将就此进行深入探讨。而本法第四章所设定的网络信息安全保护义务，其本质是网络服务提供者配合义务的信息内容管理侧面。

也就是说，作为刑事作为义务的"网络信息安全保护义务"，其具体的义务类型为网络服务提供者的配合义务，包含风险审查的配合与信息内容管理的配合两个侧面。

---

① Friederic Ufer, *Die Haftung der Internet Provider nach dem Telemediengesetz*, Verlag Dr. Kovac Hamburg, 2007, S. 133.

② Mark F. Grady, Francisco Parisi (eds.), *The Law And Economics of Cybersecurity*, Cambridge University Press, 2005, p. 232.

3. 明晰的义务主体为前提

在上文所指出的网络服务提供者功能分化的两个维度上，其所应承担的义务也相应存在两个维度的分化。第一，网络平台提供者应当在应然的限度内承担对犯罪风险主动审查的义务，亦即网络运营安全保护义务。而单纯的接入服务提供者，包括硬件和软件接入服务提供者，以及代理缓存和存储服务提供者则不应承受这样的负担。具体到拒不履行信息网络安全管理义务罪来说，《信息网络犯罪解释》第 1 条规定的三类网络服务提供者中的网络平台服务提供者，包括信息网络公共服务提供者中的信息网络金融、教育、医疗服务提供者，以及信息网络应用服务提供者中的网络购物、网络游戏、网络直播服务提供者等应承担对犯罪风险的主动审查义务；其中的广义网络接入服务提供者，包括信息网络应用服务提供者中的搜索引擎、网络支付、网络预约、即时通讯、广告推广、安全防护、网站建设、应用商店服务提供者，狭义网络接入服务提供者，以及计算、存储、传输服务提供者等不应承受这样的负担。第二，网络服务提供者属于关键信息设施运营者还是一般的网络运营者，决定了该主体所保护信息权的重要性。那么如果接入服务提供者（IAP）、代理缓存服务提供者和储存服务提供者为关键信息基础设施运营者时，其也应承担对侵犯信息权犯罪风险的主动审查义务。《网络安全法》对此作出了明确的规定，其第三章第二节即为关键信息基础设施运营者设置了显著的风险主动审查义务。如该法第 38 条①，即对关键信息基础设施运营者规定了就网络运营安全风险定期检测和报告的义务。而一般的"网络运营者"，根据该法第三章第一节和第四章的规定，应承担对信息内容进行管理的网络信息安全保护义务，其应承担的网络运营安全保护义务只限于自我管理以及对用户和主管部门报告相关犯罪风险的配合义务，不包括对风险的主动审查义务。随着《信息网络犯罪解释》将关键信息基础设施运营者的范围进一步扩张到信息网络公共服务提供者，利用信息网络提供电子政务、通信、能源、交通、水利、金融、教育、医疗等公共服务的单位和个人均应承担对犯罪风

---

① "关键信息基础设施的运营者应当自行或者委托网络安全服务机构对其网络的安全性和可能存在的风险每年至少进行一次检测评估，并将检测评估情况和改进措施报送相关负责关键信息基础设施安全保护工作的部门。"

险的主动审查义务。

综合以上的分析，本书认为，要结合上述两种标准，对网络空间中信息网络犯罪行为的社会危害性进行实质判断，不能单纯基于预防性的管理需求，认为由于网络具备跨越地域的流动特性，造成了网络信息流动的难以控制，就天然带有令以管理者自居者恐惧的原罪。① 既然"网络信息安全保护义务"只应限于配合义务的范畴，那么，就配合风险防控而言，在功能区分的层面上，网络平台服务提供者为适格主体，网络接入服务提供者不应是适格主体，在所连接法益重要性区分的层面上，信息网络公共服务提供者均为适格主体，一般网络运营者则需参照功能区分进行认定；就配合信息内容管理而言，所有类型的网络服务提供者均为适格的义务主体。

4. 履行义务的可能性为保障

网络服务提供者履行义务的可能性是实现对其刑事归责的保障。上文已经对此义务提出了两个具体的限缩标准，即网络服务提供者的类型和具体的义务类型，再考虑到基于保护本罪法益，也就是法定主体信息专有权这一法益保护目的，那么，对此可能性的探讨自然在这三个限缩标准的语境下展开。

首先是网络平台服务提供者。当前语境下的网络平台服务提供者，其本身已经超越了传统网络服务提供者作为"中介"的范畴，成为综合多种服务的具备一定社交性质的信息交互平台的服务提供者。基于对法定主体信息专有权的保护目的，网络平台服务提供者应当能够履行体现为配合义务的网络信息安全保护义务。此种判断的现实基础，在于软件的中心化为网络平台提供者提供了技术可能性，使其可以通过服务对终端进行控制，未来的云服务更是代表了这种趋势。在教义学规范判断中，这样的技术可能性是期待可能性的存在论根基。而其规范根基则还需在个案中对一定的法益冲突进行衡量之后才能找到。即在公民言论自由和隐私权等基本权利与履行义务所保护之法益产生冲突，衡量之后得出应当要求履行的结论时，网络平台服务提供者才具备履行此义务的规范根基。

---

① Andrew von Hirsch, Andrew Ashworth, *Proportionate Sentencing*, Oxford University Press, 2005, pp. 12 – 13.

其次，再来看网络接入服务提供者。由于网络传输信息的海量性、加密设置以及对数据传输进行实时监控的现实困难，以及对宪法所保障的言论自由和公民隐私权保护等因素的考量，单纯作为"技术通道"的网络接入服务提供者不可能对其传输的内容实现控制。就算是接到了相关主管部门责令改正的通知，除非其付出巨大代价彻底关闭或转型，否则是不足以前置性介入的，出于利益冲突衡量及公共政策妥当性的考量，也不能够对其作此要求。因此它不是风险监控配合层面之"网络信息安全保护义务"的适格主体，只具备履行信息内容管理配合层面之"网络信息安全保护义务"的可能性。

在我国刑事立法进入高度活性化的时代背景下，我国刑法增设拒不履行信息网络安全管理义务罪无疑是预防性刑事立法的体现。在刑法规范的确定性受到严峻挑战的当下，要认清刑法在社会治理中应当具备的消极司法法而非行政管理法的功能，[①] 一方面要明确，我国对网络空间信息网络犯罪的法律治理体系建设才刚刚起步，若完全抵制刑事立法对此风险防控的社会需求进行的回应，则无法有效防控相关犯罪。因此，刑事立法以审慎的态度对犯罪风险防控的需求进行适度回应，在我国当前的国情下，具备一定的正当理据。另一方面，应厘清网络服务提供者所应承担之刑事作为义务的正确内涵，并通过本书提出的具体标准，限缩本罪的处罚范围，以减轻刑事立法"作为义务依赖"导致的刑法功能失序所带来的负面效应。

三 刑事责任认定：不纯正不作为犯的展开

关于网络服务提供者刑事责任的具体认定路径，学界目前对此的研究基本是混沌不清的。[②] 明确了网络服务提供者应当承担的"网络信息安全保护义务"的内涵之后，上文作出了应当依照不纯正不作为犯进行刑事责任认定的结论，接下来便会提出具体的理由并进行展开。欲使网络服务提供者承担刑事责任，首条可能的路径，便是直接将网络服务提供者的不作为认定为消极的作为，进而将此种"消极"的作为认定为帮助行为或者实

---

① 参见〔日〕大塚仁《刑法概说（总论）》，冯军译，中国人民大学出版社，2003，第20页。
② 比较有代表性的是涂龙科副研究员的两篇文章。涂龙科：《网络内容管理义务与网络服务提供者的刑事责任》，《法学评论》2016年第3期；涂龙科：《网络服务提供者的刑事责任模式及其关系辨析》，《政治与法律》2016年第4期。

行行为，从而分别适用刑法中相关罪名的帮助犯责任、共犯行为正犯化责任[1]和实行犯的责任。其次便是适用不作为犯的责任。

前一条解释思路是非常危险的，会破坏刑法整体的体系结构，不能适用。对网络服务提供者的不作为只能遵循不作为犯的归责路径，才不会造成刑罚权的恣意扩张。由于快播案从一审起诉到宣判横跨拒不履行信息网络安全管理义务罪从无到有的期间，而且该案的一审判决书虽明确认定快播公司构成传播淫秽物品牟利的实行行为，在理据论证时却分别从不作为犯的路径，即快播公司是否应承担网络安全管理义务且实质介入了淫秽物品的传播过程，和帮助犯的路径，即其业务行为是否为中立帮助行为，来论证快播公司实施了传播淫秽物品以牟利这一实行行为，极为吊诡。本书因而试以此案为例加以分析说明。[2]

（一）"消极作为"的实行行为之否定

网络服务提供者的类型决定了它们各自以何种方式实现信息的传播。网络信息内容提供者属于自己组织信息传播，为"积极"传播，即作为的传播；而网络服务提供者中，网络平台提供者也可能进行作为的传播，网络接入服务提供者则只是网络信息传播单纯的中介，为"消极"传播，即不作为的传播。这实质也就是从规范论和存在论结合的立场出发，认为作为和不作为均为行为样态，无论以作为还是不作为的方式，都能构成传播的实行行为。

在试图以此思路对网络服务提供者进行刑事归责的探讨中，最有代表性的一种论点认为，"传播淫秽物品牟利罪罪状表述中的'传播'是一种构成要件行为，它是立法抽象提炼出的行为类型，而不是指具体、单一的动作，即使快播不是原始视频的提供者，不是观看者，不是播放者，也不具有阻止观看、阻止播放的义务，从其是否使信息实现了多数受众的分享（共享）过程看，它的行为性质符合'传播'行为的本义"。[3] 快播公司一

---

① 即《刑修（九）》新增的帮助信息网络犯罪活动罪。

② 参见新华网《快播涉黄案一审王欣被判三年六个月，法院判决回应四大焦点》，http://finance.sina.com.cn/roll/2016-09-14/doc-ifxvukuq4401398.shtml，访问时间：2018年1月20日。

③ 毛玲玲：《传播淫秽物品罪中"传播"行为的性质认定——"快播案"相关问题的刑事法理评析》，《东方法学》2016年第2期。

审判决被认定构成了传播淫秽物品牟利罪，本罪处罚的实行行为即传播淫秽物品以牟利的行为。也就是说，快播公司的不作为不仅是"消极"的作为，而且是"消极"的实行行为。对此，本书无法表示赞同。

大陆法系包括我国的犯罪论体系是以实行行为为中心构建的[①]，实行行为是刑法规范评价的对象。不夸张地说，实行行为承载了近代以来刑法学家们对通过刑法规范的确定性限制国家刑罚权不当扩张的期待。具体的途径则有二：其一，通过对犯罪行为类型的明确归纳，要求以处罚实行行为为原则，预备行为与帮助行为为例外，将刑法的适用范围限制为对法益侵害最为严重的情形；其二，通过罪责原则的要求，将刑法范围内的实行行为限定为行为人对特定对象进行的法益侵害具备故意或过失责任的情形。

传统工业社会中，刑法的这项角色承担得很好。然而，面对当今互联网时代中具备显著非确定性特征的网络空间，刑法确定性的消极一面，即其滞后性所导致的应对新增多样化风险的不力，在刑事立法层面和司法层面都对刑法确定性的基石，即类型化的实行行为提出了挑战。所谓"消极"的作为，将作为与不作为的区别通过构成要件行为的概念移除，这不可取。行为区分为作为和不作为，其归责路径会因此区分而大相径庭。在德国刑法中即为二者增设了"举止"（Verhalten）的上位概念，避免了在此处用"消极"作为替代不作为的文字游戏所造成的困扰。该论者却认为，"以不作为犯罪理论来支持控罪将陷入'不作为义务来源'的理论泥淖；依据不作为传统理论框架，因无法说明'不作为义务来源'而无法提供充分的论证"。[②] 明显表露出为了刑事归责证明作为义务是阻碍，因此直接将快播公司的放任行为论证为作为，而将实行行为的功能直接赋予了构成要件行为的意图，试图以构成要件的抽象框架来模糊作为与不作为的区分。暂且不论其关于不作为犯罪理论认识的谬误，其将实行行为的概念偷换为构成要件行为的论证路径就已然欠妥。构成要件诚然只是行为类型，而不是具体的行为方式，但为了论证快播应当入罪而强行将构成要件行为

---

① 何荣功：《实行行为研究》，武汉大学出版社，2007，第27页。
② 毛玲玲：《传播淫秽物品罪中"传播"行为的性质认定——"快播案"相关问题的刑事法理评析》，《东方法学》2016年第2期。

混同于实行行为，在当前构成要件定型化功能被解构的背景下，无疑是给国家刑罚权的任意扩张打开了方便之门，构成要件的概念框架成为恣意定罪的正当借口，当然欠妥。

如上文所述，若以作为犯的思路实现对类似快播案中快播公司的不作为构成之帮助的处罚，必然会从实行行为的形式认定思路出发，以抽象的构成要件行为肯定不作为的行为性，进而在面对犯罪故意的证明困难时，将"行政令改正后仍不履行"作为行为故意的推定，完成对网络服务提供者的刑事归责。[①] 这是从预防目的出发，以破坏刑法理论体系为代价将此类网络服务提供者的不作为入罪，其不妥之处无法用刑法的概念体系无法适应社会的发展从而需要突破为理由来解释。而从帮助犯的路径进行考量，会产生帮助行为正犯化具备的弊端，因此不纯正不作为犯才是本罪适当的刑事归责路径。

（二）中立行为帮助的否定

接下来值得考量的，也是目前最为学界所关注热议的认定思路，便是在传统共犯理论的基础上，通过"中立行为的帮助"理论来限制共犯的处罚范围。然而对于网络服务提供者的刑事归责来说，在此视角下对其不作为科以传统帮助犯的刑事责任，或者共犯行为正犯化的刑事责任，都较为不妥。

所谓中立行为的帮助，是指从外表来看通常属于无害、与犯罪无关、不追求非法目的的行为，客观上又对他人的犯罪行为起到了促进作用的情形。[②] 其学说大致分为全面处罚说[③]和限制处罚说，后者为通说。在后者的语境下，肯定探讨中立帮助行为的必要性的基本论述认为，"若是只要中立行为人主观上对行为的后果存在预见，事实上对他人的犯罪行为起到了帮助作用，就一概作为帮助犯加以处罚，无疑是要求提供商品或服务的人对顾客的品行进行审慎的盘查，在不能确保所出售的商品或所提供的服务不会被用于犯罪时，只能停止商品销售和服务的提供，最终必然导致整个社

---

① 涂龙科：《网络服务提供者的刑事责任模式及其关系辨析》，《政治与法律》2016 年第 4 期。
② 陈洪兵：《中立行为的帮助》，法律出版社，2010，第 2 页。
③ Vgl. Katharina Beckmper, *Strafbare Beihilfe durch alltägliche Geschäftsvorgänge*, JURA 2001, S. 163 ff.，169，转引自陈洪兵《中立行为的帮助》，法律出版社，2010，第 6 页。

会经济和日常生活交往陷入瘫痪状态，而这显然不是大家愿意看到的"。①

总结归纳其相关的诸种主观、客观和折中学说②，其目的都是提出限制刑法对中立行为处罚范围的标准。但是具体到网络服务提供者的刑事归责中时，"中立行为的帮助"理论对于中立行为的认定并没有以网络服务提供者的类型分化为基础，因此失之泛泛，不具备完全的解释力，学界遵循这一思路的探讨也多囿于对网络服务提供者主观故意的认定③，使其主观方面的认定成为区分罪与非罪的关键。同时，这样的思路还忽略了一个前置性的问题：能否认为网络服务提供者以不作为的方式实质构成了对本罪所列举危害后果的"帮助"，因此应该将其作为刑法中的帮助行为进行刑事归责？本书的答案无疑是否定的。接下来本书将快播案的案件事实放在刑法增设拒不履行信息网络安全管理义务罪之后，透过本罪对案件进行分析认定，从而对这一结论进行论证。

对网络服务提供者的刑事责任认定，应基于对其主体类型的认定。在快播案一审判决书的判决理由中，审判长认为快播公司免费发布 QSI 软件（即视频资源拥有者使用的媒体资源发布及管理软件）和 Qvod Player 软件（即播放器软件或客户端软件），使快播资源服务器、用户播放器、中心调度服务器、缓存调度服务器和上千台缓存服务器共同构建起了一个庞大的、基于 p2p 技术提供视频信息服务的网络平台。快播公司是提供包括视频服务在内的网络信息服务提供者，不是单纯的技术提供者。④

快播属于提供中介服务的网络服务提供者，这一点毋庸置疑。那么，它实现信息传播通过的是不作为的行为方式。关于是否为单纯的技术提供者及其对刑事归责的影响，将在后文展开。

若假定快播案的案件事实发生在拒不履行信息网络安全管理义务罪生效之后，则可结合本案分析本条是否确认了这一帮助行为的归责路径。具体来看本条的行为模式，"网络服务提供者不履行法律、行政法规规定的

---

① Vgl. Hillenkamp, 32 Probleme aus dem Strafrecht Allgemeiner Teil, 2001, S. 170.
② 陈洪兵：《中立行为的帮助》，法律出版社，2010，第 3~6 页。
③ 参见车浩《谁应为互联网时代的中立行为买单》，《中国法律评论》2015 年第 3 期；孙万怀《慎终如始的民刑推演——网络服务提供行为的传播性质》，《政法论坛》2015 年第 1 期；刘艳红《网络犯罪帮助行为正犯化之批判》，《法商研究》2016 年第 3 期。
④ 参见成都封面新闻《快播案一审宣判，王欣被判三年六个月罚 100 万》，http://news.163.com/api/16/0913/11/C0RC9FQ000011229.html，访问时间：2018 年 1 月 20 日。

信息网络安全管理义务，经监管部门责令采取改正措施而拒不改正，有下列情形之一的……（一）致使违法信息大量传播的；（二）致使用户信息泄露，造成严重后果的；（三）致使刑事案件证据灭失，情节严重的；（四）有其他严重情节的"。考察本条罪状表述，若以帮助行为的进路来理解，则会认为它规定的是网络服务提供者以不履行义务的不作为方式实际构成了对条文中规定的三种造成了严重法益侵害后果之行为，以及其他与之有相当性的行为类型的帮助，因此似乎应是以不作为的方式构成了对相应法益侵害的帮助，是不作为的帮助犯，且当然是不纯正不作为的帮助犯。

依此路径，应当进一步考察不纯正不作为帮助犯的性质。不作为和共犯的问题，可以分为对不作为犯的共犯与不作为的共犯。前者是指对不作为犯的组织犯、教唆犯以及帮助犯；后者则指以不作为的形式实施作为修正的构成要件的共犯，包括不作为的组织、教唆以及帮助犯的情况。[①] 应当看到，以不作为形式构成的帮助犯，其本质应当属于不纯正不作为犯，应将其作为不纯正不作为犯进行刑事归责探讨。而对于其共犯性质的认定，本书赞同西田典之教授的观点："首先必须确认的是，不作为共犯理论上只能是片面共犯。"[②] 因为"如果参与者存在共同的犯意，由他人实施作为行为，有作为义务者实施不作为，这仅属于实施犯罪时分工的不同，作为与不作为之间完全可以作出平行评价，应当成立共同正犯。在缺乏意思联络的场合，在作为者实施侵害行为而不作为者不予防止的情况下，作为者成立正犯，而不作为者仅构成不作为的帮助犯"。[③]

上述解释路径是将本条规定作为传统的共犯责任进行理解，是否真的妥当？本条的"帮助"是否为帮助犯意义上的帮助？恐怕不然。对于很多情形下完全不具备对自身的不作为帮助，或者可能会帮助哪些具体犯罪行为之认识的网络服务提供者来说，片面共犯理论限于解决"缺乏意思联络"情形的刑事归责，因而不具备足够的解释力。

---

① 在我国刑法语境中，不宜将共同正犯纳入共犯的范畴。参见廖北海《德国刑法中的犯罪事实支配理论研究》，中国人民公安大学出版社，2011，第3页。
② 〔日〕西田典之：《不作为的共犯》，王昭武译，《江海学刊》2006年第3期。
③ 陈家林：《不作为的共同正犯问题研究》，《暨南学报》（哲学社会科学版）2007年第5期，第70页。

若将其作为帮助犯进行认定，则本条成为帮助行为正犯化的规定，这就突破了罪责原则的基本限制，本书不作进一步展开。对本条更为恰当的理解，应是认为本条规定的不纯正不作为"帮助犯"是不作为的实行行为实际构成的"帮助"，而不是帮助犯意义上的"帮助"，不可放在共犯的语境下进行考量，而应从不纯正不作为犯的归责路径进行展开。

那么，正如前文所述，第286条之一应是对网络服务提供者不纯正不作为实际构成帮助的刑事责任的独立规定，在我国刑法总则没有如德国刑法第13条①一般的对保证人地位之规定的情形下，对不纯正不作为犯保证人地位采纳"分则法定"的模式，对刑法的建构模式不会产生冲击。

（三）直接控制说的否定

那么，对此不作为的刑事归责判断，也应当在不纯正不作为犯的理论范畴内讨论，而不是直接将其视作"消极"的传播行为简单适用作为犯的刑事归责路径，这一点应当非常明确。在此范畴内，应当否定以是否对网络空间的信息内容实现"直接控制"作为网络中介服务者刑事归责的标准。以快播案为例，可以对此进行很好的说明。

作为义务是不作为刑事责任的根基。以"内容管理"作为网络服务提供者的义务核心，上文中已经否定其妥当性。所谓的直接控制说②本质上仍只是对网络服务提供者根据功能标准作出一定区分后，对内容管理义务作出了一定程度的限定修正，没有本质上的差别。快播案一审的判决理由中，也明确地以内容管理义务作为刑事归责的根基，认为快播公司为一个提供视频服务的网络平台而非单纯的技术提供者，并实质通过设立用于加速视频播放的淫秽视频资料的较长时间缓存技术介入了淫秽视频的传播，应当承担网络安全管理义务，对经由其服务传播的视频内容进行审查。

然而快播不能被认定为网络平台服务提供者，因为网络平台服务提供

---

① "不防止属于刑法构成要件的结果发生的人，只有当其有依法必须保证该结果不发生的义务，且当其不作为与因作为而使法定构成要件的实现相当时，才依法受处罚。"Vgl. Art. 13 StGB, 52 Auflage, Beck-Texte im dtv, 2014.

② 参见涂龙科《网络内容管理义务与网络服务提供者的刑事责任》，《法学评论》2016年第3期。

者最本质的特征是用户可以在平台中实现信息交互，使用快播这一系列信息服务技术的"站长"或普通用户却并没有，那么作为 p2p 技术和缓存技术的提供者，快播仍然只是网络接入服务的提供者，而非网络平台服务提供者。就其业务内容来看，它也不属于基础服务运营者，不应该对其科以对信息内容主动审查的义务，而只具有配合义务。只要快播公司履行了通常意义上的"通知—取下"义务即可。从案情来看，快播公司并没有履行这一义务。此外，还需要有相应罪名法益保护目的的限制。若适用传播淫秽物品牟利罪则没有问题，但没有适用拒不履行网络安全管理义务罪的余地，这是由本罪保护的法益所限定的。

此外，这不符合罪责原则的基本要求。如果以知识产权法领域对信息网络传播权的保护而论，"直接控制说"符合我国最高人民法院颁布的司法解释《关于审理侵害信息网络传播权民事纠纷案件适用法律若干问题的规定》所主张的认定网络服务提供者侵权的"实质性替代标准"，即不考虑最初上传者是谁，作品储存在哪些服务器，只要被诉行为人实质替代了权利人，最终向公众提供并传播了作品，就应当认定其就这些作品的传播行为。[①] 然而，刑事归责不同于侵权责任的认定，其有着罪责原则的严格要求，即应具备对相关特定作品的传播故意或过失，才可认定网络服务提供者实施了刑法意义上的传播行为。综合上文的论证可以发现，在网络服务提供者的类型进一步分化、刑法保护的法益向信息权延伸的当下，不论是从侵犯信息权犯罪风险的防控，还是与刑法罪责原则的要求相协调的角度，"直接控制说"都不足以作为网络服务提供者刑事责任认定的标准。

（四）不纯正不作为犯路径的展开

面对信息社会中互联网空间弥散的风险，客观上对可谴责性极高的不纯正不作为犯进行入罪，立法阶段对其正当性应当审慎考量。在我国目前刑法规范的网络服务提供者综合治理体系尚未完善的国情下，本书对第286条之一的正当性持虽质疑但理解的态度，因为这是一次有益的尝试，"人类社会的发展毕竟不是通过人类理智运用已知的方法去追求一个确定

---

① 祝建军：《视频聚合行为的侵权认定》，《人民法院报》2016 年 4 月 27 日。

的目标实现的"。① 然而在其被纳入刑法分则的条文之后短期之内不宜轻易更改的现状下，为了确保留下对其适用后可能产生之问题的纠正空间，应当对其进行妥当的限缩解释，以限缩其处罚范围。

那么，本书接下来对网络服务提供者以不作为构成对犯罪行为实际帮助的刑事归责的探讨，就以不纯正不作为犯的进路展开。本书不拟展开相关学说综述②，总体趋势是由形式的作为义务向实质的作为义务来源进行探索。③

本书认为此实质化趋势主要走向了两个方向。第一个方向是仍将对作为义务的违反作为处罚不纯正不作为犯的唯一正当根据，如德国刑法第 13 条在总则中规定保证人地位的条款，由此产生了不纯正不作为犯适用作为犯构成要件的等价性评价问题。④ 依此路径，根据罪责原则最恰当的解释即为只有犯罪人自身的行为创设了法益侵害的危险，而自身的不作为导致了危险实现，才可以作为不纯正不作为犯进行归责。⑤ 但在目前风险社会的背景之下，纯粹的个人责任已经向将风险在个体和社会共同体之间进行合理分配的关联责任转变⑥，单纯以个体违反作为义务的选择为基础，已经不能完成恰当的刑事归责。比如本书探讨的网络服务提供者不作为帮助的情形，基于对风险控制的需要，刑法就将对相关法益没有保证人地位的网络服务提供者的不作为帮助入罪。若将对不纯正不作为犯的处罚根据定位为保证人义务的"违反＋等价性"，只能走向上文突破责任主义原则的恣意解释，而无法有效限定不纯正不作为犯的处罚范围。

第二个方向即将不作为理解为行为的一种样态，从而以归因和归责的进路来探讨不纯正不作为犯的刑事归责。⑦ 关于其行为性，上文已经进行

① 〔英〕弗里德里希·奥古斯特·冯·哈耶克：《自由宪章》，杨玉生等译，中国社会科学出版社，2012，第 66 页。
② 基本上经历了义务说、因果关系说、违法性说和保证人说四个阶段。参见陈荣飞《不纯正不作为犯的基本问题研究》，法律出版社，2010，引言，第 1 页。
③ 参见黎宏《不作为犯研究》，武汉大学出版社，1997；〔日〕日高义博《不作为犯的理论》，王树平译，中国人民公安大学出版社，1992；许玉秀《当代刑法思潮》，中国民主法制出版社，2005。
④ 参见何荣功《不真正不作为犯的构造与等价值的判断》，《法学评论》2010 年第 1 期。
⑤ 何荣功：《实行行为研究》，武汉大学出版社，2007，第 90～110 页。
⑥ 〔英〕艾伦·诺里：《刑罚、责任与正义——关联批判》，杨丹译，中国人民大学出版社，2008，第 273～282 页。
⑦ 孙运梁：《从因果支配走向客观归责——不纯正不作为犯的归因与归责》，《法学评论》2016 年第 2 期。

了探讨并得出了明确的结论，即其属于行为的一种样态，但绝非一些论者实际主张的构成要件行为的样态。在不纯正不作为犯刑事归责的意义上，其与作为犯的等价性非常必要，但并非上一方向中所求的构成要件等价或主观恶性等价等，而是指其刑法上的可谴责性应当等价，需要兼具存在论与规范论的基础，才能很好地限制其处罚范围。且由于不纯正不作为犯一般是结果犯，应当将判断其因果关系作为刑事归责的存在论基础，并探讨其归责的规范论基石。

条件说应当是第一层次的判断。通过条件关系的判断模式，假定行为的"存在"来判断法益侵害结果是否会发生。这种假定的判断模式其实不是不纯正不作为犯所特有，作为犯的因果关系判断一样存在。[①] 但只有条件说意义上的引起和被引起关系，当然还不能说不作为与法益侵害结果之间具有因果联系。此时始，便会体现出作为犯与不纯正不作为犯刑事归责路径的区别。虽然罗克辛曾经说过："相当性理论是不完整的客观归责理论。"[②] 所谓的"法规范目的"实质是刑罚目的，即刑事政策的目的考量；所谓的"法不允许的风险"，即根据刑事政策报应或预防的目的考量对犯罪行为的构成要件符合性作实质解释。[③] 这是本书所反对的，因为这实质上消解了定型化构成要件对刑法处罚范围的限制作用。因此本书主张不作为犯的刑事归责仍应以相当因果关系说为标准。基于责任主义的要求，刑法规范对行为人予以归责的基础在于以社会共同体达成的价值共识为标准，行为人选择对其违反而为法益侵害的行为。而不作为的行为性体现为行为人的"控制"，即支配。那么正如罗克辛在其影响巨大的刑法教科书中的表达，许乃曼（Schünemann）提倡的对于结果原因拥有支配，是不纯正不作为犯与作为犯等置的共同上位规则。以往罗克辛认为义务犯（其中包括不作为犯）中并不存在支配，但现在主张义务犯的行为人存在着对犯罪行为的控制支配（Kontrollherrschaft）。[④]

---

① 孙运梁：《从因果支配走向客观归责——不纯正不作为犯的归因与归责》，《法学评论》2016 年第 2 期。

② Claus Roxin, *Strafrecht Allgemeiner Teil (Band I), Grundlagen. Der Aufbau der Verbrechenslehre)*, 4. Auflage, C. H. Beck, 2006, S. 57, Rn7.

③ 许玉秀：《主观与客观之间——主观理论与客观归责》，法律出版社，2008，第 13 页。

④ 〔德〕罗克辛：《德国刑法学总论》（第二卷），王世洲等译，法律出版社，2013，第 540 页。

当然，无论是保护支配还是监督支配①，仍无法完成刑事责任的认定。正如上文所述，刑事责任的认定需要依据社会共同体的价值基准进行判断，具象的、可以依赖的价值基准即宪法中的基本权利。而各部门法是对宪法的具体适用，因此还需要结合前刑法规范中附有法律责任的法律义务，来担当不纯正不作为犯的作为义务，作为其刑事归责的判定标准。对于保护重大集体法益的不纯正不作为犯，如拒不履行信息网络安全管理义务罪，在用分则罪名确立网络服务提供者保证人地位的基础上，结合法律和行政法规，根据刑罚规范确定性与明确性的要求，应厘清"网络信息安全保护义务"的具体内涵与类型，这在前文中已经进行了详细的论证。而对于网络服务提供者总体的刑事归责原则，则应当以条件说、对原因的支配关系、一次规范中附有法律责任的作为义务顺次、立体进行不纯正不作为帮助犯的刑事归责判定。此外需要注意的是，认可不作为"帮助犯"之后与其他犯罪产生竞合的问题，不能简单根据第286条之一的规定从一重处罚，需要避免产生重复评价的问题，上文已经对此进行了阐释。

网络服务提供者在网络空间信息流动的法律治理中占据了中心位置，我国目前以网络服务提供者的刑事责任为探讨中心，是基于相关法律法规体系不完善的现状作出的无奈选择，应当进一步完善网络服务提供者的多层次法律责任体系，刑法仍只为治理的最后手段。因此，对于网络服务提供者的刑事责任，应当对现今的拒不履行信息网络安全管理义务罪进行严格的限缩解释，在功能与重要性两个维度上根据其不同的类型加以认定，这是基本原则。对于网络平台提供者和基础服务运营者，应当对其责以完整的网络信息安全保护义务，包括风险管理的配合与内容审查的配合，而对网络接入服务提供者和存储服务提供者，则应当仅对其责以内容审查的配合义务。确定作为义务，继而进一步遵循不纯正不作为犯的路径对其分别进行刑事归责。

第四节　实质预备犯刑事责任的认定

信息网络犯罪刑事归责预防转向的背景下，还有一种新创设的刑事责

---

① 参见〔德〕许乃曼《论不真正不作为犯的保证人地位》，陈晰译，《刑法与刑事司法》（第一卷），法律出版社，2013，第69页。

任类型受到了深刻影响，那就是为一般网络参与者创设的实质预备犯刑事责任，具体罪名为非法利用信息网络罪第 1 款第（1）项以及帮助信息网络犯罪活动罪。本书接下来将以这两个罪名的具体规定为核心，证成它们实质预备犯的基本属性与归责进路。

一　客观构成要件要素及其判断

（一）实质预备犯客观行为不法的核心：对法益的抽象危险属性

从法益视角出发，前文已明确实质预备犯属于抽象危险犯。有关抽象危险犯所保护的法益，金德霍伊泽尔教授主张应为法益主体可无障碍利用法益的安全条件（Sicherheitsbedingungen zur sorglosen Verfügung über geschützte Rechtsgüter）。[1] 这事实上不是将"安全"本身解释为独立法益，只是将对法益安全的保护纳入了法益保护思想中，是将抽象危险的规范评价标准具体化的要求。[2] 他主张不是只有法益实质被侵害了（实害结果或具体危险）才可罚，只要法益的功能被限缩了即可罚。[3] 本书赞同这一论断，但据此并不能推导出应将（公共）安全作为刑法所独立保护的法益，而只说明将"安全"维度纳入法益保护思想是必要的，因为法益安全要通过阻断行为通向法益侵害结果之间具体的攻击路径（Angriffswege）实现，那么，阻断预备行为与直接法益侵害结果间的规范连接也是法益保护的应然之义。前文已论证了非法利用信息网络罪与帮助信息网络犯罪活动罪所保护的法益，现进一步着眼于具体化两罪作为实质预备犯的行为不法内涵。

正如本书所主张的，实质预备犯行为不法的核心是事实性预备行为侵害法益的抽象危险，此种抽象危险虽是对法益的间接侵害，却是对法益对

---

① Vgl. Urs Kindhäuser, *Gefährdung als Straftat-Rechtstheoretische Untersuchungen zur Dogmatik der abstrakten und konkreten Gefährdungsdelikte*, Verlag Klostermann, 1989, S. 287.

② Vgl. Urs Kindhäuser, "Rechtsgüterschutz durch Gefährdungsdelikte", in: Knut Amelung/Hans-Ludwig Günter/Hans-Heiner Kühne（Hrsg.）, *Festschrift für Volker Krey*, W. Kohlhammer, 2010, S. 249（262）.

③ Vgl. Urs Kindhäuser, "Rechtsgüterschutz durch Gefährdungsdelikte", in: Knut Amelung/Hans-Ludwig Günter/Hans-Heiner Kühne（Hrsg.）, Festschrift für Volker Krey, W. Kohlhammer, 2010, S. 249（257）.

象的直接侵害。换言之，法益侵害抽象危险的可罚性是由法益侵害导出的。① 更确切地说，预备行为可罚性来自对原本目的行为所欲侵犯法益的侵害。从这个意义上来讲，我国刑法中保护法定主体信息专有权的规范，具体来说即侵犯公民个人信息罪、拒不履行信息网络安全管理义务罪以及非法利用信息网络罪第 1 款第（2）、（3）项为主规范，帮助信息网络犯罪活动罪与非法利用信息网络罪第 1 款第（1）项为前置规范。需要注意的是，认为实质预备犯可罚性的根据来自主规范，是指实质预备犯与主规范保护的法益一致，是将行为不法的内涵由直接法益侵害扩展到间接法益侵害，没有脱离"有责之已发生行为的不法"的范畴。非常遗憾，我们在探讨前置规范对刑法处罚的前置效应时，往往忽略了以上二者间的关联，也就忽略了法益侵害抽象危险的规范来源，从而容易走上只对抽象危险进行经验性评价，而放弃探寻规范性评价标准的歧途。

对实质预备犯而言，行为具备造成法益侵害结果的抽象危险，需要行为与法益侵害结果具备主、客观两方面的规范连接。在客观规范连接的范畴，这指行为所具备的客观危险属性。对实质预备犯来说，站在事前判断立场，以经验法则为基础，能够认定所禁止的法定行为方式具备一般性引发法益侵害结果（实害或具体危险）的抽象危险②，简要来说，即能够促进或促成法益侵害结果实现，这是法益保护视角下处罚实质预备犯的实质正当性基础。但仅依靠经验法则在个案中实质判断实质预备犯的抽象危险属性，不仅不具备规范妥当性，也不具备现实可行性。

首先，认为抽象危险难以证明③，或者具备抽象危险的行为与法益侵害结果之间只存在复杂、难以理解的风险关联④，是主张抽象危险是由立法者拟制或由推定而得的基本理由。但这在实质预备犯场合并不成立，因为若要实现它的抽象危险，需介入行为人或第三方自担其责的新行为，这

---

① Vgl. Jens Puschke, *Legitimation, Grenzen und Dogmatik von Vorbereitungstatbeständen*, Mohr Siebeck, 2017, S. 107.

② Hans Joachim Hirsch, "Gefahr und Gefährlichkeit", in: Fritjof Haft/Winfried Hassemer/Ulfrid Neumann/Wolfgang Schild/Ulrich Schroth (Hrsg.), *Festschrift für Arthur Kaufmann*, C. F. Müller, 1993, S. 545 (559).

③ Horst Schröder, "Die Gefährdungsdelikte im Strafrecht", *ZStW* 81 (1969), 5 (16).

④ Vgl. Bernd Schünemann, "Kritische Anmerkungen zur geistigen Situation der deutschen Strafrechtswissenschaft", *GA* 1995, 201 (211).

根据预备行为本身无法预测。其次，不能将风险衡量与对抽象危险的判断等同。对法益抽象危险可罚性的判断，也就是在刑法规范语境下将事实性预备行为评价为"危险"，与行为可能导致危害结果发生的实际概率并不直接相关。比如，雷雨天待在屋外被闪电劈中的概率虽然很小，但一般还是会认为这个行为具有危险性。再如，相较于坐飞机，老年人独居在家出现危害结果的概率应当较小，但一般会认为老年人独居在家的行为比较具有危险性。很显然，评价行为是否危险并不是依据对损害结果出现概率的计算，而是另有规范评价标准。[1]

对于实害犯或者具体危险犯，犯罪行为的结果不法衡量有非常明确的现实关联性，但这在实质预备犯的处罚中很欠缺。因此，对法益的抽象危险必须结合经验判断与规范评价标准。客观评价实质预备犯构成要件行为对法益的抽象危险应包含两个部分，经验标准要考察的是预备行为是否能促进或促成主规范所保护法益的侵害结果，规范标准是要考察构成要件行为是否具备适格性。

（二）事实性预备行为的适格性

前文已经指出，集体法益的适格性应属实质预备犯的客观构成要件要素，此处不再赘述，接下来要针对实质预备犯的第二个客观构成要件要素，也就是事实性预备行为的适格性展开探讨。

正如前文所指出，我国学界普遍认为实质预备犯在立法论层面已是独立罪名，无须依附其他罪名的构成要件。[2] 那么，实质预备犯的构成要件行为应具备定型性是应然之义。对于预备行为定型性的要求，是出于区分实质与形式预备犯的需要。但是，在论证构成要件行为如何具备定型性时，学者却多主张"基于犯罪情势需要"，对罪名所规定的具体行为类型进行限缩解释。[3] 这样的回答无异于"因为独立处罚，所以具备定型性"，并不足取。事实上学界也有观点认为，《刑修（九）》新增的独立预备罪并不满足构成要件行为定型化的要求，主张以形式预备犯的限缩标准限缩处

---

[1]　Vgl. Manfred Volz, *Unrecht und Schuld abstrakter Gefährdungsdelikte*, 1968, C. F. Müller, S. 104 f..

[2]　参见彭文华、刘昊《论我国刑法中实质预备犯的范围》，《中国应用法学》2018 年第 3 期。

[3]　参见商浩文《预备行为实行化的罪名体系与司法限缩》，《法学评论》2017 年第 6 期。

罚范围。① 那么实质预备犯所处罚事实性预备行为的定型性是事实层面的还是规范层面的？如果是前者，能否适用形式预备犯的限缩标准？如果是后者，定型化的标准何在？

暂不考虑我国学界关于是否废除总则第 22 条的争论②，在传统理论视域下，一般在犯罪停止形态的语境中探讨预备行为可罚性的问题。通常认为，在犯罪行为实行终了之前，存在计划、预备与未遂三个阶段。③ 对于预备行为可罚性的探讨，多在探讨具体犯罪行为未遂可罚性的边界时，为了区分可罚的未遂与不可罚的犯罪预备，也就是认定实行行为"着手"时附带进行。德国刑法第 22 条规定，犯罪未遂是指行为人根据其行为构想，直接着手（Ansetzen）构成要件的实现。从形式标准出发，犯罪未遂是指以行为决定（Tatentschluss）时为考察时间点，行为人已考量所有犯罪构成要件，其行为尚未遂行所有构成要件要素，但该行为与遂行所有构成要件要素之间不再存在显著的中间步骤（Wesentliche Zwischenschritte）④，或者两者之间存在直接的时间与空间关联。⑤ 也就是说，未遂是指行为已开始，虽未遂行全部构成要件要素，但与全部构成要件要素最为接近的犯罪停止形态。以此标准能够区分犯罪未遂与预备吗？恐怕不能。既然未遂无须遂行全部构成要件要素，当一个构成要件要素的遂行与其他构成要件要素的遂行并无强制性的直接关联，难以区分犯罪预备与未遂时，这种路径因而只能导向"未遂概念的扩张"。⑥ 从实质标准出发，未遂开始于行为人构想中法益侵害危险的出现，预备和未遂区分的标准是此种危险的类型和大小。这又会面临本书所指出的问题，那就是缺乏评价危险的规范标准。

我国学界有观点主张结合这两种标准，辅以保护法益的重大性，便能妥当界定预备犯的可罚性边界。⑦ 然而，不论事实性预备行为与实行行为

---

① 参见尚勇《准备实施恐怖活动罪的法教义学分析——以处罚范围的限定为核心》，《法律适用》2018 年第 19 期。

② 参见劳东燕《论实行的着手与不法的成立根据》，《中外法学》2011 年第 6 期。

③ Schönke/Schröder/Eser/Bosch, *StGB*, Aufl. 29, 2014, § 22 Rn. 1.

④ BGHSt 26, 201 (204).

⑤ BGHSt 22, 80 (82); Jescheck/Weigend, *Strafrecht AT*, Aufl. 5, 1996, S. 518 f..

⑥ Liane Wörner, "Die deutsche Versuchsdogmatik-eine Frage der Vorverlagerung der Strafbarkeit?" in: Arnt Sinn/Walter Gropp/Ferenc Nagy (Hrsg.), *Grenzen der Vorverlagerung in einem Tatstrafrecht*, Universitätsverlag Osnabrück, 2011, S. 135 (148 f.).

⑦ 参见郑延谱《预备犯处罚界限论》，《中国法学》2014 年第 4 期。

构成要件的密接程度大小，还是法益是否重大，抑或法益侵害危险的大小，在现有理论体系中均为经验性评价标准。① 虽然我国刑法规定形式预备犯普遍可罚，但在整体刑法体系的视角下考量，处罚形式预备犯应属例外情形，依据这些经验性评价标准可以妥当限缩形式预备犯的处罚范围。但在实质预备犯的场合法定处罚事实性预备行为，对此类行为的定型性不能只在个案中进行实质判断，需构建类型化的规范评价标准。

至此，实质预备犯所处罚事实性预备行为适格性的第一条评价标准，即预备行为的规范属性，应是"将来可造成直接法益侵害的犯罪行为"。通过这样的界定，既能以法益侵害抽象危险作为刑法处罚的实质根据，也能通过构成要件的具体化，明确法益侵害抽象危险的规范内涵是行为与直接法益侵害结果之间的规范连接，以此明确实质预备犯构成要件行为独立的规范地位。

在规范评价的语境下，预备行为适格性的第二条评价标准，即预备行为的规范类型，应在预备行为与直接法益侵害结果间规范连接的视域下进行考察。鉴于事实性预备行为只创设了会导致法益侵害结果的危险情境，预备行为基本的规范类型应当分为以下两类：第一类是预备行为人通过自己后续自主行为利用此危险情境造成法益侵害结果，可称为狭义预备行为；第二类是第三人通过自主行为加以利用并造成法益侵害结果，可称为广义预备行为。

基于自我答责原则的考量，从行为时的时间点考察，有观点认为第一类预备行为不应处罚，因为理性人自己不会再让法益侵害危险实现。② 从行为后的时间点考察，有观点认为两类都应罚，因为预备行为人创设了法益侵害危险，失去了对后续发展流程的控制，从而导致法益侵害结果可能发生，通过要求预备行为具备类型化的危险属性，以及行为人具有其预备行为可能被用于促进（erleichtern）或促成（ermöglichen）犯罪行为的概括故意③，两类预备行为均可罚。鉴于本书对实质预备犯行为不法的基本认知，即其行为不法的内涵在于预备行为与法益之间的规范连接，事实性预

---

① Klaus Tiedemann, *Tatbestandsfunktionen im Nebenstrafrecht*, Mohr Siebeck, 1969, S. 123.

② Vgl. Hirsch/Wohlers, in: Roland Hefendehl/Andrew von Hirsch/Wolfgang Wohlers（Hrsg.）, *Rechtsgutstheorie*, Nomos, 2003, S. 204.

③ BGHSt 1, 115 (116).

备行为是否可罚需经规范检验之后才能做出评价。本书认为能评价为具备抽象危险的均可罚,两者间主要的区别在于对主观构成要件要素的要求不同,下文将就此进一步展开论证,这两种预备行为的规范类型可作为检验预备行为适格性的规范标准。以此标准考察,帮助信息网络犯罪活动罪与非法利用信息网络罪第1款第(1)项所规制的行为,也就是设立网站与通讯群组、互联网接入、服务器托管、网络存储、通讯传输等技术支持,或者提供广告推广、支付结算等业务等行为应属广义预备行为,主观构成要件要素的要求将在后文进一步展开。

和对行为抽象危险属性的评价一样,对预备行为适格性的评价也需要结合经验标准。那么,预备行为适格性的第三条评价标准,应为入罪的预备行为是否具备社会相当性,是否属于民众日常生活中的常态行为。对实质预备犯来说,根据经验法则将具备社会相当性的行为排除在犯罪圈以外,是确保构成要件行为定型化、实质区分可罚与不可罚行为的必然要求。例如餐刀虽然可被用来杀人,但通常都用来切肉切菜,因此虽然购买餐刀是否用于杀人需要经过规范判断,但购买餐刀这一行为本身不会为刑法一般性禁止。但购买枪支则通常是为了实施犯罪行为,为我国刑法所禁止。[1] 设立网站与通讯群组等行为本身并非不具备社会相当性,关键是要判断此类行为是否为了实施诈骗、传授犯罪方法、制作或者销售违禁物品、管制物品等违法犯罪活动,或为了帮助他人的信息网络犯罪而实施。对待规制行为社会相当性的评价,在一般性的经验法则判断外,还应要求预备行为客观体现出不法目的。

这一标准是德国联邦宪法法院在其一项决定性判决中[2]针对德国刑法第202c条("预备探知和拦截数据罪")发展出的。由于计算机程序本身被用于合法或不法用途均可,对于该条第1款第(2)项规定的"计算机程序",联邦宪法法院要求必须满足为了实施探知数据罪和拦截数据罪而

---

[1]　参见陈文瑞、周洪波《购枪行为是非法买卖还是非法持有》,《检察日报》2014年6月25日。

[2]　德国刑法第202c条第1款规定:"任何人制造、为自己或他人获取、出售、转让、传播或者通过其他方式,使他人获取可用于访问本法第202a条第2款规定之数据的密码,或其他安全代码,或者使他人获取用于实施数据探知或拦截的计算机程序,从而预备实施本法第202a条(探知数据罪)或第202b条(拦截数据罪)规定的犯罪的,处两年以下自由刑或者罚金刑。" Vgl. § 202c StGB.

设计或者改制这一客观特征。① 通过要求刑法处罚的预备行为具备与直接法益侵害故意相关联的客观特征，可进一步明确事实性判断的类型化标准。本书认为这一标准值得采纳，应当将非法利用信息网络罪第 1 款第（1）项中的"设立用于"，以及帮助信息网络犯罪活动罪中的"明知他人利用信息网络实施犯罪"解释为对待处罚行为具备不法目的客观特征的要求，而非对行为人主观认知的要求。《信息网络犯罪解释》第 11 条列举的情形虽然规定为对帮助信息网络犯罪活动主观明知的推定，但事实上就是对行为具备不法目的客观特征的要求，主观的不法目的还有待继续考察，自然应当允许有相反的证据排除其主观不法目的。

概言之，不是独立成罪之后构成要件行为就自然符合定型化要求，需要经过规范标准的检验和实质的事实性标准评价，才能明确事实性预备行为是否符合定型化的规范要求，是否适格。虽然这些标准的具体内涵会随着社会发展变化，但标准本身是为这一变化赋予能够被识别的类型化框架。

二 主观构成要件要素及其判断

（一）行为人行为计划的体系地位：主观构成要件要素

确定主观构成要件要素，是明确预备行为可罚性规范标准不可或缺的内容。传统理论视域下，刑法极其例外处罚预备犯，未遂应当是总体意义上行为不法的起点。在对未遂认定标准的探讨中，会存在主观不法与客观不法论的争议。在我国刑法大量增设实质预备犯的语境下，可认为刑法教义学中行为不法的起点已前移到事实性预备行为的实施。因此，对事实性预备行为不法根据的探讨需在不法论的整体语境下进行。在客观不法论语境下，实质预备犯行为不法的内涵应为事实性预备行为具备指向直接法益侵害的客观危险。例如雅各布斯教授就主张，处罚预备行为的正当根据在于该行为本身可能造成直接危害结果，而无须考虑行为人主观的行为计划。② 也有观点认为，行为人主观的行为计划应为量刑从重情节，不属于

---

① BverfG，NJW 2006.

② Günter Jakobs,"Die Kriminalisierung im Vorfeld der Rechtsgüterverletzung", *ZStW* 1985, S. 767 ff..

构成要件要素。① 但本书认为对法益侵害危险的评价无法完全客观，而是通过经验与规范标准的检验，对预备行为与直接法益侵害结果间主客观规范连接的评价结果。正如前文所指出，无论是广义还是狭义预备行为，其行为法益侵害抽象危险客观属性的实现，都依赖于预备行为与直接法益侵害结果之间的主观连接。缺少预备行为人与直接法益侵害结果之间的主观规范连接，由于预备行为与直接法益侵害结果之间距离太远，从而产生的处罚正当性缺失就难以弥补。②

在德国占据通说地位的印象理论一般被认为属于主观不法论阵营。③ 该理论认为，行为的刑事可罚性体现为行为人以其行为动摇了公众对法规范效力的信赖，破坏了法的安定性。④ 根据这一理论，预备行为人具备未来可促进不法行为实施的概括构想（Vorstellung）时⑤，其通过预备行为所体现出的对法规范的敌对意识是预备行为的不法内涵。然而，若采纳这一解释进路，等于直接将刑罚目的，确切地说是积极一般预防的目的作为刑法处罚预备行为的正当根据。而"公民对法规范的信赖""法的安定性"，其实质内涵即刑法规范的效力。但是，确证刑法规范效力本身无法提供评价待处罚行为不法的规范标准。不能让法律适用者的目的设定取代行为不法⑥成为刑事责任认定的依据，必须要求待处罚预备行为与直接法益侵害结果之间也具备可识别的客观连接。那么，预备行为人的行为计划不应是评价预备行为危险性的辅助标准，而应是实质预备犯的主观构成要件要素。

---

① Vgl. Ulrich Weber, "Die Vorverlagerung des Strafrechtsschutzes durch Gefährdungs-und Unternehmensdelikte", in: Hans-Heinrich Jescheck (Hrsg.), *Die Vorverlagerung des Strafrechtsschutzes durch Gefährdungs-und Unternehmensdelikte*, Walter de Gruyter, 1987, S. 15 f..

② Vgl. Otto Lagodny, *Strafrecht vor den Schranken der Grundrechte-Die Ermächtigung zum strafrechtlichen Vorwurf im Lichte der Grundrechtsdogmatik*, dargestellt am Beispiel der Vorfeldkriminalisierung, Mohr Siebeck, 1996, S. 207; BGH NJW 2014, 3459 (3465).

③ 参见劳东燕《论实行的着手与不法的成立根据》，《中外法学》2011 年第 6 期。

④ Vgl. Jens Puschke, *Legitimation, Grenzen und Dogmatik von Vorbereitungstatbeständen*, Mohr Siebeck, 2017, S. 125 – 131.

⑤ Vgl. Stefan Huster/Carsten Rudolph, "Vom Rechtsstaat zum Präventionsstaat?" in: Huster/Rudolph (Hrsg.), Vom Rechtsstaat zum Präventionsstaat, S. 9, 17.

⑥ Sophie Zaufal, *Was kann ein strafrechtlicher Tatbestand leisten?, Die Bestimmtheit von Strafnormen als hermeneutisch-methodisches Problem im Verfassungsstaat*, Nomos, 2018, S. 282.

（二）主观构成要件要素的具体类型

本书需要进一步明确的是主观构成要件要素的具体类型。也就是说，实质预备犯的语境下，预备行为人主观的行为计划需要包含哪些内容，程度要求如何。

1. 造成直接法益侵害的目的

无论是广义还是狭义实质预备犯，首先需要考量行为人是否具备造成直接法益侵害的目的。是否具备造成直接法益侵害不法目的的客观特征，已被纳入预备行为适格性的判断标准。是否具备造成直接法益侵害不法目的本身也应被纳为主观构成要件要素，才能弥补预备行为与直接法益侵害客观上距离较远造成的处罚正当性缺失。

对于狭义实质预备犯，鉴于预备行为制造的危险情境之后由其自身实现，应要求预备行为人具备造成直接法益侵害的直接故意。在有关德国刑法第 89a 条"准备实施严重危害国家暴力行为罪"的判例中，德国联邦最高法院在判决中指出，如果不对行为人主观的行为计划提出更高的要求，则对预备犯的处罚不合比例。在行为人的行为计划中，不能只"赞同考虑"（Billigend-in-Kauf-Nehmen）通过实施预备行为造成直接法益侵害，或真诚地认为通过实施预备行为可能造成（Ernsthaft-für-möglich-Halten）直接法益侵害，而是要求行为人已决定通过实施预备行为造成直接法益侵害[1]，也就是要求行为人具备造成直接法益侵害的直接故意。

对于广义实质预备犯，由于行为的抽象危险是通过第三人的自主行为实现的，处罚预备行为人的依据，更多的是在于行为人对后续发展流程的失控，在行为人造成直接法益侵害的不法目的方面，行为人只需具备间接故意。[2] 作为广义的实质预备犯的非法利用信息网络罪第 1 款第（1）项与帮助信息网络犯罪活动罪，只要求行为人具备间接故意即已足。

2. 对未来犯罪行为的考量

除了造成直接法益侵害的不法目的，第二个主观构成要件要素应是预备行为人对未来犯罪行为的考量。对狭义实质预备犯而言，预备行为人无

---

[1] BGH NJW 2014，3459（3465 f.）.

[2] Han-Jörg Albrecht，*Die Kriminalisierung von Dual-Use-Software*，2014，S. 250 f..

须对后续犯罪行为进行精确到时间、地点以及具体流程的计划，只需认知到此预备行为可能被用于促进和促成后续的犯罪行为即可。

对广义实质预备犯来说，由于直接法益侵害结果由第三人的自主行为实现，广义事实性预备行为的可罚性原则上不会超过帮助犯的可罚性。[①]预备行为人对后续行为发展流程的认知如何，与预备行为本身的主观不法没有实质关联。在这一情形下，预备行为人对后续犯罪行为具备帮助的故意即已足，对广义实质预备犯的处罚，也不需要以实行行为的存在为前提。但正是因为没有实行行为的存在，对预备行为人的主观计划进一步具体化，才能够为广义实质预备犯的处罚确立足够明确和确定的规范标准。本书认为，虽然无须实行行为存在，但在广义实质预备犯的主观计划中，需要考量促进实行犯构成要件行为要素的遂行，确切来说主要包括第三人的行为工具以及行为人。如果预备行为人只具备一个宽泛的认知，觉得其行为可能被第三人利用，此种情形下不能认定预备行为人具备足够的主观不法，应当不适用刑法进行处罚。[②]例如，对于德国刑法第89a条第2款第（2）项，对为了实施严重危害国家的暴力行为而生产、获取、持有武器、相关物质或设施的处罚，如果预备行为人的主观计划中没有对于行为时间、地点与方式最低限度的考量，该处罚便是不正当的[③]，对于非法利用信息网络罪第1款第（1）项与帮助信息网络犯罪活动罪来说也是如此。

首先是对第三人实施犯罪行为可利用之行为工具的考量。虽然真正可以造成直接法益侵害结果的第三人无须确定，但基于以上要求，预备行为人在其主观计划中第一个需要明确考虑到的，是他想要将后续犯罪行为的行为工具转移给后续第三人。对于这一主观要素的认定，要求预备行为人至少有过相关明确的表达，或者与潜在第三人有过联络。此外，他只是认为这一行为工具可能被转移给后续第三人还不足，还应当认知到这一行为工具确定能被转移给后续第三人。[④]

---

① Andreas Popp, "§ 202c StGB und der neue Typus des europäischen 'Software-Delikts'", *GA* 2008, 375 (392).

② Andreas Popp, "§ 202c StGB und der neue Typus des europäischen 'Software-Delikts'", *GA* 2008, 375 (392).

③ OLG Karlsruhe StV 2012, 348 ff..

④ NK/Kargl, *StGB*, Auf. 4, 2013, § 202c Rn. 13.

其次是对影响第三人范围的考量。广义实质预备犯语境下，直接法益侵害结果是由不确定的第三人所造成，如果不对预备行为人所希望影响的第三人范围进行限定，只是认为该行为可能引起时间、方式、危害范围都不确定的任意犯罪行为，那么刑法就成为纯粹的危险预防法。事实上，危险预防历来是警察法的职能，因为警察法对于具体场合的危险流程介入具有高度的灵活性。刑法则不同，基于刑罚的严厉性，刑法应遵守最后手段性原则。所谓"最后手段"，是指刑法的发动应当最为谨慎，刑罚的适用标准应当最为明确与确定。如果刑罚发动不再以行为危害性为依据，而纯粹是对规范违反的回应，这会带来刑法功能的全能化，进而导致刑法功能的虚无化。因此，预备行为人的主观计划中，应当要考量他希望通过预备行为的实施所影响的特定人，至少是群体，此时对广义预备犯的处罚才具备正当性。

对于本节所考察的这两个罪名来说，应当要求行为人在从事设立网站与通讯群组、互联网接入、服务器托管、网络存储、通讯传输等技术支持，或者提供广告推广、支付结算等业务等行为时，应已确定希望影响之人或群体的大致范围，并且认知到自己所创设的网站、通讯群组与所提供的服务能够被对方接收到。从《信息网络犯罪解释》第 12 条的规定来看，该解释未对相关行为所能帮助犯罪的范围做出任何限定，这样的立场值得反思。

（三）实质预备犯的犯罪形态

最后需要关注实质预备犯的犯罪形态。本书认为，原则上不应再承认实质预备犯的预备行为可罚，从而适用我国《刑法》第 22 条有关形式预备犯的规定。因为无论是广义还是狭义实质预备犯，都要依赖行为人或第三人后续的自主行为才能造成直接法益侵害结果，实质预备犯的预备行为要导向直接法益侵害结果，需经历的可能中间步骤之多完全难以计数，行为与直接法益侵害结果间的规范连接基本无法判断[1]，这是相关论者主张在个案中具体判断实质预备犯预备行为可罚性的基本理由。然而，完全以个案的实质判断为标准，本质是以法律适用者的目的作为处罚根据，难以

---

① Vgl. Mark Alexander Zöller, *Terorrismusstrafrecht*, C. F. Müller, 2009, S. 581.

认为符合罪刑法定原则和比例原则的基本要求，无法回应对处罚此类行为正当性的质疑。因此，不应当承认实质预备犯的预备行为可罚。例如，如果为了提供广告推广服务而注册广告公司的行为也可以被纳入刑法的规制范围，这会让一般公民难以想象。

其次，实质预备犯应存在可罚的未遂。当犯罪行为人意志外因素导致行为计划不能完全实现，从而导致行为与直接法益侵害结果之间的规范连接仍然存在，但被削弱时，实质预备犯为犯罪未遂。换言之，实质预备犯未遂的不法内涵仍在于造成直接法益侵害结果的抽象危险，但预备行为与直接法益侵害结果之间的距离变得更远。实质预备犯的未遂是否可罚，取决于所欲保护法益的重要程度。[1] 只有在保护重大法益的场合，对实质预备犯未遂的处罚才具备正当性。关于何为重大法益，本书不做进一步展开。在这一语境下，应当适用我国《刑法》第 22 条的规定，对未遂犯比照既遂犯从轻或减轻处罚。鉴于实质预备犯具备独立的行为不法内涵，对于教唆、帮助实施实质预备犯罪的，应当能够成立共同犯罪，按照我国刑法有关共同犯罪的规定认定相关行为人的刑事责任。

三　正犯归责模式的理论价值：行为不法的类型化

对于相关罪名刑事责任的认定，本书采纳了正犯归责的模式。刑事不法论的实质，是刑罚保护对象论。[2] 在互联网时代，以风险为基点的思考告诉我们，作为风险社会的表现形态之一，网络空间中的犯罪风险重大且不可控，面对社会化的法益侵害风险，公民个体无法有效保护自身。只有让国家权力全面介入，放松对刑罚权的约束，具体表现为对行为不法确定性的要求，才能实现对风险的有效预防，防止损害结果发生。然而，这一假设并不成立。

在有效性层面，在信息网络犯罪的预防机制中，刑法是效用最低的最后手段。例如，2017 年 5 月 12 日晚，勒索病毒 WannaCry 全球爆发的案例就表明，加强关键信息基础设施部门的信息安全防护体系建设，包括建设

---

① Vgl. Ulrich Sieber, *Straftaten und Strafverfolgung im Internet*, *Gutachten C zum 69. Deutschen Juristentag*, C. H. Beck, 2012.

② 参见〔日〕伊东研祐《法益概念史研究》，秦一禾译，中国人民大学出版社，2014，第 350 页。

网络攻击应急响应中心等长效机制，以及做好相关责任人的信息安全保护教育，而非动用刑法，才是真正以法益保护为中心。

在正当性层面，在信息网络犯罪的预防机制中，刑法也应当是最后手段。刑法应当面对整体社会保护个人自由①，在构建互联网治理规则的过程中，它的这一功能显得愈加重要。明确刑法处罚的边界，才能不让个人成为保护社会利益的纯粹工具。面对网络参与行为所具备的法益侵害风险的社会化，应当思考的是确定新型的法益，从而坚持以具体行为不法与责任作为刑事责任个别化明确而确定的标准。以无法定型的法益侵害风险为基点，采用"网络帮助行为正犯化"或共犯归责的模式，就陷入了"风险犯"的歧途，不是预防犯罪，而是预防恐惧。② 刑法是用刑罚对不法且有责的行为予以回应，"行为导致的法益侵害"才是确定的不法界限。因此，对网络参与行为的刑事归责，应当从以风险为中心回归到以法益为中心。

设立网站与通讯群组等行为是否应当由刑法处罚，这是立法论层面应当探讨的问题，本书不予着力。在司法论层面，由于刑法理论中实质预备犯构成要件要素的阙如，司法实践中对此类犯罪，包括本节探讨的两个信息网络犯罪的认定缺乏明确的规范标准，往往流于恣意。通过明确行为不法的内涵是行为与法益的主、客观规范连接，能够确定实质预备犯处罚的规范依据；通过对主、客观构成要件要素的明确，此类犯罪的教义学边界能够得以明确，为司法实践中此类罪名的解释适用提供清晰明确的理论指导。

第五节　作为犯刑事责任的认定

本书已指出，非法利用信息网络罪第 1 款第（2）、（3）项与侵犯公民个人信息罪属于作为正犯的抽象危险犯，接下来需要回到这两个罪名的具体规定，探讨其刑事责任的具体认定。

一　保护集体法益的情节犯与抽象危险犯

在展开对这两个罪名刑事责任认定的具体探讨前，需要解决一个前置

---

① Vgl. Julia Maria Erber-Schropp, Schuld und Strafe. Perspektive der Ethik, Mohr Siebeck, 2016, S. 61.

② Vgl. Karl-Ludwig Kunz, Kriminologie, Haupt, 2011, S. 328f. .

难题：按照本书对非法利用信息网络罪第 1 款第（2）、（3）项与侵犯公民个人信息罪所保护法益的界定，二者均属于直接侵犯集体法益、作为正犯的抽象危险犯，但这两罪同时属于情节犯，情节犯代表着在犯罪成立时判断罪量因素的规范要求①，如何处理二者之间的关系，为我国学界所忽略，却是本书必须探讨的问题。

对于判断侵犯公民个人信息罪"情节严重"与"情节特别严重"的标准，司法实践中有《公民个人信息解释》可以作为依据，《信息网络犯罪解释》出台之前长期没有司法解释对非法利用信息网络罪"情节严重"的判断标准进行明确。情节标准是两罪成立的基准，在已经生效的 20 余例非法利用信息网络罪的判决中，往往以发布相关信息的数量、非法获利或造成损失的金额等是否达到其他犯罪的定罪门槛，来作为本罪第 1 款第（2）、（3）项"情节严重"的判断标准②，这当然不可接受。《信息网络犯罪解释》第 10 条③明确了非法利用信息网络罪"情节严重"的判断标准，是我国司法机关做出的重要积极探索。但该解释制定的"情节严重"标准仍有可待商榷之处，下文将就此展开进一步探讨。就前者而言，《公民个人信息解释》所制定的"情节严重"与"情节特别严重"标准也还存在严重的问题。本书首先对《公民个人信息解释》中的情节标准进行具体分析。

本罪规制的构成要件行为有两类，非法获取公民个人信息以及出售或提供公民个人信息。《公民个人信息解释》第 5 条第 1 款第（3）、（4）、

---

① 参见王莹《情节犯之情节的犯罪论体系定位》，《法学研究》2012 年第 3 期。

② 参见张耀阳、孙永上《完善非法利用信息网络罪司法适用的法理探析》，《中国检察官》2019 年第 3 期。

③ 《信息网络犯罪解释》第 10 条规定："非法利用信息网络，具有下列情形之一的，应当认定为刑法第二百八十七条之一第一款规定的'情节严重'：（一）假冒国家机关、金融机构名义，设立用于实施违法犯罪活动的网站的；（二）设立用于实施违法犯罪活动的网站，数量达到三个以上或者注册账号数累计达到二千以上的；（三）设立用于实施违法犯罪活动的通讯群组，数量达到五个以上或者群组成员账号数累计达到一千以上的；（四）发布有关违法犯罪的信息或者为实施违法犯罪活动发布信息，具有下列情形之一的：1. 在网站上发布有关信息一百条以上的；2. 向二千个以上用户账号发送有关信息的；3. 向群组成员累计达到三千以上的通讯群组发送有关信息的；4. 利用关注人员账号数累计达到三万以上的社交网络传播有关信息的；（五）违法所得一万元以上的；（六）二年内曾因非法利用信息网络、帮助信息网络犯罪活动、危害计算机信息系统安全受过行政处罚，又非法利用信息网络的；（七）其他情节严重的情形。"

（5）、（6）、（7）、（8）项，以及该条第2款第（3）项的规定，确立了获取公民个人信息和非法获利的不同数量与额度，作为非法获取公民个人信息"情节严重"的判断标准。但是，仅以条数和获利数额作为入罪标准，法理基础仍显薄弱。

对出售或提供公民个人信息行为社会危害性的评价，相对于非法获取公民个人信息要复杂得多。出售或提供的个人信息类别和数量还不足以成为"情节严重""情节特别严重"的衡量标准。有关于此，《公民个人信息解释》作出了有益的尝试，但存在的问题还非常明显。比如，按照《公民个人信息解释》第5条第1款第（1）项的规定，出售或提供行踪轨迹信息被他人用于犯罪的，和第5条第1款第（2）项的规定，知道或应当知道他人利用公民个人信息实施犯罪向其出售或提供的，都属于"情节严重"。按照第5条第1款第（2）项的规定，向他人出售或提供个人信息被利用实施犯罪的，尚且要求"知道或应当知道"，对于出售或提供行踪轨迹信息被他人用于犯罪的，连"应当知道"都不做要求了，这无疑已突破责任主义原则，属于结果归罪的范畴了。《公民个人信息解释》第5条第2款规定，造成被害人死亡、重伤、精神失常或被绑架等严重后果，造成重大经济损失或恶劣社会影响，数量或数额达到第1款第（3）项至第（8）项规定的10倍以上，以及其他情节特别严重情形的，都属于"情节特别严重"。在行为人只具备侵犯公民个人信息的主观认知时，让他为公民个人信息被他人非法利用所造成的严重后果承担刑事责任，毫无疑问，也是结果归罪。面对犯罪行为造成的危害结果具备公共性的社会现实，情节标准成为《公民个人信息解释》依赖的万能口袋。本书认为，仅通过情节标准和罪量要素的类型化①不能解决根本问题，这是将入罪标准的确定完全交给了司法，并不足取。

这两个罪名作为抽象危险犯，待处罚行为具备的法益侵害抽象危险属性由客观推定而来，原则上应允许对抽象危险进行反证。首先，构成要件要服务于对具体对象的保护，具体案件中可以认定保护的对象是否存在客观危险时，应当认可对危险的反证；其次，在行为不具有客观危险时，行

---

① 参见李静然、王肃之《侵犯公民个人信息罪的情节要素与数量标准研究》，《法律适用》2019年第9期。

为人当然不存在对危险的明知，这违背了责任原则的要求；最后，我国《刑法》第 13 条的"但书"规定，涉及证明责任分配的问题存在讨论的空间，但本书认为它能够成为支持反证的规范根据。对于本罪所规制的两类构成要件行为，应适用不同的反证规则，本书将结合罪名尝试进行具体探讨。

二　侵犯公民个人信息罪刑事责任的认定

鉴于"非法获取公民个人信息"和"出售或提供公民个人信息"行为入罪标准应然的巨大差异，本书主张应将二者拆分为不同的罪名。但基于对实定法效力的尊重，可以先在教义学层面对二者适用不同的刑事责任认定路径。

（一）非法获取公民个人信息刑事责任的认定

对侵犯公民个人信息犯罪而言，非法获取个人信息是整个行为链条的起点、源头，也应当是刑法规制的核心。德国刑法典第 202 条探知数据罪（Ausspähen von Daten）的立法模式，可以提供有益的借鉴。该罪第 1 款规定，对于采取特别安全措施的数据，无权限的情形下径行获取的，处以三年以下自由刑或罚金刑。[①] 我国刑法也应当参照德国探知数据罪的立法模式，将非法获取公民个人信息的行为分割为单独的罪名，设置专门的"非法获取公民个人信息罪"。德国的探知数据罪，由于其入罪门槛较低，没有情节限制，个人数据也未进行类型化，只有"采取了足以阻止或妨碍无权限行为人的安全措施"[②] 这一实质限缩标准，因此在德国学界受到了较多的批评。但在我国语境下，这不会成为问题。对于非法获取公民个人信息罪，应当沿用情节严重的标准作为入罪门槛和现有的刑罚设置幅度。同时，应继续探索对公民个人信息的类型化，以及对数量标准的完善。在此基础上本书认为，即使非法获取公民个人信息行为达到数量和数额等情节要素的要求，也应允许对抽象危险的反证，因为情节要素是法益侵害抽象危险的体现，而非法益侵害抽象危险这一入罪规范标准本身。这可以极大

---

① §202a StGB.

② Vgl. Fischer. *StGB*，§202a，Rn.10.

弥补以个人信息数量和非法获利数额作为入罪标准的正当性缺失，也可以为情节要素设置的完善提供指引。

（二）非法出售或提供公民个人信息刑事责任的认定

有关出售或提供公民个人信息行为的入罪，《公民个人信息解释》给出的标准还存在严重的问题，关键在于没有厘清对此类行为刑事归责的基本原则。本书基于此行为侵犯法定主体信息处分权的基本认知，认为出售或提供公民个人信息行为的入罪，应当具备对个人信息被利用所造成严重后果的认识，因为可能造成的严重后果是刑法保护法定主体信息处分权的理由，是出售或提供公民个人信息行为抽象危险的来源。这一罪名应当设置为"非法提供或出售公民个人信息罪"，罪名表述应为"非法提供或出售公民个人信息，造成严重后果的"，可以沿用现行的量刑幅度。当行为人对所造成的后果具备直接故意时，应直接认定为该严重后果所构成犯罪的共同正犯或帮助犯；当行为人具备间接故意或者过失时，应当认定构成本罪。当行为人可以证明对该严重后果的事实完全不具备主观认知时，应当认为行为人实现了对抽象危险的反证，不构成犯罪，可以要求其承担其他法律责任。

《公民个人信息解释》第9条规定，当网络服务提供者泄露用户的个人信息时，成立《刑法》第286之一的拒不履行信息网络安全管理义务罪。该罪的法定刑在三年以下，而侵犯公民个人信息罪，在"情节严重"时刑罚幅度才是三年以下。换言之，《公民个人信息解释》认为网络服务提供者拒不履行信息网络安全管理义务导致用户个人信息泄露造成严重后果的，属于"情节严重"。"泄露"从文义解释上来看，包括有意泄露和无意泄露。那么，有意泄露用户个人信息的网络服务提供者，其行为应属于侵犯公民个人信息罪中的"将履行职责或提供服务过程中获得的个人信息出售或提供给他人"。而《公民个人信息解释》第5条第1款第（8）项的规定，对此类行为"情节严重"的认定，是以提供或出售个人信息的条数与获利数额为标准的。本书认为，《公民个人信息解释》第9条与第5条第1款第（8）项的规定自相矛盾，网络服务提供者拒不履行信息网络安全管理义务又构成其他犯罪的，应直接按照处罚较重的罪名处罚，按照本书的构想，也就是在非法提供或出售公民个人信息罪与拒不履行信息网络安全管理义务罪之间择一重处。

《刑法修正案（七）》中，我国刑法曾设置了独立的"非法获取公民个人信息罪"与"出售、非法提供公民个人信息罪"，《刑修（九）》为了扩大本罪的规制范围，将原本清晰的构成要件行为进行了混同，这实在遗憾。本书认为，目前可以先将"非法获取公民个人信息"与"出售、非法提供公民个人信息"作为本罪不同的构成要件行为类型，对其刑事责任的认定采纳不同的路径与标准，今后应当考虑通过修订刑法将二者重新区分为不同的罪名。

三 非法利用信息网络罪第1款第（2）、（3）项刑事责任的认定

非法利用信息网络罪第 1 款第（2）、（3）项，即发布有关制作或者销售毒品、枪支、淫秽物品等违禁物品、管制物品或者其他违法犯罪信息，以及为实施诈骗等违法犯罪活动发布信息，情节严重的行为，直接侵犯了法定主体的信息处分权，也属于作为正犯的抽象危险犯，"情节严重"是推定行为具备法益侵害抽象危险的法定标准。

本书认为，对于本罪"情节严重"的标准，除了按照《信息网络犯罪解释》第 10 条的规定，结合发布的信息数量、所造成的财产损失数额等，综合判断本罪"情节严重"的标准之外，还应明确本罪作为抽象危险犯，应当允许对行为抽象危险的反证。因为，只有相关违法犯罪活动信息真正被发布出去，才能判定法定主体对相关信息的处分权受到侵犯。例如，当相关部门或网络服务提供者等及时介入，阻断了相关信息的成功发布，应当不认为构成犯罪。

第六节　网络化传统犯罪刑事责任的认定

一 网络恐怖主义犯罪刑事责任的认定

网络化的传统犯罪，其行为不法认定面对的问题与狭义信息网络犯罪不同：创设狭义信息网络犯罪之后，是否还能够以传统犯罪行为与互联网结合之后行为不法激增，继而从重处罚？如果是，这是否存在重复评价的问题？本书以最具代表性的网络恐怖主义犯罪为例，进行具体的分析。

当今社会，恐怖主义犯罪无疑已成为世界性毒瘤，在我国也不例外。近年来愈加高发的暴恐犯罪案件，是我国在《刑修（九）》中较大幅度修改及增设涉恐犯罪条文，以及出台专门《反恐怖主义法》的基本现实背景。而"传统意义上的恐怖主义如今借助于现代化环境的孕育，已经由一种边缘性或是低层次的社会反抗，一下子成为了具有能主导社会安全与稳定的一种不可小视的能量"①，这是因为作为信息传播媒介的互联网持续高速发展，以其突破疆域限制的流动性，为恐怖主义犯罪之"恐怖"的蔓延提供了强劲助力，使恐怖主义犯罪正在变成一种由网络主导的现象。② 而如何遏止此种蔓延，成为当下恐怖主义犯罪治理的中心课题。

（一）网络恐怖主义犯罪的概念

从客观层面看，网络社会中"恐怖"的蔓延，其基本载体是网络信息，具体分为三个层次：就狭义的"网络恐怖袭击"而论，这种"蔓延"所指的，是网络信息流动性的日趋增强，为以各类计算机信息系统为攻击目标的网络恐怖袭击提供了有力"武器"，致使其"蔓延"；就更广泛的恐怖主义犯罪而论，网络信息作为当下恐怖活动联络、资助、宣传招募与技术支持的重要载体，难以对其实现中心化的管控，事实上助力了恐怖主义犯罪的"蔓延"；最后，网络信息的传播实际上使当代的恐怖分子更容易实现"既让更多的人死，也让更多的人看"的目标③，亦即促使恐怖主义思想、主张的"蔓延"。相较于我国学者采用的"工具型网络恐怖主义"和"对象型网络恐怖主义"④ 的分类方式，本书的分类以网络信息这一"恐怖"蔓延的基本载体为中心，更为准确。

所谓遏止"恐怖"蔓延，实质是网络时代治理恐怖主义犯罪的刑事政策选项：通过对网络信息进行刑事规制，实现预防恐怖主义犯罪的目的。

① 参见李湛军《恐怖主义与国际治理》，中国经济出版社，2006，第2页。
② See Rohan G., Michael C., *Countering Terrorism：Can We Meet the Threat of Global Violence*, Reaktion Books Ltd, 2007, p.178.
③ 皮勇：《全球化信息化背景下我国网络恐怖活动及其犯罪立法研究——兼评我国〈刑法修正案（九）〉（草案）和〈反恐怖主义法〉（草案）相关反恐条款》，《政法论丛》2015年第1期。
④ 参见王志祥、刘婷《网络恐怖主义犯罪及其法律规制》，《国家检察官学院学报》2016年第5期。

在刑法教义学视域内展开对这一命题的探讨，首先需要厘清的是"网络恐怖主义犯罪"的概念。何为"网络恐怖主义"，国际社会目前并未形成精确的定义，多列举利用网络可实现的、促进恐怖主义犯罪实行的行为方式，划定网络恐怖主义的范围。联合国毒品和犯罪办公室的界定很有代表性，它将网络恐怖主义界定为六类行为：（1）利用互联网进行恐怖主义宣传，其中包括招募、煽动和转化；（2）利用互联网为恐怖主义犯罪获取资金支持；（3）利用互联网训练人员；（4）利用互联网计划恐怖活动，包括利用秘密的通信技术和公开的社交平台；（5）利用互联网传播恐怖主义及恐怖活动的影响；（6）利用互联网实施网络攻击。[①] 从中可以清楚地看到，所谓网络恐怖主义，实质是利用网络进行的恐怖主义犯罪预备、帮助和实行行为的功能性集合，以网络信息为载体，可以归纳进前文所列举的"恐怖"蔓延的三个层次。

然而，我国学界当前在探讨通过网络实施的恐怖主义犯罪时，却多将其类型化为"网络恐怖主义犯罪（或是活动、行为）"，将它作为恐怖主义犯罪的下位概念进行解析。[②] 学界现有的探讨，都是基于这个看似顺理成章的前提展开的。但这个概念逻辑上存在吊诡之处，具有非常显著的、违背刑法中"禁止重复评价原则"的法治风险。所谓利用网络实施恐怖主义犯罪行为，本质上包含了两类被刑法规制的行为，即制造、传播、获取网络信息的行为，和恐怖主义犯罪的预备、帮助和实行行为。虽然在尚未进入刑法评价时，前者可以是后者的一种行为方式，这也是符合我国《反恐怖主义法》第 3 条第 2 款对"恐怖活动"[③] 的定义的，但在两者都已经成为我国刑法所规制之行为的背景下，如果将"网络恐怖主义犯罪"作为一种独立的恐怖主义犯罪类型，无疑会混淆恐怖主义犯罪和狭义信息网络犯

---

① UNODC, *The Use of the Internet for Terrorist Purposes*, 2012, pp. 3 – 12.

② 参见王志祥、刘婷《网络恐怖主义犯罪及其法律规制》，《国家检察官学院学报》2016 年第 5 期。

③ 我国《反恐怖主义法》第 3 条第 2 款规定："本法所称恐怖活动，是指恐怖主义性质的下列行为：（一）组织、策划、准备实施、实施造成或者意图造成人员伤亡、重大财产损失、公共设施损坏、社会秩序混乱等严重社会危害的活动的；（二）宣扬恐怖主义，煽动实施恐怖活动，或者非法持有宣扬恐怖主义的物品，强制他人在公共场所穿戴宣扬恐怖主义的服饰、标志的；（三）组织、领导、参加恐怖活动组织的；（四）为恐怖活动组织、恐怖活动人员、实施恐怖活动或者恐怖活动培训提供信息、资金、物资、劳务、技术、场所等支持、协助、便利的；（五）其他恐怖活动。"

罪的界限。

（二）避免重复评价

将网络恐怖主义犯罪单独类型化的动因，常见的表述是"与互联网结合后，恐怖主义犯罪发生的危险具有不确定性、扩大性、难以预测性，必须采取相关手段进行提前遏制，以免这种抽象或具体的危险转化为现实损害"。① 换言之，"网络恐怖主义犯罪"中，互联网开放性、隐蔽性、流动性并存的特性导致网络社会中恐怖主义犯罪的风险升高到必须要动用刑法进行前置预防的程度。例如，"网络恐怖团伙或个人在网络上传播极端思想、提出犯罪计划，其他人自愿加入进行集体形式的犯罪。该种情况下犯罪人之间不存在传统有组织犯罪的组织结构和意思联络，但鉴于该行为严重的社会危害性，应考虑发展共同犯罪理论，扩展有组织犯罪的立法规定，或将其作为一种新的共同犯罪形态单独规定处罚条款"②，这种论点便是这一思想指导下形成的典型产物。

但同样是制造、传播、获取网络信息的行为，在狭义信息网络犯罪的评价中可以认定它制造了法益侵害或法益侵害危险；而在评价以之为行为方式的恐怖主义犯罪时，从普遍意义上讲，这样的行为方式只提升了恐怖主义犯罪的风险，不能在风险的增加和犯罪行为社会危害性的增加之间画等号。将两者画等号，实质是将作为定罪情节的制造、传播、获取网络信息的行为，又作为量刑情节进行了评价，违背了禁止重复评价原则。此外，在刑法规范中判断犯罪行为的社会危害性根基是已经发生的不法，而证成已经发生的不法的基础，底线要求是法益侵害的危险。而正如前文所述，动用刑罚这一国家最为严厉的强制力保障实施的机制进行犯罪预防，在客观上不能超越已经产生的法益侵害危险这一界限，预防必要性应当被限制在法益侵害危险的范围内。没有经过法益侵害原则过滤的恐怖主义犯罪风险不能成为认定刑事不法的根据，否则就模糊了恐怖主义犯罪风险和危险的界限，也模糊了社会控制类型的界限。

在当前我国恐怖主义犯罪形势异常严峻，国家也在《反恐怖主义法》

---

① 参见皮勇《网络恐怖活动犯罪及其整体法律对策》，《环球法律评论》2013 年第 1 期。

② 参见皮勇《网络恐怖活动犯罪及其整体法律对策》，《环球法律评论》2013 年第 1 期。

第 8 条第 2 款①中确立了"半军事化半司法"处置策略的背景下，在利用
网络实施的恐怖主义犯罪认定中保持这种区分的明确性就显得更加重要。
因为恐怖主义犯罪的目标之一，便是削弱公众的安全感，促使公众退出市
民社会的活动，摧毁公共领域包括网络空间的活力，假定每个人都存在无
论是受害还是违法的风险，从而催生对公众进行普遍监视的依赖，产生更
加专制和压抑的控制制度。② 2015 年巴黎遭遇恐怖袭击之后，面对儿子布
兰敦（Brandon）满怀恐惧的询问："爸爸，那些坏蛋怎么办，他们手里有
枪。"作为父亲的法国男子安吉尔勒（Angel Le）坚定地说："他们有枪，
我们有鲜花。"③ 面对持枪暴徒的威胁，鲜花当然无法抵挡，但鲜花代表的
是广大公众具备的不畏强暴的勇气和对生活坚定的信念，保护它们，是与
恐怖主义犯罪进行斗争的原动力，不能让没有被恐怖分子破坏的它们反而
被运用刑法预防恐怖主义犯罪的努力所侵蚀。

（三）网络恐怖主义犯罪刑事责任的认定

从实然的法益侵害危险来讲，借由网络信息载体的"恐怖"蔓延从第
一个层次到第三个层次在递减；从犯罪风险预防必要性上来讲，从第一个
层次到第三个层次却是在递增。也就是说，法益侵害危险的程度和犯罪风
险预防的必要性发生了直接冲突，应当如何确定行为不法的具体界限呢？
这一界限应当在于恐怖主义犯罪的抽象危险。

借由网络实施的恐怖主义犯罪，正如上文所述，本质是通过网络信息
的制造、传播和获取实现的。我国刑法中的恐怖主义犯罪罪名，除了《刑
修（九）》新增的第 120 条之五"强制穿戴恐怖主义、极端主义服饰、标
志罪"之外，其余都可以通过制造、传播、获取网络信息的行为方式实

---

① 我国《反恐怖主义法》第 8 条第 2 款规定："中国人民解放军、中国人民武装警察部队和
民兵组织依照本法和其他有关法律、行政法规、军事法规以及国务院、中央军事委员会
的命令，并根据反恐怖主义工作领导机构的部署，防范和处置恐怖活动。"明确赋予了军
事机关打击恐怖主义犯罪的执法权。
② See Kevin D. Haggerty, "Amber Gazso, Seeing Beyond the Ruins: Surveillance as a Response to
Terrorist Threats", *Canadian Journal of Sociology*, 2005, 30 (2), pp. 87 – 169.
③ 凤凰资讯：《巴黎恐袭后，这对父子的暖心对话被转 40 多万次》, http://news.ifeng.com/
a/20151118/46296980_0. shtml, 访问时间：2019 年 7 月 8 日。

施。① 而除了《刑法》第 253 条之一的侵犯公民个人信息罪之外，其余三类狭义信息网络犯罪在认定以制造、获取、传播网络信息为行为方式实施的恐怖主义犯罪时，都有与恐怖主义犯罪竞合的空间。按照前文归纳的三个层次，下文拟分别进行探讨。

就狭义的"网络恐怖袭击"而论，其属于我国《刑法》第 285 条和第286 条②规制的范畴，不会产生疑问。2017 年 5 月 12 日晚，新型"蠕虫式"勒索软件 WannaCry 在全球爆发，采用美国国家安全局（NSA）泄露出的黑客武器"永恒之蓝"在全球传播开来，先是攻击英国国家医疗系统NHS，导致其崩溃，对英国数十万病患产生了直接影响，继而攻击各国政府和公共网络系统，众多学校、医院受到严重侵害，而中国教育网络也成为重灾区，教育系统大规模瘫痪。③ 这次勒索软件利用了 Windows 系统远程漏洞进行传播，众多公共网络系统及教育网用户关闭了防火墙防护，或是因为疏于防护，未能及时更新 Windows 系统，是这次攻击影响范围如此之大的最根本原因。预防这个意义上的"恐怖袭击"，刑法规范的作用非常有限，最有效的措施还是加强关键信息基础设施部门的信息安全防护体系建设，包括建设网络攻击应急响应中心等长效机制，以及做好相关责任人的信息安全保护教育。刑法只能规制网络攻击的实害与危险，而不能规制风险。以此类网络攻击给公共安全制造了重大风险为由，扩张刑法适用以预防此类犯罪的主张，既没有正当性根据，也没有有效性根据。

就以网络信息的制造、传播、获取为行为方式促进恐怖主义犯罪实施而论，值得注意的是在规制主体为网络服务提供者时，会产生以下三种竞

---

① 包括《刑法》第 120 条的组织、领导、参加恐怖组织罪，第 120 条之一的帮助恐怖活动罪，第 120 条之二的准备实施恐怖活动罪，第 120 条之三的宣扬恐怖主义、极端主义、煽动实施恐怖活动罪，第 120 条之四的利用极端主义破坏法律实施罪，第 120 条之六的非法持有宣扬恐怖主义、极端主义物品罪，以及完善了两种罪名的罪状：一是在第 120 条之一帮助恐怖活动罪中增加"资助恐怖活动培训的行为"，并明确规定对于为恐怖活动组织、实施恐怖活动或者恐怖活动培训招募、运送人员的，要追究刑事责任；二是在第 311条"拒绝提供间谍犯罪证据罪"中增加了拒绝向司法机关提供恐怖主义、极端主义犯罪证据且情节严重行为。

② 我国《刑法》第 285 条规定了"非法侵入计算机信息系统罪"、"非法获取计算机信息系统数据、非法控制计算机信息系统罪"和"提供侵入、非法控制计算机信息系统程序、工具罪"，第 286 条规定了"破坏计算机信息系统罪"。

③ 腾讯安全反病毒实验室：《腾讯安全反病毒实验室解读 WannaCry 勒索软件》，http：//tech. qq. com/a/20170513/018532. htm，访问时间：2019 年 7 月 8 日。

合的情形：第一，在处罚利用网络为恐怖活动组织、实施恐怖活动或者恐怖活动培训招募人员时，会产生第 120 条之一"帮助恐怖活动罪"、第 286 条之一"拒不履行信息网络安全管理义务罪"（"致使违法信息大量传播的"）、第 287 条之一"非法利用信息网络罪"以及第 287 条之二"帮助信息网络犯罪活动罪"四者适用的竞合；第二，在处罚"拒绝向司法机关提供恐怖主义、极端主义犯罪证据且情节严重行为"时，会产生第 286 条之一"拒不履行信息网络安全管理义务罪"（"致使刑事案件证据灭失，情节严重的"，可以是拒不提供证据的一种原因）和第 311 条"拒绝提供间谍犯罪、恐怖主义犯罪、极端主义犯罪证据罪"二者适用的竞合；第三，会产生第 120 条之三中"煽动实施恐怖活动罪"和第 286 条之一"拒不履行信息网络安全管理义务罪"二者适用的竞合。对于这样的竞合，值得关注的有两点。

首先，竞合是在以网络服务提供者为规制对象时产生的；其次，三类狭义信息网络犯罪，最高法定刑都在三年以下，显著低于与之竞合的恐怖主义犯罪的法定刑。[①] 在三年以下法定刑的量刑区间内，竞合的罪名应当如何选择，现行法律规定无法提供答案。基于刑法规制法益侵害危险而非风险的认知，三种竞合的情形下，都应当优先适用相关狭义信息网络犯罪罪名，理由分两个层面厘清。

第一，在三年以下的法定刑区间内，应当选择适用相应狭义信息网络犯罪的罪名。对以网络信息的制造、传播、获取为行为方式实现的相应恐怖主义犯罪来说，它们的行为方式被特别予以了犯罪化，在同样的量刑区间内，应当优先适用狭义信息网络犯罪进行规制。

第二，对于立法上存在的三年以上法定刑区间，应当在定罪量刑时严格控制到三年以下，以优先适用相关狭义信息网络犯罪的罪名。经过个案衡量，情节确实严重的，可以适用相关恐怖主义犯罪罪名。因为对于利用网络实行的相关恐怖主义犯罪来说，对网络服务提供者的处罚已经体现了预防性刑事政策的考量。网络服务提供者是网络信息流动中的"守门人"[②]，具有

---

① 法定刑从三年以下至七年以上。

② 敬力嘉：《论拒不履行网络安全管理义务罪——以网络中介服务者的刑事责任为中心展开》，《政治与法律》2017 年第 1 期。

网络空间主体之间连接和交互的功能，在网络信息流动中处于"阀口"的位置。通过拒不履行信息网络安全管理义务罪和帮助信息网络犯罪活动罪等罪名的设立，结合《网络安全法》和《反恐怖主义法》的前置性规定，我国已经给网络服务提供者赋予了相当强度的监管义务，并且对不履行义务的情形设置了刑事责任。

这对于与我们广大公众日常生活紧密相关的公共网络空间的控制来说，已经足够。所谓的"必须进一步增强网络服务提供者对网络平台的监管责任，控制网络社交平台和封闭性网络空间中恐怖活动信息的流通"[①]的主张非常危险，已经过度了。因为在实际的反恐斗争中，之所以追踪恐怖主义犯罪相关网络信息成为世界性的难题[②]，不是因为对公共网络空间中常规的、与公众生活联系紧密的网站、社交平台、软件服务等控制力度还不够，而是因为恐怖分子已经转向"暗网"、加密技术传输等新路径。例如，笔者在四川省某市网安支队情报大队的调研中了解到，我国恐怖主义的主要网络沟通工具不是微信、QQ这些常用的社交软件，而是野蛮生长的众多小众App。[③] 再继续加强刑法对常规网络公共空间介入的强度，意义何在？最应该做的，难道不是加强对这些小众App的行政监管吗？当前，订餐软件、网络游戏软件等都有聊天视频等功能，难道因为它们存在被恐怖分子利用的风险，就要对运营者赋予严厉的刑事监管义务？这无疑是非常不理性的。不能让预防利用网络所实行恐怖主义犯罪的努力，成为摧毁正常社会生活与经济发展活力的破坏力。而在规制对象为一般主体，不限于网络服务提供者时，基于这些罪名抽象危险犯的基本属性[④]，应当对三个相关恐怖主义犯罪罪名的适用进行严格限制。在行为人能够证明其制造、传播、获取涉恐怖主义犯罪网络信息的作为或者不作为并未制造相

---

① 皮勇、杨淼鑫：《网络时代微恐怖主义及其法律治理》，《武汉大学学报》（哲学社会科学版）2017年第2版。

② See Jody R. Westby, "Countering Terrorism with Cyber Security", *47 Jurimetrics*, 2007, p. 297.

③ 笔者于2017年3月在四川省进行了以"信息网络犯罪协同治理"为主题的专题调研。参见武汉大学法学院《我院刑事法中心博士生团队赴四川省调研信息网络犯罪协同治理》，http://fxy.whu.edu.cn/archive/detail/102486，访问时间：2019年7月9日。

④ 参见黎宏《〈刑法修正案（九）〉中有关恐怖主义、极端主义犯罪的刑事立法——从如何限缩抽象危险犯的成立范围的立场出发》，《苏州大学学报》（哲学社会科学版）2015年第6期。

应恐怖活动的抽象危险时，应当不能认为行为人构成相应的犯罪。最为重要的原因在于网络服务提供者作用的发挥。例如，当行为人能够证明，其通过网络散布的旨在煽动实施恐怖活动的信息已经被网络服务提供者有效拦截，并未散布，当然不能认定他的这一行为构成煽动恐怖活动罪，因为无法证成他的行为具有类型化的法益侵害客观危险。刑法规制的范围，应当限于相关网络信息已经成功散布的情形。

就以网络信息的制造、传播、获取的行为扩展恐怖主义思想、主张的影响而论，其属于第 120 条之三中的"宣扬恐怖主义、极端主义罪"规制的范畴。这个罪名同样属于抽象危险犯，更确切地说，属于实质预备犯，对本罪刑事责任的认定需要进行特别探讨。

（四）宣扬恐怖主义、极端主义罪刑事责任的认定

本罪规制言论表达，是预防性反恐刑事立法最极端的体现。立法论层面争议的实质，是有关整体反恐机制中刑法与其他机制间功能分配的争议，本书不拟着力于此。无论刑法规制的范围怎样扩张，根据罪刑法定原则的要求，以既有规范为依据，行为不法的规范评价标准，也就是罪名的构成要件应当明确。[①] 相较于实施恐怖活动，宣扬恐怖主义、极端主义应属事实性预备行为。但细观宣扬恐怖主义、极端主义罪的罪状，"以制作、散发宣扬恐怖主义、极端主义的图书、音频视频资料或者其他物品，或者通过讲授、发布信息等方式宣扬恐怖主义、极端主义"，无论是"恐怖主义""极端主义"的内涵，还是"制作、散发"以及"讲授、发布信息"的行为方式，以及作为法益的公共安全都是抽象的，本罪所规制的"宣扬恐怖主义、极端主义"的构成要件行为自然只具备抽象外延。本罪存在两个刑档，一般既遂的处五年以下有期徒刑、拘役、管制或者剥夺政治权利，并处罚金，情节严重的处五年以上有期徒刑，并处罚金或没收财产，刑罚已不可谓轻。本书拟回归教义学的基本范畴，根据实质预备犯的归责路径探讨本罪刑事责任的认定。

---

① 参见敬力嘉《网络参与行为刑事归责的"风险犯"模式及其反思》，《政治与法律》2018 年第 6 期。

1. 本罪客观构成要件要素

作为事实性预备行为，"宣扬恐怖主义、极端主义"行为是否具备刑法可罚的抽象危险，需评价行为与法益间的规范连接后才能得出结论。"宣扬恐怖主义、极端主义"行为与法益的客观连接是行为不法的客观内涵。判断待规制事实性预备行为的客观不法内涵，首先需明确本罪所保护的法益。

（1）本罪所保护法益：公民的生命、身体和财产

对于宣扬恐怖主义、极端主义罪所保护的法益，鉴于本罪被设置在分则第二章"危害公共安全罪"，且出于对恐怖主义犯罪去政治化的考量，学界多认为恐怖主义犯罪包括本罪所保护的法益是公共安全。[①]"在恐怖组织或者相关人员的行为仅对公共安全产生抽象危险时，就作为犯罪处理。"[②] 接下来需要检验公共安全作为本罪法益是否适格，如不适格，应明确本罪保护的法益。

首先应考察宪法中是否存在"安全权"这一基本权利。基于公民个人自由的基础是以宪法为基础的法秩序，因此国家具备强制性基础义务维持确保个人自由的基础社会条件的认知，德国宪法学者 Isensee 认为，公民应享有"安全权"这一基本权利。[③] 若以此为基础，公共安全作为刑法法益通过了价值基准检验，但本书不认同这一基本权利的存在。"安全"是"什么"的安全？难道存在不以公民个人自由为保护对象的安全吗？认可这一基本权利，本质是将所有人都视作侵犯他人自由的潜在风险源，都可能侵犯他人"安全"，从而根本否定了在抽象危险犯，包括本罪的场合，对刑罚权发动设置规范标准以检验其正当性的必要，这无疑不可取。从一般意义上来讲，安全是一种价值取向，体现了对所有宪法所保护基本权利进行保护的态度，其本身并非宪法保护的基本权利，难以认为公共安全作为刑法法益符合价值基准的要求。

接下来需检验公共安全作为刑法法益是否能具体化。"安全"应指法

---

① 参见阴建峰、侯日欣《我国新时期反恐刑法立法宏观问题论要》，《北京师范大学学报》（社会科学版）2015 年第 6 期。

② 参见张明楷《论〈刑法修正案（九）〉关于恐怖犯罪的规定》，《现代法学》2016 年第 1 期。

③ Vgl. Joseph Isensee, *Das Grundrecht auf Sicherheit. Zu den Schutzpflichten des freiheitlichen Verfassungsstaat*, Walter de Gruyter, 1983, S. 34 ff. .

益安全，具体内涵为防止法益侵害危险。① 根据我国《刑法》第 115 条第 1款 "致人重伤、死亡或使公私财产遭受重大损失" 的表述，"公共安全"可理解为不特定或多数人的生命、身体和财产安全。这是对公共安全事实性的描述，在规范层面，"安全" 指 "法律的受保护状态与民众对法律受保护状态的认知"②，那么，公共安全应指保护不特定或多数人生命、身体、财产安全的法律的受保护状态，以及民众对此类法律受保护状态的认知。前者的实质内涵是刑法的规范效力，后者则是民众对刑法规范的信赖，两者互为表里。这一法益背后无法找到确定的法益对象，无法具体化对法益对象的侵害方式，内涵无法具体化。

经过法益适格性的判断，可以证明公共安全属于典型的表象法益，不应予以承认。本罪所保护的法益应是公民的生命、身体与财产，确切来说即不特定或多数人的生命、身体与财产，属于个人法益。

（2）本罪客观行为不法：对公民生命、身体与财产的抽象危险属性

对宣扬恐怖主义、极端主义罪而言，客观行为不法的核心，在于宣扬恐怖主义、极端主义行为对公民生命、身体和财产的抽象危险属性。"制作、散发宣扬恐怖主义、极端主义的图书、音频视频资料或者其他物品""讲授、发布信息等方式宣扬恐怖主义、极端主义" 的行为是否能够促进或促成对公民生命、身体和财产的直接侵害，这需要在个案中进行实质判断。接下来需要探讨 "宣扬恐怖主义、极端主义" 行为是否具备适格性。

（3）"宣扬恐怖主义、极端主义" 行为的适格性

接下来便以本书所提出的标准，检验 "宣扬恐怖主义、极端主义" 的构成要件行为是否符合定型化要求。

第一条标准是对预备行为规范属性的明确，要经过整体的构成要件符合性判断才能得出评价结果。第二条标准下，无论是 "制作、散发宣扬恐

---

① Vgl. Schmidbauer a. a. O. , Rn. 12 zu Art. 11 PAG；Berner/Köhler/Käß, Polizeiaufgabengesetz, Aufl. 20, Heidelberg 2010, zu Art. 2 PAG, Rn. 4 ff. .

② 原文是对德国刑法通说中公共安宁法益（Öffentlicher Frieden）性质的描述，事实上同样适用于公共安全。Thomas Fischer, Öffentlicher Friede, Teil 2：Über das Hetzen und das Lügen, ZEIT ONLINE vom 03. 11. 2015, Onlineartikel, http://www. zeit. de/gesellschaft/zeit-geschehen/2015 – 11/volksverhezung-oeffentlicher-friede-ausschwitzluege-strafrecht-fischer-im-recht/komplettansicht，访问时间：2018 年 11 月 12 日。

怖主义、极端主义的图书、音频视频资料或者其他物品"，还是以"讲授、发布信息等方式宣扬恐怖主义、极端主义"，都只为恐怖活动的实施创造了可资利用的危险情境，应属广义预备行为。有关处罚广义预备行为所要求的主观构成要件要素，下文将进一步展开。第三条标准下，由于制作、散发图书、音频视频资料和具备相当性的其他物品，以及讲授、发布信息的行为无疑都具备社会相当性，是民众生活中的常态行为，若要将本罪的构成要件行为与之相区分，核心则是要明确什么是"恐怖主义、极端主义"的音频、视频与信息。此外，就本罪法定的"制作、散发、讲授、发布"四类行为，需要分别进一步考察是否具备为了恐怖活动的遂行而实施之不法目的的客观特征。

　　首先需要明确的是，只有厘清"宣扬恐怖主义、极端主义"的规范内涵，才能明确界定"宣扬恐怖主义、极端主义"的音频、视频与信息（以及其他物品）的规范标准。根据我国《反恐怖主义法》第 3 条的规定，恐怖主义是指"通过暴力、破坏、恐吓等手段，制造社会恐慌、危害公共安全、侵犯人身财产，或者胁迫国家机关、国际组织，以实现其政治、意识形态等目的的主张和行为"。鉴于刑法处罚的是"宣扬"的行为，而非思想本身的前提不可动摇，在刑法视域中"恐怖主义"应限于思想主张，而非行为，否则何来宣扬？但《反恐怖主义法》的这一界定强调了恐怖主义应具备政治与意识形态目的，这与我国刑法的调整范围并不协调，因为若采纳这一定义，则排除了刑法对非主义型恐怖活动的规制[1]，并不合理。保护国家安全、政治体制的功能不应由反恐刑法承担，"恐怖主义"应限于危害公共安全，即不特定或多数人生命、身体与财产的思想主张。"极端主义"并无法定定义，我国理论与实务界多引用《打击恐怖主义、分裂主义和极端主义上海公约》[2]的界定，将"极端主义"的核心特征界定为危害公共安全，也就是危害不特定或多数人生命、身体和财产（的思想主

① 参见赵秉志、牛忠志《反恐怖主义法与反恐刑法衔接不足之探讨》，《法学杂志》2017 年第 2 期。

② 该公约认为极端主义是指旨在使用暴力夺取政权、执掌政权或改变国家宪法体制，通过暴力手段侵犯公共安全，包括为达到上述目的的组织或参加非法武装团伙，并且依据各方国内法应追究刑事责任的任何行为。参见胡江《〈刑法修正案（九）〉恐怖主义犯罪规定的解读与思考》，《理论月刊》2016 年第 7 期。

张）。① 那么，"宣扬恐怖主义、极端主义"可界定为宣扬危害不特定或多数人生命、身体与财产思想主张的行为。

通过以上分析可以发现，"宣扬恐怖主义、极端主义"的规范内涵并不明确。依据最高人民法院、最高人民检察院、公安部于 2014 年颁布的《关于办理暴力恐怖和宗教极端刑事案件适用法律若干问题的意见》，其第 3 条第 1 款规定，应由公安机关对涉案宣传品进行鉴定，法院与检察院应全面审查作为证据的涉案宣传品内容。换言之，判断何为"宣扬恐怖主义、极端主义"的音频、视频、信息（以及其他物品），在实践中要依靠公安机关的司法鉴定。笔者通过在网安机关的实践调研了解到，公安部已建立暴恐音视频的比对库，但有关暴恐音视频性质的鉴定是由网安部门以电子物证勘验报告形式做出的②，这在司法实践中引发了较多疑虑。第一，有关暴恐音视频的鉴定意见为何不是由反恐部门做出？第二，鉴定意见仅体现为电子物证勘验报告，其作为电子证据的法律效力如何？2016 年"两高一部"最新出台的《关于电子数据收集提取判断的规定》也未予以明确。有关这一证据法层面的问题，本书不再进一步展开。对于在公开场合持有相关音视频，从而导致本罪与非法持有宣扬恐怖主义、极端主义物品罪之间需要判断罪数关系的情况，本书认为二者构成想象竞合，择一重罪处。

对于宣扬涉案音视频的法定行为类型，包括"制作"与"散发"，还需分别判断是否具备与直接法益侵害故意相关联的客观特征，也就是"制作"或"散发"行为本身是否具备为了恐怖活动的遂行实施的客观特征。本书认为，在"制作"行为人是否具备非法目的的客观体现时，应根据具体行为情境判断行为人是否为了恐怖活动的实施而特意制作，"散发"行为也是一样。如若不然，就会存在"借口打人"的极大风险，如"张某微信群开玩笑加入'ISIS'获刑 9 个月"一案。③ 这个案例在一定程度上反映了，至少在本罪的认定中，在认为本罪是行为犯的前提下，《刑法》第

---

① 参见高小艳《非法持有宣扬恐怖主义、极端主义物品案的审查批捕要点》，《中国检察官》2016 年第 11 期。
② 参见武汉大学法学院《我院刑事法研究中心博士生赴四川省调研信息网络犯罪协同治理》，http://crimlaw.whu.edu.cn/Plus/m_default/Cms/docDetail.php? ID = 324，访问时间：2018 年 11 月 23 日。
③ 参见中国新闻网《农民工微信群发涉恐言论被判刑，律师提醒引以为戒》，http://www.chinanews.com/sh/2017/09 - 21/8336372.shtml，访问时间：2018 年 11 月 24 日。

13 条的但书在司法实践中难以发挥出罪功能。此案引发了全社会的激烈讨论，大众对于张某行为刑事可罚性的认识并不一致。问题的症结整体上在于本罪构成要件要素的阙如，在行为适格性的判断上，问题则集中于在微信群中发送"跟我加入'ISIS'"是否能认定为"宣扬恐怖主义、极端主义信息"的行为。

从最广义的范畴来看，根据上文对"宣扬恐怖主义、极端主义"行为的界定，任何宣扬危害不特定或多数人生命、身体与财产的信息都可被视作"宣扬恐怖主义、极端主义"的信息，"跟我加入'ISIS'"这一句话本身难以归类到上述范畴。此外，"讲授"或者"发布""宣扬恐怖主义、极端主义"的信息，也应当根据具体行为情境，判断行为人是否为了恐怖活动的实施而特意讲授或发布。在本案中，经过警方调查，张某平日并无其他涉恐言论或行为，可以判断他并不是为了恐怖活动的实施而特意发布这一信息。本案张某的行为是否具备适格性，需要进一步讨论。

2. 本罪主观构成要件要素

接下来需具体探讨宣扬恐怖主义、极端主义罪的主观构成要件要素。本罪属广义实质预备犯，首先需对造成不特定或多数人生命、身体及财产直接侵害结果具备直接故意。其次，应具备帮助实施恐怖活动的故意。在具体判断中，可作为未来恐怖活动实施工具的应当是宣扬恐怖主义、极端主义的音视频、信息以及其他具备相当性的物品，行为人应当希望且认知到能够将这些物品传递给他想要影响的特定群体。

判断这一主观构成要件要素涉及两个层面的问题。第一，宣扬恐怖主义、极端主义行为人想要传递工具和影响的特定群体，多为特定地区、特定宗教的受众群体。[1] 特别是在我国，不宜将所有一般民众都假定为可能被影响从而实施恐怖活动的群体，这实际上是将所有公民都假定为对社会具有潜在危害者，刑法的任务成为保护社会免受危害。[2] 这实际剥夺了人的主体地位，使人成为实现社会政策目标的纯粹工具，我们的刑法不应往这一方向发展。第二，在互联网环境下，音视频与其他信息是否能传递给

---

[1]　参见高小艳《非法持有宣扬恐怖主义、极端主义物品案的审查批捕要点》，《中国检察官》2016 年第 11 期。

[2]　Sophie Zaufal, *Was kann ein strafrechtlicher Tatbestand leisten?*, *Die Bestimmtheit von Strafnormen als hermeneutisch-methodisches Problem im Verfassungsstaat*, Nomos, 2018, S. 264 f..

行为人想要影响的特定群体，很大程度上取决于行为人所传递的渠道。如果行为人采取了小众 App、加密邮件等途径传递音视频与相关信息，一般能够认为他想要且认为能够将这些音视频与信息传递给潜在的第三人。

但当行为人通过微信、QQ、论坛等公共社交媒体渠道传递相关音视频与信息时，恐怕就不能轻易地认定行为人主观上想要且认为能够将这些音视频与信息传递给潜在第三人。因为随着《网络安全法》等相关法律以及相关管理规定的陆续出台，我国已构建起较为完善的法律规范体系规制公共网络空间的信息传播，当前趋势是通过法律规范进一步明确网络服务提供者在自有互联网生态内治理主体的角色。通过明确网络服务提供者的信息网络安全管理义务①，加强政府部门与相关企业间以及行业内部的协同合作，公共网络空间违法信息的传播能得到最大限度的控制。比如微信可以封号，微博可以禁言，视频网站违规违法的音视频内容可以被要求下架。因此，在认定于公共社交平台中传播相关音视频和信息的行为性质时，必须考虑网络服务提供者的功能角色②，不能随意认定行为人主观上想要且认为能够将这些音视频和相关信息传递给潜在第三人。因此，以上文所举出的张某案为例，张某在微信群里发了这一句玩笑话，不宜认定他的主观计划中包含了这样的认知。通过明确本罪的主、客观构成要件要素，才能够明确本罪入罪的规范标准。有关"情节严重"的评价标准，有待学界与实务界进一步探讨。

3. 本罪犯罪形态

就宣扬恐怖主义、极端主义罪而言，首先应否定其预备行为的可罚性。如果为了传播相关音视频而注册 QQ 号的行为也可能被纳入刑法处罚的范围，会让一般公民难以想象。其次，本罪未遂的可罚性原则上存在，因为本罪所保护的法益是不特定或多数人的生命、身体和财产，这类法益依照任何现行的价值评价标准无疑都应被归类为"重大法益"。当行为人宣扬恐怖主义、极端主义的行为计划出于意志外因素不能完全实现时，则本罪未遂，应比照既遂犯从轻或减轻处罚。例如，当行为人通过互联网传播相关音

---

① 参见敬力嘉《信息网络安全管理义务的刑法教义学展开》，《东方法学》2017 年第 5 期。
② 参见苏青《网络谣言的刑法规制：基于〈刑法修正案（九）〉的解读》，《当代法学》2017 年第 1 期。

视频与信息，而被网络服务提供者或相关监管部门，例如网安等即时阻断时，在行为具备构成要件符合性的前提下，应当认为构成本罪的未遂。

二　编造、故意传播虚假信息罪刑事责任的认定

我国《刑法》第291条之一第2款[①]，将利用信息网络或其他媒体编造、故意传播虚假信息的行为单独予以入罪。本罪的规定看似"只能在网络空间发生"[②]，但侵犯的对象不是信息，所侵犯的法益不是法定主体的信息专有权，而是"社会秩序"，因此未被本书归入狭义信息网络犯罪，而被归类为网络化传统犯罪的范畴。本书试以编造、故意传播虚假信息罪为例，探讨网络化秩序型犯罪的刑事责任认定。

我国学界有论者认为，《刑修（九）》生效后，利用信息网络或其他媒体编造、故意传播虚假信息的行为原则上不再根据《关于办理利用信息网络实施诽谤等刑事案件适用法律若干问题的解释》（以下简称《网络诽谤解释》）第5条[③]处以寻衅滋事罪，本罪的设立已使这类行为与寻衅滋事罪脱钩，处罚的是侵犯独立的网络空间管理秩序的行为。[④] 前文中已经对网络空间管理秩序作为本罪法益的适格性进行了否定。本罪与寻衅滋事罪所保护的法益均为现实的社会公共秩序，网络只作为工具存在，本罪的规定明确了入罪的编造、故意传播这一构成要件行为，以及编造、故意传播的虚假信息类型，本属于"网络寻衅滋事罪"规制的范畴，只在这一法定范围内以本罪这一独立的罪名存在，此法定范围之外，在网络空间造谣、传谣的行为既不应构成本罪，也不应再构成寻衅滋事罪。适用本罪的结论虽与前者一致，但理论进路截然不同，后文将进一步展开。

根据本罪的罪名表述，编造、故意传播的虚假信息内容限定为四类，

---

① 我国《刑法》第291条之一第2款规定："编造虚假的险情、疫情、灾情、警情，在信息网络或者其他媒体上传播，或者明知是上述虚假信息，故意在信息网络或者其他媒体上传播，严重扰乱社会秩序的，处三年以下有期徒刑、拘役或者管制；造成严重后果的，处三年以上七年以下有期徒刑。"

② 梁根林：《传统犯罪网络化：归责障碍、刑法应对与教义限缩》，《法学》2017年第2期。

③ 该解释第5条规定："编造虚假信息，或者明知是编造的虚假信息，在信息网络上散布，或者组织、指使人员在信息网络上散布，起哄闹事，造成公共秩序严重混乱的，依照刑法第二百九十三条第一款第（四）项的规定，以寻衅滋事罪定罪处罚。"

④ 参见苏青：《网络谣言的刑法规制：基于刑法修正案（九）的解读》，《当代法学》2017年第1期。

即险情、疫情、灾情、警情，应当作严格的文意解释，超出这四类范围的不能构成本罪。编造及故意传播的虚假信息应当是虚假的事实陈述，而不应当包括行为人的主观评价和判断。对言论内容的限定还远远不够，司法实践中将在网络上传播不当言论入罪，往往只根据言论的内容是否具有对社会的敌意，认为基于网络传播的广泛性和不可控性，这样的对社会带有敌意的言论的社会危害性不证自明①，这样的认识如前文所指出的，无疑是将已被我国刑法单独入罪，在网络空间传播不法信息造成法益侵害的行为再次作为量刑情节进行了重复评价。那么，明确本罪的适用标准，最重要的是应当明确本罪所保护的法益，以及对本罪条文中"严重扰乱社会秩序"和"造成严重后果"的理解。

（一）本罪所保护法益：现实的公共场所秩序

就编造、故意传播虚假信息罪而论，其保护的法益应当是现实的公共场所秩序，网络只是作为行为工具而存在。对本罪所保护法益的认识，需要回溯考察《网络诽谤解释》。"可以肯定的是，刑法规定寻衅滋事罪旨在保护公共秩序或社会秩序。"② 寻衅滋事罪保护的法益是社会公共秩序这一点应无疑义。但关于本罪法益的解释，存在的问题主要有二：（1）对"公共场所"的解释；（2）对"公共场所秩序"及"公共秩序"的解释。

对于第一个问题，通过新闻发布会，我国最高人民法院明确了"公共场所"可包含网络空间，以此为基点，明确了利用网络实施寻衅滋事犯罪的认定问题。最高人民法院认为，"网络具有两种基本属性，即'工具属性'和'公共属性'。人们把网络作为获取信息、买卖商品、收发邮件的有效途径，说明网络具有'工具属性'。同时，网络也是人们沟通交流的平台，是现实生活的延伸，是社会公共秩序的重要组成部分，具有很强的'公共属性'"。③本书认为，在现有的技术水平下，网络空间应当属于公共场所，但它是以网络作为工具达成的现实公共场所，认可网络空间的现实

---

① 于志刚、郭旨龙：《"双层社会"与"公共秩序严重混乱"的认定标准》，《华东政法大学学报》2014 年第 3 期。

② 张明楷：《刑法学》（第四版），法律出版社，2011，第 935 页。

③ 中国法院网：《惩治利用网络实施寻衅滋事将有新依据》，http://www.chinacourt.org/article/detail/2013/09/id/1081089.shtml，访问时间：2018 年 1 月 23 日。

存在并不妨碍网络本身在秩序型犯罪中作为犯罪工具的性质。如网络赌博、网上聚众吸毒等行为，应当认可网络已经弥合了地理上的距离，构成了相应的行为空间，但这也是网络作为连接手段所构成的现实空间。

基于上文的探讨，似乎"归根结底，'网络秩序'这个概念是不存在的；网络天生是一片乱哄哄的众说纷纭，没有什么'秩序'可言"。① 并不存在的独立"信息秩序"不是刑法应当关注的，因为刑法规范的适用不可能不考虑现实的法益侵害可能性，毕竟"就刑法规范的根基来说，存在论与规范论并不是悖反的，而应当是在不同层面并存"。② 那么，刑法应当介入的网络空间秩序的内涵应当是什么？网络也不是法外之地，刑法应当规制的是对现实的③法益有侵害或危险的类型性行为。网络空间中的行为对于受刑法保护的、现实的秩序型法益的侵害，才应当是刑法的关注点。本书认为，刑法应当介入的网络空间秩序是指一类由刑法明文规定保护的、现实的秩序型集体法益，"网络空间秩序"这个概念本身只是这一类法益的功能性集合，而非刑法所保护的独立法益。

接下来就可以切入第二个问题，因为《网络诽谤解释》和刑法条文的用语表述不同，需要对"公共场所秩序"和"公共秩序"进行一定的辨析。"公共秩序"一般泛指维护和保障社会公共生产、生活正常运行的秩序。"社会管理秩序"、"生产秩序"、"工作秩序"、"交通秩序"和"公共场所秩序"都是公共秩序的下位概念。道德秩序及国家形象属于思想领域，对他人价值观、思想产生影响，但并不涉及公共秩序的问题。④ 所谓的道德秩序和国家形象不属于公共秩序的范畴。基于公共场所秩序等于网络空间秩序的认识，有学者主张将"公共场所秩序"直接扩张解释为"公共秩序"，继而可以将寻衅滋事罪的适用扩展到网络空间⑤，这当然只能被视作为了归罪所进行的类推解释。而寻衅滋事罪所保护的是"现实的"公共场所秩序。强调网络上信息传播极其迅速、影响非常广泛，来论证通过

① 张千帆：《刑法适用应遵循宪法的基本精神——以"寻衅滋事"的司法解释为例》，《法学》2015年第4期。
② 许玉秀：《当代刑法思潮》，中国民主法治出版社，2005，第27、28页。
③ Vgl. Hefendehl, *Kollektive Rechtsgüter im Strafrecht*. Carl Heymann, 2002, S. 28.
④ 潘修平、赵维军：《网络寻衅滋事罪的定性》，《江西社会科学》2015年第8期。
⑤ 潘修平、赵维军：《网络寻衅滋事罪的定性》，《江西社会科学》2015年第8期。

网络传播的不当言论必然会对社会公共秩序产生侵害，只是忽视网络空间结构且以归罪为取向的主观臆断。本书认为，《网络诽谤解释》的"公共秩序"只能是"公共场所秩序"，而非"社会公共秩序"。

因此，应当认为编造、故意传播虚假信息罪所保护的法益是现实的公共场所秩序。基于这样的认知，本书认为网络空间是独立于现实空间的公共场所，因此造成网络空间秩序混乱的是基本犯，落实到现实空间造成现实社会公共秩序混乱的属于加重犯[①]的观点不能成立，只能以造成现实公共场所秩序的混乱为本罪成立的构成要件结果。

（二）"严重扰乱社会秩序"与"造成严重后果"的界定

随着网络技术的发展，网络空间的"公共属性"愈发明显，各类异见人群的声音能够得到广泛传播，并可能对现实社会产生巨大影响，这自然给社会秩序的稳定带来一些风险。鉴于我国网络空间法律治理体系的建设才刚刚起步，若完全抵制刑法回应防控此类风险的社会需求，则无法有效防控相关犯罪。因此，刑法以审慎的态度对此类犯罪风险防控的需求进行适度回应，在我国国情下具备一定的正当理据；另一方面，面对可能的风险时，若一味以一刀切的封堵思维适用刑法进行处罚，又会增加为了秩序而牺牲自由的风险。具体于此，本罪中"严重扰乱社会秩序"与"造成严重后果"的界定，关系到维护社会安全和保障公民自由之间的平衡，以及维持网络空间秩序的良性稳定。

根据本罪的规定，严重扰乱社会秩序的处 3 年以下有期徒刑；造成严重后果的处 3 年以下 7 年以上有期徒刑。我国学界有论者在认可存在独立网络空间秩序的前提下，认为本罪应当参照放火罪等抽象危险犯的立法模式，认定本罪的基本犯为抽象危险犯，只要实行编造、故意传播法定类型虚假信息的行为，即推定具备抽象危险，允许被告人进行反证，[②]"造成严重后果"的才是实害犯。基于对其理论前提的否定，本书不赞同这一解释路径。相较而言，本书认同最高人民法院 2013 年《关于审理编造、故意

---

① 于志刚：《"双层社会"中传统刑法的适用空间——以"两高"〈网络诽谤解释〉发布为背景》，《法学》2013 年第 10 期。
② 参见苏青《网络谣言的刑法规制：基于刑法修正案（九）的解读》，《当代法学》2017 年第 1 期。

传播虚假恐怖信息刑事案件适用法律若干问题的解释》第 2 条与第 4 条，分别对"严重扰乱社会秩序"与"造成严重后果"的解释立场。依据该解释的规定，编造、故意传播虚假恐怖信息的行为必须对现实社会公共秩序造成了严重影响，例如造成码头、商场等人员密集场所秩序混乱，影响船舶、列车等大型交通运输工具运行，以及造成国家机关、学校、医院等单位的办公、教学、科研等工作中断等。作为与该罪相并行的罪名，编造、故意传播虚假信息罪的入罪标准，应不低于以上的要求。本罪"严重扰乱社会秩序"应当认定造成了对现实公共场所秩序的实害，"造成严重后果"则属于对结果加重犯的规定。仅把"转发 500 次"等标准作为入罪标准还有待商榷，应当结合实践探索更为妥当的入罪标准，以在本罪保护的公共场所秩序和公民言论自由之间进行衡量，作出合比例的处罚选择。

三　智慧金融背景下非法集资犯罪共犯刑事责任的认定

最后需要探讨的，是智慧金融背景下非法集资犯罪共犯刑事责任的认定。近年来我国非法集资犯罪[①]案件数量、涉案金额持续上升且高位运行，受害者众多且分布地域广泛，造成了重大财产损失，诱发了破坏社会安定的风险，已成为伴随我国经济发展的常态化犯罪，是司法机关持续强力打击的对象。在此背景下，刑事责任存在泛化风险。

2010 年最高人民法院《关于审理非法集资刑事案件具体应用法律若干问题的解释》（以下简称"2010 年《解释》"）第 1 条第 1 款对非法集资的行为特征做出了限定，[②] 2014 年最高人民法院、最高人民检察院、公安部《关于办理非法集资刑事案件适用法律若干问题的意见》（以下简称"2014 年《意见》"）第 4 条[③]对非法集资犯罪共犯处罚做出了原则性规定。2010

---

① 以 2010 年《解释》为依据，非法集资犯罪主要包括非法吸收公众存款罪，集资诈骗罪，欺诈发行股票、债券罪，擅自设立金融机构罪，擅自发行股票、公司、企业、债券罪，组织、领导传销活动罪以及非法经营罪，本书探讨的非法集资犯罪主要指最常见高发的非法吸收公众存款罪和集资诈骗罪。

② 一般认为该解释第 1 条第 1 款为非法集资确定了非法性、公开性、利诱性与社会性四项行为特征。参见卢勤忠《非法集资犯罪刑法理论与实务》，上海人民出版社，2014，第 4 页。

③ 该 2014 年《意见》第 4 条规定："为他人向社会公众非法吸收资金提供帮助，从中收取代理费、好处费、返点费、佣金、提成等费用，构成非法集资共同犯罪的，应当依法追究刑事责任。能够及时退缴上述费用的，可依法从轻处罚；其中情节轻微的，可以免除处罚；情节显著轻微、危害不大的，不作为犯罪处理。"

年《解释》第 1 条第 1 款第（2）项则规定了非法集资犯罪共犯①参与的重要路径，即向社会公开宣传非法集资，2014 年《意见》第 2 条进一步明确，2010 年《解释》第 1 条第 1 款第（2）项中的"向社会公开宣传"，包括以各种途径向社会公众传播吸收资金的信息，以及明知吸收资金的信息向社会公众扩散而予以放任等情形。

在司法实践中，2014 年《意见》有关收取代理费、提成等费用的规定通常被理解为构成非法集资犯罪共犯的必要条件，②对非法集资行为的不法性仅具备极模糊认知而获得正常收益的行为，原则上也可罚。该 2014 年《意见》第 2 条中所谓的"各种途径"，对向社会公开宣传非法集资的行为特征未作实质限定，这一立场在"两高一部"2019 年《关于办理"套路贷"刑事案件若干问题的意见》第 5 条第 2 款③中也得到清晰体现。而所谓"放任"，是将帮助行为人明知的界限扩展到消极放任。上述规定无疑可能导致非法集资犯罪共犯范围的过度扩张，2019 年"两高一部"出台了《关于办理非法集资刑事案件若干问题的意见》（以下简称"2019 年《意见》"），该 2019 年《意见》第 6 条将控制刑事责任范围的重任交给了宽严相济刑事政策。刑事政策具有灵活性与模糊性，较难抑制司法实践中刑事责任范围的扩张惯性。本书拟厘清非法集资犯罪共犯范围过度扩张的表现与原因，并对此进行反思，继而通过厘定非法集资帮助行为刑事可罚性的教义学基准，明确非法集资犯罪的共犯范围。

（一）非法集资犯罪共犯范围过度扩张的表现

依据 2010 年《解释》和 2014 年《意见》的相关规定，只要帮助行为客观上对非法集资犯罪有促进作用，主观上对非法集资犯罪正犯行为的实施持放任态度，并且从中获得了收益，即可作为非法集资犯罪的共犯进行处罚，这在司法实践中导了致非法集资犯罪共犯范围的过度扩张，主要表现为不当处罚日常职业行为、日常交易行为与专业服务行为三种类型。

---

① 本文所探讨的共犯限于帮助犯情形。
② 参见黄芳《非法集资犯罪定罪困局之解析》，《法律适用》2018 年第 24 期，第 79 页。
③ 该意见第 2 款将发送信息广告、提供场所与交通工具、协助办理公证等行为都纳入"套路贷"犯罪共犯的规制范畴。

1. 不当处罚日常职业行为

所谓日常职业行为，是指公民符合市场规则的履职行为。在智慧金融环境下，非法集资犯罪通常表现为单位犯罪形态，除了起主要作用的主管人员外，还存在大量普通业务人员。这些业务人员，例如发送传单、宣传非法集资信息的业务员，或经手资金往来，但对公司非法性质、资金用途并不知情的财务人员，他们的行为在客观上对非法集资犯罪有直接促进作用，在主观上也很难排除放任心态，司法实践中通常会依据 2010 年《解释》与 2014 年《意见》的有关规定，以相关业务人员直接实施客观上帮助非法集资犯罪的职业行为，并获得了佣金、提成等收益，主观上对非法集资犯罪至少具备放任心态为依据，认定业务人员构成非法集资犯罪的共犯。[①] 本书试以司法实践中的判例为例，对此类非法集资犯罪共犯范围的过度扩张进行说明。

在（2014）浙温刑初字第 76 号判决中，依据法院经审理认定的事实，本案中的被告梅某是温州立人教育集团有限公司（简称"立人集团"）名义上的监事，无任何证据证明该被告知晓自己是该公司监事或行使监事的相关权利，其实质上只是在该集团名下的一所高中担任出纳，不具有特殊职责，也未获得任何额外利益，但一审法院认为梅某作为出纳直接负责实施吸收公众存款行为，应属直接责任人员，应构成非法吸收公众存款罪，不能因为本案中其他与之地位、职责相当的人员未被公诉机关起诉就不给他定罪。[②]

对于相同地位、职责的人员中为何仅有梅某一人被起诉的问题暂存不论，作为出纳，未向他人宣传立人集团吸收资金事项，也未直接向他人吸收资金，只负责经手资金往来，获取的是基本工资收入，未获得任何额外利益，那么他只是在实施作为出纳的日常职业行为，被法院认定为"直接负责吸收公众存款行为"实属牵强。同时，没有任何证据证明梅某对资金来源的非法性具有认识，不能将对非法集资行为的放任删减为对吸收公众

---

① 参见黄芳《非法集资犯罪定罪困局之解析》，《法律适用》2018 年第 24 期。

② 本案详细案情参见（2014）浙温刑初字第 76 号判决，http://wenshu.court.gov.cn/content/content? DocID = 6494e227 − 4217 − 44a2 − 90c5 − 0f4355c8fdc8&KeyWord = % E9% 9D% 9E% E6% B3% 95% E5% 90% B8% E6% 94% B6% E5% 85% AC% E4% BC% 97% E5% AD% 98% E6% AC% BE% E7% BD% AA，访问时间：2019 年 4 月 22 日。

资金行为的放任。此外，梅某担任出纳的工作，其求职与履职行为符合市场规则，而立人集团属于合法注册成立的有限公司，要求梅某事先实质核查立人集团业务的合法性并不合理，已超出一般公民求职与履职时应履行的基于市场规则的注意义务。

在司法实践中，也多有发送传单、信息的普通业务员以相同理由被认定为非法集资犯罪共犯的案例，例如（2015）绍虞刑初字第 229 号的判决，将为 p2p 平台提供培训、策划、宣传的 7 名普通员工一并认定为共犯进行处罚①，其帮助行为的可罚性也面临同样的缺失。仅 2014～2016 年，14 件已生效涉 p2p 网贷平台的刑事判决中，构成共同犯罪的有 9 件，占比为 64.3%，在 37 名被告人中，普通业务员就有 14 人，占比为 37.8%。② 虽然此类判决中刑罚适用多轻缓（如以上 37 名被告人中，以从犯论处者 27 人，占比为 73.0%），但无法以此否认非法集资犯罪共犯范围过度扩张的事实。

2. 不当处罚日常交易行为

所谓日常交易行为，是指平等市场主体间符合市场规则的交易行为。如果说互联网金融是"互联网与金融的结合，是借助互联网和移动通信技术实现资金融通、支付和信息中介功能的新兴金融模式"③，智慧金融则是在前者基础之上，以 AI 平台的深度学习能力为依托，构建的跨越互联网与实体金融机构的跨企业数据场景与合作模式的新型金融业态，是金融科技（FinTech）应用的新模式。④ 在智慧金融语境下，新兴金融业务的开展需要依靠广泛的跨企业以及企业与个人之间的合作。以 p2p 网贷为例，无论是线上模式还是线上和线下相结合的运营模式，网贷平台都需要与贷款人

---

① 本案详细案情参见（2015）绍虞刑初字第 229 号判决，http://wenshu.court.gov.cn/content/content? DocID = ecfafc0d - 7ba2 - 41a2 - 9297 - a70d9c2e65d3&KeyWord = % EF% BC% 882015% EF% BC% 89% E7% BB% 8D% E8% 99% 9E% E5% 88% 91% E5% 88% 9D% E5% AD% 97% E7% AC% AC229% E5% 8F% B7，访问时间：2019 年 4 月 22 日。
② 参见李永升、胡冬阳《P2P 网络借贷的刑法规制研究——以去了近三年的裁判文书为研究样本》，《政治与法律》2016 年第 5 期，第 42～44 页。
③ 参见郭华《互联网金融犯罪概说》，法律出版社，2015，第 23 页。
④ 参见张斯琪《金融科技视角下银行对民营企业的信贷支持及监管分析》，《商业银行经营管理》2019 年第 3 期。

以及资金托管第三方进行合作。当 p2p 网贷平台"爆雷"① 从而涉及非法集资犯罪时，如果相关合作方与该网贷平台之间的交易行为客观上促进了非法集资行为的实施，且从中获取了利益，则主观上难以排除放任心态②，在司法实践中通常会依据 2010 年《解释》与 2014 年《意见》的相关规定，将相关合作方作为非法集资犯罪的共犯进行处罚。

本书试以著名的"e 租宝案"为例，对此类非法集资犯罪共犯范围的过度扩张进行说明。本案中，"钰诚系"的加盟机构遍布全国，这些加盟机构与"e 租宝"的核心运营主体之间不存在投资控股关系，未参与核心运营，仅为运营主体提供宣传、咨询等辅助工作，但在多地法院的多项判决中，多以加盟机构明知或应知"e 租宝"核心运营主体在从事非法集资活动，各加盟机构通过向社会公众宣传"e 租宝"的非法集资信息且从中获利为依据③，将各加盟机构作为非法集资犯罪的共犯进行处罚。④

诚然，本案中"钰诚系"的加盟机构客观上为核心运营主体提供了宣传、咨询等帮助，且从中获利，主观上也难以排除放任心态，但从事辅助工作的加盟机构与"e 租宝"核心运营主体间不存在投资控股关系，作为平等、独立的市场主体，此类加盟机构只是在从事日常交易行为，对"e 租宝"核心运营主体集资行为的非法性并无认识，所获得的利益也是提供服务所获得的对价。在进行符合市场规则的交易行为前以及过程中，要求此类加盟机构对"e 租宝"核心运营主体业务的合法性进行实质审查并不合理，已超出一般市场主体选择建立合作关系时应履行的对合作伙伴的资质审查义务，以非法集资犯罪普遍地处罚此类加盟机构，属于对非法集资犯罪共犯范围的过度扩张。

---

① p2p 网贷平台的"爆雷"是指平台因逾期兑付而出现的提现困难、停业、倒闭、清盘、跑路、失联等现象，被确认出现提现困难、停业、跑路、经侦介入等情形停止运营的平台，也叫爆雷平台或问题平台。参见张爽《P2P 网络借贷风险化解的说理语境探讨——也谈 P2P 非法集资出资人的被害性》，《重庆理工大学学报》（社会科学版）2018 年第 10 期。

② 参见王全、陈祥民、李胜楠《互联网非法集资"加盟型"共犯的认定与证据规格——以"e 租宝"互联网非法集资案为研究视角》，《中国刑警学院学报》2016 年第 4 期。

③ 具体判决参见（2016）沪刑初 4183 号判决、（2017）辽 0103 刑初 93 号判决、（2016）浙 0122 刑初 420 号判决等。

④ 参见新浪科技《e 租宝案惨淡落幕，涉案 762 亿元，投资 100 元最多拿回 25 元》，https://www.sohu.com/a/233089804_104421，访问时间：2019 年 4 月 23 日。

3. 不当处罚专业服务行为

所谓专业服务行为，是指提供互联网信息技术、金融合规审查、信用担保、财务会计结算等专业服务的行为。在智慧金融语境下，非法集资信息的公开宣传、非法集资行为的实施都依赖于相关专业服务的支持，对于促进非法集资行为的实施，专业服务行为具备关键、不可替代的作用，相关专业服务人员从中获取了利益，主观上也难以排除相关人员的放任心态，在司法实践中通常也会依据 2010 年《解释》与 2014 年《意见》的有关规定，将此类人员作为非法集资犯罪的共犯进行处罚。本书试以司法实践中的判例为例，对此类非法集资共犯范围的过度扩张进行说明。

如（2018）浙 05 刑再 1 号判决[①]，本案中钱某与许某二人合伙出资设立 ZM 公司，钱某为公司法定代表人，负责公司的日常经营管理。钱某后创立 ZM p2p 网贷平台，以维持平台运营需要为由，要求许某为之提供担保，许某以自己经营的 ZT 国际贸易公司为此平台提供了 1 亿元人民币的债务担保，后钱某通过该平台吸收资金后发放高利贷，以收益支付投资人本息，后借款无法收回，公司亏损导致案发。二审法院以许某明知钱某以 ZM 网贷平台从事非法集资，仍为该平台的融资提供债务担保，使投资者更加相信投资债权的受保障程度为理由，认定许某构成非法吸收公众存款罪的共犯。（2019）粤 03 刑终 618 号判决[②]中，深圳前海某互联网金融服务有限公司于 2015 年 12 月上线了某财富平台，专营互联网 p2p 投资信息中介业务，陈某系该公司技术总监，具体工作为带领技术人员对平台网页进行改版、修改首页布局、网页色调、上传标的、开发电子合同、处理服务器日常问题等，保证该平台的顺利运营。至 2017 年，该公司累计发布 600 个投资标的，获得投资款约 1.36 亿元，其中累计约 5491 万元投资款未结清导致案发。二审法院认为陈某为该公司非法吸收公众存款提供了技术支持，应构成非法吸收公众存款罪的共犯。

前案中，许某以自营的 ZT 国际贸易为 ZM 网贷平台提供担保，客观上

---

① 本案详细案情参见（2018）浙 05 刑再 1 号判决，https://www.itslaw.com/search? searchMode = judgements&sortType = 1&conditions = searchWord% 2B（2018）% E6% B5% 9905% E5% 88% 91% E5% 86% 8D1% E5% 8F% B7% 2B1% 2B（2018）% E6% B5% 9905% E5% 88% 91% E5% 86% 8D1% E5% 8F% B7&searchView = text，访问时间：2019 年 4 月 24 日。

② 本案详细案情参见广东省深圳市中级人民法院（2019）粤 03 刑终 618 号判决。

直接促进了钱某非法集资行为的实施，但本案证据只能证明钱某向许某介绍了此 p2p 平台的资金中介经营模式，许某明知该平台运营的资金系融资所得，无证据证明许某明知该平台运营资金系"非法吸收公众存款"所得，后者需要满足"非法性＋公开性＋利诱性＋社会性"四项特征，远非前者可以涵盖。后案中，法院认为陈某在"为非法融资提供技术支持"，却并无任何证据加以证明，在入罪根据上同样面临本书对前案所提出的质疑。

这两份判决共同存在的核心问题，在于法院并未充分认知到，作为法定犯，"非法吸收公众存款"的行为不是事实性行为，而是规范性行为类型，不能为了牵强地认定共同犯罪的故意，"而将非法吸收公众存款罪删减为向他人借钱"[①]。认定许某和陈某构成非法吸收公众存款罪，无疑属于对非法集资犯罪共犯范围的不当扩张。

（二）非法集资犯罪共犯范围过度扩张的原因

非法集资犯罪共犯范围的过度扩张是由多方面原因导致的，本书拟就此进行梳理与探讨。

1. 非法集资犯罪风险预防机制的不健全

健全的非法集资犯罪风险预防机制有助于实现对被害人经济利益的预防性保护，而这一风险预防机制的不健全，会导致国家尽可能追求对被害人经济利益的补偿性保护，从而致使非法集资犯罪共犯范围的过度扩张。

正如上文所指出，非法集资犯罪所具备的风险主要是对被害人经济利益与社会公共秩序的风险。在当代社会，此类风险是人类理性发展的必然结果，是社会经济发展中所伴生的体系性风险，某种程度上不可能被完全消灭，只能根据人类社会共同认可的行为准则，对此类风险进行系统化管理。将其转化为实害的可能性尽可能降低，或者尽可能分散犯罪行为所造成的危害结果至可承受的程度[②]，是犯罪风险预防的应有之义。从这一体系化视角出发，就非法集资犯罪风险的预防机制而言，在社会发展层面，

---

① 陈金林：《谨防通过共犯的连坐：论非法吸收公众存款的责任边界》，https://zhuanlan.zhihu.com/p/56699520，访问时间：2019 年 4 月 24 日。

② 参见敬力嘉《网络服务提供者的间接刑事责任——兼论刑事责任与非刑事法律责任的衔接》，《网络法律评论》2016 年第 2 期。

应平衡好风险监管与金融创新需求；在个体发展层面，应平衡好市场主体的发展与对既有金融制度的保护。根据这一标准，我国当前的非法集资犯罪风险预防机制显然不够健全，存在风险监管措施滞后粗放，以致金融创新在野蛮生长与严格受限间大幅摇摆，以及重视对金融管理秩序的保护，以致市场主体金融交易自由空间不足的问题。

就前者而言，以 p2p 网贷为例，从党的十八届三中全会把互联网金融列入国家战略以来，基于巨大的民间资本存量与小微企业巨大的融资需求，p2p 网贷平台以金融创新的姿态，在缺乏监管的状态下迅速野蛮生长。直到 2015 年下半年以来"e 租宝"、国太集团等大案频发，才引起相关监管机构重视，出台一系列规范性文件，试图从 p2p 平台的性质、业务形态、资金托管等各方面对其运行加以规范。① 然而这只属于金融监管制度的应激性改革，只着眼于限制 p2p 平台的经营行为，未对银行存管与金融备案制度、通信部门的许可证制度、互联网金融领域的广告监管制度、征信体系等进行配套改革②，最终会产生抑制金融创新的效果。就后者而言，金融风险的长尾性、可异变性，是坚持金融市场严格准入制度的基本理由。③ 然而，调控金融风险是为了保护金融制度，也就是市场主体金融交易之自由空间的良好运行，而非保护国有金融机构的特许经营利益，国有金融机构也应以市场需求为导向，进行进一步的体系化改革。概言之，进一步健全非法集资犯罪风险的预防机制，是避免非法集资犯罪共犯范围过度扩张的重要保障。

2. 刑事政策的"严打"导向

虽然 2014 年《意见》第 4 条与 2019 年《意见》第 6 条明确体现了宽严相济刑事政策的要求，但我国对非法集资犯罪总体仍以"严打"为导

---

① 2016 年 2 月，国务院发布《关于进一步做好防范和处置非法集资工作的意见》，要求各地区有关部门密切关注 p2p 网络借贷等领域，完善法规，尽快出台 p2p 网络借贷等领域的监管细则。2016 年 3 月，由中国人民银行牵头组建的中国互联网金融协会正式成立，协会对 p2p 平台信息披露、统计数据报送进行了规范；2016 年 8 月，银监会、工业和信息化部、公安部、国家互联网信息办公室联合发布《网络借贷信息中介机构业务活动管理暂行办法》，明确了网贷监管体制、网贷业务规则，对网贷业务管理和风险控制提出具体要求。

② 参见廖天虎《论 P2P 网贷的刑事法律风险及其防范》，《中国政法大学学报》2018 年第 1 期。

③ 参见江海洋《金融脱实向虚背景下非法吸收公众存款罪法益的重新定位》，《政治与法律》2019 年第 2 期。

向，这会导致非法集资犯罪共犯范围的过度扩张。正如前文所指出，非法集资犯罪的高发给广大民众带来了巨额经济损失，而往往由于受害人众多，容易出现群体性事件、上访等影响社会稳定的问题。例如 2018 年 6 月中旬发生了 p2p 网贷平台"爆雷潮"事件①，严重侵害了投资人特别是广大散户的财产利益②，同时由于被害人众多，大规模的维权行动引发了对社会公共秩序的广泛风险。因此，司法机关保持着对非法集资犯罪的"严打"态势。2018 年，全国公安机关共立非法集资案件 1 万余起，同比上升22%；涉案金额约 3000 亿元，同比上升 115%，波及全国各个省区市。重大案件多发，2018 年，平均案值达 2800 余万元，同比上升 76%。③ 从案件数量和涉案金额的大幅上升趋势来看，"严打"并未取得预期效果。然而，2019 年全国公安机关仍将继续开展打击非法集资专项行动。④ 这种运动式的打击犯罪模式既不具备遏制非法集资犯罪的显著效果，也存在打击扩大化的显著风险。从长远来看，更可能导致民间借贷与金融市场的萎缩，不利于金融创新与经济发展。

作为涉众型经济犯罪，化解非法集资犯罪对社会公共秩序所产生风险的着力点，在于以被害人经济利益保护为核心。⑤ 比如在"e 租宝"案中，通过将全国 38 家"e 租宝"加盟机构认定为非法集资犯罪，所处罚金总计20 亿元人民币以上，这是对被害人经济损失的重要补偿。然而，以破坏个人责任原则、滥用共犯归责原理为代价实现对被害人经济损失的补偿，恐怕是刑事法治不可承受之重。

3. 共犯可罚性实质根据的缺乏

在刑法教义学层面，作为刑法处罚的扩张事由，共犯处罚的边界应当从其处罚根据中探求。2019 年《意见》第 6 条"惩处少数、教育挽救大多

---

① 参见张爽《P2P 网络借贷风险化解的说理语境探讨——也谈 P2P 非法集资出资人的被害性》，《重庆理工大学学报》（社会科学版）2018 年第 10 期。
② 参见陈小杉《论 P2P 平台非法吸收公众存款罪风险及其承担》，《时代法学》2016年第 3 期。
③ 参见公安部《2018 年侦办非法集资案万余起　涉案金额 3 千亿》，https://tech.sina.com.cn/i/2019-01-30/doc-ihqfskcp1722372.shtml，访问时间：2019 年 4 月 16 日。
④ 参见编辑部专刊《深入开展打击非法集资犯罪专项行动　坚决维护国家政治安全经济安全和社会稳定》，《中国防伪报道》2019 年第 1 期。
⑤ 参见莫洪宪、敬力嘉《被害人保护与涉众型经济犯罪治理——以风险分配为视角》，《人民检察》2017 年第 11 期。

数""按照区别对待原则分类处理涉案人员，做到罚当其罪、罪责刑相适应""重点惩处非法集资犯罪活动的组织者、领导者和管理人员……以及其他发挥主要作用的人员"等表述，都只是我国双层区分制共犯体系①下在定罪层面区分正犯与共犯，在量刑层面区分主犯与从犯的应然要求，不涉及对非法集资犯罪共犯处罚根据的明确。此种双层区分制共犯体系将量刑与对犯罪参与角色的评价进行区分，共犯可罚性并非基于法益侵害的实质标准，而是取决于刑事政策，更确切地说，是法律适用者的需要，抽空了犯罪参与行为的实质不法内涵，也给量刑留下了过大的自由裁量空间。

2014 年《意见》第 4 条规定，为他人向社会公众非法吸收资金提供帮助，从中收取代理费、好处费、返点费、佣金、提成等费用，"构成非法集资共同犯罪"的，应当依法追究刑事责任。换言之，为他人非法集资提供帮助，并收取相关费用的行为是否构成非法集资犯罪的共犯应当进一步判断，而通过上文对非法集资犯罪共犯范围过度扩张表现的考察可以发现，司法实践中直接将提供帮助并收取费用作为构成非法集资犯罪共犯的认定标准，共犯可罚性缺乏实质根据的弊端由此得到充分体现。因此，在教义学层面探索基于法益侵害的共犯可罚性评价标准，是避免非法集资犯罪共犯范围过度扩张的安全阀。

（三）对非法集资犯罪共犯范围过度扩张的反思

刑法的全能化只会导向刑法功能的虚无化。基于非法集资犯罪共犯范围不当扩张的表现与原因，应站在刑法功能的视角反思非法集资犯罪共犯范围的过度扩张，明确刑法参与非法集资犯罪治理的功能限度。在公民基本权利保护的层面，刑法也应谨慎介入公民生活的核心范围，避免非法集资犯罪共犯范围的过度扩张。

1. 刑法应谨慎介入公民生活的核心范围

所谓"公民生活的核心范围"（Kernbereich privater Lebensgestaltung），是德国联邦宪法法院通过判例所发展出的概念，是指宪法层面行为自决与人格发展的权利，即使与此类权利相冲突的利益也重要，仍不足以将对此

---

① 参见钱叶六《双层区分制下正犯与共犯的区分》，《法学研究》2012 年第 1 期。

类权利的克减正当化。① 刑法原则上不能介入公民生活的核心范围，但这一核心范围本身并不绝对，会随着社会发展产生变化。在刑法教义学层面，结合法益保护原则与比例原则的要求，衡量为保护特定法益通过刑法克减公民行为自决与人格发展权利的合比例性，是刑法保护公民生活核心范围的必然要求，而合比例性的基本要求是，对于公民施行自身行为自决与人格发展权利的行为，即使可能因为刑法的禁止规范被刑法处罚，也应有决定实施此行为的自由。②

我国宪法学中虽无这样的教义学规则，但根据我国《宪法》第 38 条与第 42 条的规定，我国公民的人格尊严与劳动权应当属于受宪法保护的基本权利，适用保护公民生活核心范围的衡量规则应并无障碍。具体来说，公民的日常职业行为、日常交易行为与专业服务行为属于施行自身人格尊严与劳动权的行为，不可因刑法将其纳入处罚范围，就使刑罚风险对公民常态化从事此类行为产生实质妨害，这要求不可通过刑法将此类行为一般化地标识为"具备非法集资犯罪风险"。也就是说，未经规范评价时，此类行为不可被先在地视作刑法意义上的帮助行为，继而模糊可罚与不可罚行为的界限。传统刑法理论中，为了避免将从事此类行为的公民普遍作为共犯处罚，通常会将此类行为作为中立帮助行为，探讨对它们限制处罚的根据。然而所谓"中立帮助行为"的概念本身就具有极强的误导性：此类日常行为自身既不"中立"，也非"帮助行为"。不考虑行为是否具备对法益的客观危险性，如何能称为"中立"？不考虑行为人是否具备共同犯罪的故意，如何能称为"帮助"？因此，为了限制对"中立帮助行为"的处罚范围，在共犯基本语境下提出的诸多主、客观学说，③ 均偏离了问题焦点：将此类行为视作"帮助行为"，事实上已将此类日常行为标识为"具备构成犯罪的风险"。在此基础上，为了避免刑事责任泛化，再为此类行为创设特别的免责条件，不具备正当性，也不具备有效性。剥离"中立帮助行为"的外衣，厘清此类日常行为是否符合非法集资犯罪共犯的可罚性标准，才是应当遵循的理论进路。

① BVerfGE 115，118 ff. .

② Vgl. Jens Puschke, *Legitimation, Grenzen und Dogmatik von Vorbereitungstatbeständen*, Mohr Siebeck, 2017, S. 288.

③ 参见陈洪兵《论中立帮助行为的处罚边界》，《中国法学》2017 年第 1 期，第 189～208 页。

2. 刑法应保持最后手段性

当今时代，犯罪预防被从刑罚处罚的附随效果提升为了国家刑事政策主动追求的目标，也就是刑法功能。[1] 刑法已成为"全新的综合性安全框架"[2]，也就是犯罪风险预防机制的一部分。为了避免刑罚恣意发动而对公民的自由、财产和生命进行不正当限制与剥夺，在对非法集资犯罪的治理中，刑法应保持最后手段性，避免共犯范围的过度扩张。

刑法的最后手段性具备两重基本内涵：第一，对刑法与其他可能的替代措施进行的考察比较，必须要在所有可用的社会控制措施中进行；第二，由于刑法适用过程中作为手段的刑罚是最为严厉的强制措施，它可能的错误适用会给公民个体和社会都带来严重的负面后果，因此，刑法不能被作为纯粹的社会治理工具，对刑法的适用必须有法治控制机制的保障。[3] 它不是指穷尽非刑罚手段无力之后才能适用刑法规制，而是指与其他制裁措施进行衡量后，依据明确的限定标准确定是否适用刑罚。只有明确了刑法适用的限定标准，才能够明确刑法处罚的范围，进而与其他制裁措施的处罚范围进行衡量，以确定其功能边界，从而对具体犯罪行为确定应当适用的制裁措施。因此，刑法最后手段性的核心意涵应是明确刑法适用的限定标准，以厘清刑法的功能边界。所谓"最后"，是指基于刑罚的严厉性，与其他社会治理手段相比，刑法适用应最为谨慎，限定标准应最为明确与具体。在司法论层面，这是指行为刑事可罚性的判断标准应最为明确与具体。

保持刑法的最后手段性，与刑法积极参与非法集资犯罪治理并无冲突。只有非法集资犯罪共犯行为可罚性的判断标准明确而具体，才能在避免刑法抑制其他社会机制积极作用的前提下，为非法集资犯罪风险预防机制的体系化构建提供可信赖的安全保障。

（四）非法集资犯罪共犯范围过度扩张的教义学限缩

非法集资犯罪共犯范围过度扩张的治本之策在于金融体系的基础性改

---

[1] 参见劳东燕《风险社会与功能主义的刑法立法观》，《法学评论》2017 年第 6 期，第19 ~ 21 页。

[2] 参见〔德〕汉斯·约格·阿尔布莱希特《安全、犯罪预防与刑法》，赵书鸿译，《人民检察》2014 年第 16 期，第 30 页。

[3] Vgl. Klaus Lüderssen, Cornelius Nestler-Tremel, Ewa Weigend（Hrsg.）, Modernes Strafrecht und ultima-ratio-Prinzip, Verlag Peter Lang, 1990, S. 11.

革，本书无力着手。本书能够着手的，是通过明确基于法益侵害的共犯可罚性实质标准，探讨对非法集资犯罪共犯范围的过度扩张进行教义学限缩。近来一些学者倡导双层区分制的解决方案①，依据是修正惹起说，针对非法集资犯罪这样的所侵犯法益内涵抽象、构成要件概括的犯罪，无法解决共犯范围不当扩张的问题。因为不仅要刑罚目的确定，还要行为不法确定②，刑罚的发动才能具备正当性。而行为不法确定的前提是法益内涵与构成要件类型的确定，基于本书立场，进一步明确非法集资犯罪所保护的法益内涵及其构成要件类型实属必要。

1. 处罚根据：对信赖法益的抽象危险

（1）对非法集资犯罪既有法益观的反思与批判

从本书的法益论视角出发，可以更好地理解我国学界有关非法集资犯罪的既有法益观。非法集资犯罪被规定在我国《刑法》分则第三章"破坏社会主义市场经济秩序罪"中，其中非法吸收公众存款罪规定在第三章第四节"破坏金融管理秩序罪"中，集资诈骗罪规定在第三章第五节"金融诈骗罪"中，因此，传统观点认为前者所保护的法益是金融管理秩序③，后者保护的法益是金融管理秩序以及公私财产权。④ 基于对非法吸收公众存款罪立法正当性的质疑，对于本罪所保护法益，我国学界存在金融交易秩序说⑤、公众投资者资金安全说⑥、金融管理秩序或公众资金的安全性说⑦、金融风险防控化解说⑧等多种学说。学界试图确立适宜的法益作为本罪立法的正当基础，在罪名的解释适用上将本罪理解为行为犯，以相关司法解

① 参见王霖《网络犯罪参与行为刑事责任模式的教义学塑造——共犯归责模式的回归》，《政治与法律》2016 年第 9 期；孙运梁《帮助行为正犯化的教义学反思》，《比较法研究》2018 年第 6 期。

② Vgl. Sophie Zaufal, *Was kann ein strafrechtlicher Tatbestand leisten?*, *Die Bestimmtheit von Strafnormen als hermeneutisch-methodisches Problem im Verfassungsstaat*, Nomos, 2018, S. 282.

③ 参见高铭暄、马克昌《刑法学》，中国法制出版社，2017，第 399 页。

④ 参见李赪《集资诈骗罪的保护法益探析》，《中州学刊》2015 年第 2 期。

⑤ 参见乔远《刑法视域中的 P2P 融资担保行为》，《政法论丛》2017 年第 1 期。

⑥ 参见郝艳兵《互联网金融时代下的金融风险及其刑事规制——以非法吸收公众存款罪为分析重点》，《当代法学》2018 年第 3 期。

⑦ 参见魏东、田馨睿《论非法吸收公众存款罪的保守解释——侧重以〈网络借贷信息中介机构业务活动管理暂行办法〉为参照》，《河南财经政法大学学报》2017 年第 3 期。

⑧ 参见江海洋《金融脱实向虚背景下非法吸收公众存款罪法益的重新定位》，《政治与法律》2019 年第 2 期。

释所规定的非法吸收公众存款行为的特征为依据，法益不具备指导构成要件解释的功能。

然而正如上文所指出的，确定法益内涵是确定行为不法的前提。法益应当是可以被伤害的事实①，如果法益只是精神性的价值而与现实生活没有任何关联，则对它的伤害无法被衡量。② 秩序、制度、安全类法益除了征表刑法规范的效力外并无实质内涵，对此类法益的侵害无法被衡量，属于典型的表象法益。而将所谓的"金融风险防控化解"作为法益，实属对法益概念的误用，其主张的实质是将金融风险作为刑法法益，这无疑不能被接受。对于集资诈骗罪所保护的法益，学界的争议主要在于金融管理秩序和公私财产权之间的主次，对于二者应为集资诈骗罪所保护的复合法益，学界并无争议，研究的重点在于行为人是否具备非法占有目的。总体而言，非法集资犯罪法益的内涵并未被厘清，其解释论功能也被极大忽视。

（2）信赖法益的确立

本书认为，非法集资犯罪所保护的法益应是公民对金融交易制度的既存信赖。当代社会金融市场的发展日趋复杂，逐渐形成了市场交易主体间信息不对称的常态，这催生了合作需求，这一合作需求是信赖产生的基础。如卢曼所言，"信赖是源于过去并指向未来的、对复杂性的削减"。③由于亲自掌控金融交易的全部流程过于复杂，市场交易主体基于信赖，甘于承担风险放弃了对交易流程的亲自掌控。但信赖并不只是人的主观感受，它还依赖于人作出行为决策的可信赖环境。刑法需要保护的不是作为心灵现象的信赖，而是这一客观存在的可信赖环境，也就是对具体制度的信赖。"信赖"不同于"信用"，我国有学者主张的"信用利益"，其本质是金融交易管理秩序④，实质内涵是金融监管规范的效力，不属于制度信赖的范畴。

---

① Knut Amelung, *Rechtsgüterschutz und Schutz der Gesellschaft*, Athenäum Verlag, 1972, S. 399 ff..

② Vgl. Jens Puschke, *Legitimation, Grenzen und Dogmatik von Vorbereitungstatbeständen*, Mohr Siebeck, 2017, S. 92.

③ Niklas Luhmann, *Vertrauen*, 1999, S. 23 f..

④ 参见钱小平《中国金融刑法立法的应然转向：从"秩序法益观"到"利益法益观"》，《政治与法律》2017 年第 5 期。

在刑法规范视域中，制度信赖可以分为两个层次，即对规范效力的信赖与对具体制度的信赖。前者是法益保护内蕴的要素，是通过法益保护可以达成的效果，而非待保护的法益本身。后者才是有待刑法保护的集体法益。制度信赖与对个人的信赖一样，背后的法益主体都是具体的个人，因此对它的侵害是现实的。但对于制度信赖来说，只有"完全信赖"或"完全不信赖"对人的行为有引导作用，"有一点信赖"的说法没有实际意义。例如，在马航的航班连续出现事故之后，如果再也不去乘坐马航的航班，乘客对于马航航班安全性的信赖就被侵害了，如果乘客怀着惴惴不安的情绪却仍然乘坐，他基于信赖的行为并未改变，那么他的信赖便并未被侵害。因此，侵害制度信赖的结果不法无须被具体量化①，不存在需要判断制度信赖被侵害的临界点的问题，侵犯信赖法益的构成要件类型不是累积犯，而是抽象危险犯。②

既然非法集资犯罪的正犯不法为对信赖法益的抽象危险，它的共犯不法应以对信赖法益的抽象危险为必要。鉴于法益侵害的抽象危险不是行为的客观属性，而是通过构成要件符合性判断后，对所处罚行为与直接法益侵害结果（实害结果或具体危险）之间规范关联的评价结果③，对于非法集资犯罪帮助行为刑事可罚性的判断，就不应再遵循"是否与正犯法益侵害结果具备物理或心理因果性"这一事实性标准，而应遵循上文所述规范关联是否能够证成这一规范性标准。而对于抽象危险犯的帮助行为，如果缺乏行为人主观的危险关联，基于共犯不法的完全从属性，其行为客观危险性的实现难以归属于帮助行为人，那么对于非法集资犯罪帮助行为与正犯直接法益侵害结果之间应同时具备的主、客观危险关联，本书应进行进一步探讨。

---

① Vgl. Roland Hefendehl, *Kollektive Rechtsgüter*, Carl Heymanns, 2002, S. 130 f. .

② Vgl. Roland Hefendehl, *Kollektive Rechtsgüter*, Carl Heymanns, 2002, S. 253 f. . Hefendehl 教授在该书第124页中明确指出，类似于"资本市场的正常运行"这样的法益，其内涵仅为规制资本市场法规范的效力，属于典型的表象法益。国内有学者基于对此处论述的误解，认为 Hefendehl 教授所主张的制度信赖法益包括此类法益，并就此得出"侵害信赖法益的经济犯罪应适用累积犯法理"的观点。当然，教授确实主张累积犯适用于经济犯罪中对信赖法益的保护，对于这一点本书持不同观点。国内学者的见解参见张志钢《论累积犯的法理——以污染环境罪为中心》，《环球法律评论》2017年第2期。

③ Vgl. Jens Puschke, *Legitimation, Grenzen und Dogmatik von Vorbereitungstatbeständen*, Mohr Siebeck, 2017, S. 323.

2. 非法集资帮助行为的客观危险关联

首先，非法集资犯罪帮助行为应当与正犯法益侵害结果之间具备客观的危险关联。根据雅各布斯教授的观点，当行为具备外在危险性时，便已脱离了公民生活的核心范围，刑法可以对其进行规制。[1] 所谓"外在危险"，可理解为帮助行为与正犯法益侵害结果间物理或心理的促进作用。然而对于非法集资犯罪来说，相关日常行为都可以被认为具备对信赖法益的外在危险性，如果一概肯定它们的可罚性，等于为每位公民赋予了防止犯罪的警察义务，存在导致金融交易停滞的风险。因此，传统理论中主张在具备外在危险性的行为中，只有不具备社会相当性者才能被刑法处罚[2]。对社会相当性较为通行的理解是行为具备日常性，例如松宫孝明教授即主张，如果行为具备日常性，应当排除其与引起正犯法益侵害结果的因果性。[3]

然而对行为社会相当性的判断不能依赖"日常性"标准，因为行为的日常性通常是判断行为与正犯法益侵害结果具备客观危险关联的起因，而非否定这一客观危险关联的标准。但是，对行为社会相当性的判断仍具有不可替代的理论价值。为了确保金融活动的顺利进行，在具备日常性，但可促进正犯法益侵害结果形成、具备"外在危险"的行为中筛选出不可罚的行为类型，是刑法理论需要回应的时代需求。因此，对于非法集资犯罪帮助行为与正犯法益侵害结果之间的客观危险关联，需要构建规范评价标准，以此为依据，评价具备"外在危险"的日常行为是否能成为刑法规范视域下的帮助行为。

本书认为，这一规范评价标准应包含两条具体的判断规则。

第一，对于日常职业行为与专业服务行为，应评价行为主体是否履行了求职、履职与提供专业服务时应履行的基于市场规则的注意义务。最高人民法院、最高人民检察院 2017 年发布的《关于办理组织、强迫、引诱、容留、介绍卖淫刑事案件适用法律若干问题的解释》（以下简称"2017 年

[1] Günter Jakobs, "Kriminalisierung im Vorfeld einer Rechtsgutsverletzung", *ZStW* 97 (1985), 751 (766).
[2] 参见〔日〕松宫孝明《刑法总论讲义》，钱叶六译，中国人民大学出版社，2013，第219页。
[3] 参见〔日〕松宫孝明《刑法总论讲义》，钱叶六译，中国人民大学出版社，2013，第219页。

《卖淫案件解释》")的第4条第2款①可以支持本书立场。在具有营业执照的会所、洗浴中心等经营场所担任保洁员、收银员、保安等职业的人员，其行为在客观上为组织卖淫活动提供了物质或精神上的帮助，未必不知道该场所在从事组织卖淫活动，但2017年《卖淫案件解释》并未将其认定为协助组织卖淫罪，因为此类主体履行了其相应注意义务，不宜认定此类主体的日常职业行为与组织卖淫罪的法益侵害结果之间具备客观危险关联，继而以协助组织卖淫罪进行处罚。

第二，对于日常业务行为，应评价行为主体是否履行了选择建立合作关系时应履行的对合作伙伴的资质审查义务。当金融市场平等的市场主体选择合作伙伴开展业务行为时，为了不让金融市场的经营与交易活动陷入不可测的刑罚风险，保障金融市场有序而流畅地运转，只要市场主体对合作伙伴履行了符合市场规则与法律规范的资质审查义务，就应当可以推定对方具备合作资质，而不应要求他们对对方业务行为的合法性进行实质审查，这等同于为市场主体施加了普遍的犯罪风险审查义务，会成为一般市场主体不可承受之重。最高人民法院《关于适用〈中华人民共和国公司法〉若干问题的规定（三）》第7条第2款②的规定可以支持本书立场。

在通过以上两条规则判断此三类行为不具备社会相当性的基础上，还应判断相关日常行为是否有法益侵害目的的客观体现。这一标准是德国联邦宪法法院在其一项决定性判决中针对德国刑法第202c条（预备探知和拦截数据罪）发展出的，前文已对此作了阐述。这一标准可以完善规范层面对行为与正犯法益侵害结果间客观危险关联的判断。那么，2014年《意见》第4条对为他人向社会公众非法吸收资金提供帮助而获利的规定，应更正为了获取不法利益为他人向社会公众非法吸收资金提供帮助。

因此，只有日常职业行为与专业服务行为主体未履行求职、履职与提供专业服务时应履行的基于市场规则的注意义务，日常业务行为主体未履

---

① 该解释第4条第2款规定："在具有营业执照的会所、洗浴中心等经营场所担任保洁员、收银员、保安员等，从事一般服务性、劳务性工作，仅领取正常薪酬，且无前款所列协助组织卖淫行为的，不认定为协助组织卖淫罪。"
② 该规定第7条第2款规定："以贪污、受贿、侵占、挪用等违法犯罪所得的货币出资后取得股权的，对违法犯罪行为予以追究、处罚时，应当采取拍卖或者变卖的方式处置其股权。"按照本款规定，即使以违法犯罪所得货币出资取得股权，也不影响参与合作的其他主体的行为效力，只要求剥夺违法犯罪人对利益的享有。

行选择建立合作关系时应履行的对合作伙伴的资质审查义务时，此三类行为才不具备社会相当性。在此基础上，当三类行为具备行为主体是为了获取不法利益而实施的客观体现时，才符合非法集资犯罪帮助行为与正犯法益侵害结果之间客观危险关联的要求，才能被评价为非法集资犯罪的帮助行为。

3. 非法集资犯罪帮助行为的主观危险关联

共犯不法对正犯不法完全的从属性，要求日常行为在与正犯法益侵害结果间具备客观危险关联的基础上，还应具备主观的危险关联，才能充实作为非法集资犯罪共犯的不法内涵。

根据我国《刑法》第 25 条的规定以及共犯理论的基本法理，共犯刑事责任的认定要求犯罪参与人具备共同故意。在客观归责理论语境下，以日常行为人是否确切地认识到正犯的犯罪计划，也就是对正犯的犯罪计划具备"直接故意"或"未必的故意"为标准，来判断日常行为人的行为是否制造了法不允许的风险从而是否承担共犯责任的观点[①]，事实上脱离了正犯的构成要件及其保护的特定法益，为"中立"的日常行为创设了独特的主观罪过认定标准，本书认为并不足取。根据本书确立的共犯处罚根据，帮助行为人应明知的，是自己的行为以及正犯实施的构成要件行为可造成共同的法益侵害结果，这一主观明知即为帮助行为与正犯法益侵害结果之间的主观危险关联。

具体来说，这一主观明知的内容应包括帮助行为与正犯行为整体的不法性，也就是二者结合可造成正犯构成要件所保护法益的侵害，共犯与正犯行为人之间关于实施共同法益侵害的意思联络，以及行为人对帮助行为与正犯行为整体造成法益侵害结果的追求或放任。而根据 2014 年《意见》第 2 条与第 4 条的规定，结合本书所考察的非法集资犯罪共犯范围过度扩张的表现，可以发现在非法集资犯罪的场合，司法实践中认定的共犯"明知"通常不包含帮助行为与正犯行为整体的不法性，只要求共犯明知正犯行为的实施，并只需具备与正犯行为人之间共同实施行为的意思联络，在

---

① Vgl. Claus Roxin, *Strafrecht Allgemeiner Teil*, Bd. 1, C. H. Beck, 2006, Aufl. 4, S. 206 ff.. 我国学界持此类观点的参见刘艳红《网络犯罪帮助行为正犯化之批判》，《法商研究》2016 年第 3 期，第 21 页。

这一前提下，还只要求共犯具备对帮助行为与正犯行为整体造成法益侵害结果的放任，这导致待评价日常行为与正犯法益侵害结果间缺乏主观危险关联，致使非法集资犯罪共犯范围过度扩张。

本书认为，在非法集资犯罪共犯的主观明知中，对帮助行为与正犯行为整体不法性的认识，以及二者关于共同实施法益侵害的意思联络必不可少，前者要求区分对经营行为的认识与对非法集资行为的认识，后者则要求区分对非法集资行为的认识与参与共同犯罪的故意。在前两者均具备的前提下，可以要求行为人对帮助行为与正犯行为整体造成的法益侵害结果只具备放任的心态。否则，只要放任非法集资犯罪行为人获得自己的帮助便可与之构成共犯，这样的明知过于模糊，完全无法充实非法集资犯罪帮助行为所要求的主观危险关联，违反了个人责任原则的基本要求，以此为依据将日常行为作为非法集资犯罪共犯处罚不具备正当性。2010年《解释》第3条的规定，"非法吸收或变相非法吸收公众存款的数额以行为人吸收的资金全额计算"，实质体现了行为人只应为自己非法集资故意支配下直接吸收的资金承担刑事责任的要求。然而遗憾的是，只在定罪之后确定行为人吸收资金的数额时，该条才被予以考虑，未能纳入非法集资犯罪共犯入罪标准的体系考量中。通过厘清非法集资犯罪共犯明知的内容，可以明确非法集资犯罪帮助行为主观危险关联的评价标准，充实非法集资犯罪共犯的不法内涵。

最后还需要探讨的一个问题是，在通过信息网络实施此类日常行为时，如何厘清非法集资犯罪共犯与帮助信息网络犯罪活动罪之间的关系。本书认为，帮助信息网络犯罪活动罪不属于所谓的"帮助行为正犯化"，而是侵犯独立信息法益的实质预备犯，法条规定中的"利用信息网络实施犯罪"不是指利用信息网络实施所有的犯罪，而仅指利用信息网络实施侵犯独立信息法益的犯罪。[①] 那么，当单位或个人明知他人在实施非法集资犯罪，仍为之提供互联网接入、通讯传输等技术支持，或广告推广、支付结算等帮助时，应当根据非法集资犯罪共犯可罚性的评价标准，判断是否应当作为非法集资犯罪的共犯进行处罚。

在当前智慧金融的语境下，面对严峻的非法集资犯罪态势，扩大刑法

---

① 参见敬力嘉《网络参与行为刑事归责的"风险犯"模式及其反思》，《政治与法律》2018年第6期。

的打击范围似乎既可提前介入并阻断法益侵害进程，也能扩大退赔责任人的范围，最大限度实现刑法的法益保护功能。但是，如果这一目标的实现需要以滥用共犯原理、破坏个人责任原则为代价，恐怕是刑事法治不可承受之重。在非法集资犯罪的治理中，只有刑法介入的规范标准明确，非刑罚的金融交易市场治理机制才能充分发挥应有的功能，进而确保以制度信赖为核心的金融交易秩序的完善，在有序中推动金融创新的发展。

结语　刑法介入信息网络犯罪
治理的功能限度

在当代中国剧烈的社会变革中，作为基础社会治理机制的法律规范，包括刑法规范应对新型风险的无力，使其功能受到质疑。网络空间中法益侵害社会化的新特征，对以刑事责任个别化为核心特征的责任刑法提出了严峻挑战。积极回应这一挑战扩张刑法的功能边界，以求实现前置预防犯罪风险的目标，无可厚非。但作为社会治理的最后手段，刑法功能不可没有规范边界。本书便是以信息网络犯罪为微观的切面，试图回答既有边界扩张之后，刑法功能的限度何在。

我们时常探讨，当下的风险社会中如何能突破李斯特鸿沟，使刑法更积极地参与社会治理。李斯特鸿沟关注刑法的功能边界能否通过刑事政策得到扩展，以更积极地回应社会的发展变化。刑法实然层面的功能边界是立法论层面的问题，需结合经验科学与多学科智识，根据一定程序加以确定。以我国信息网络犯罪的刑事立法为实然基础，厘清信息网络犯罪概念的规范内涵与范畴，是明晰刑法介入信息网络犯罪治理功能限度的逻辑前提。

在教义学层面，刑法介入信息网络犯罪治理的功能限度在于罪刑法定原则，具体体现为对构成要件具体化的要求，这是实然层面刑法功能边界变动的安全阀。在整体刑法体系中，保护集体法益的信息网络犯罪构成不断增加，对于相关罪名的解释适用不能继续依赖经验性判断，需要构建规范评价标准。如果在立法论层面经过一定的程序之后，认为相应行为应当入罪，那么在司法论层面就要破除"构成要件类型化的行为模式就是构成要件要素"的迷思，摒弃行为犯的理论进路，以目的－客观与合宪的构成要件解释论为指导，确立法定主体信息专有权这一具备实质权利内涵的集体法益，以此为基础明确法益侵害抽象危险的规范评价标准，才能厘清狭义信息网络犯罪与网络化传统犯罪刑事责任的认定路径，为充分发挥此类罪名的前置化规制效力构建法理依据，明确教义学边界，从而有序实践刑法功能。也就是说，适用刑法处罚信息网络犯罪的前提，不仅要刑罚目的确定，还要行为不法确定①，如此刑罚的发动才能具备正当性。罪刑法定原则和最后手段性原则实质上是一体两面，共同标识着刑法功能扩张的绝对边界：刑法不能让人成为实现社会政策目标的纯粹工具。

① Sophie Zaufal, *Was kann ein strafrechtlicher Tatbestand leisten?*, *Die Bestimmtheit von Strafnormen als hermeneutisch-methodisches Problem im Verfassungsstaat*, Nomos, 2018, S. 282.

参考文献

（一）中文著作类

陈家林：《外国刑法通论》，中国人民公安大学出版社 2009 年版。

陈金林：《积极一般预防理论研究》，武汉大学出版社 2013 年版。

陈荣飞：《不纯正不作为犯的基本问题研究》，法律出版社 2010 年版。

陈洪兵：《中立行为的帮助》，法律出版社 2010 年版。

邓春梅：《消极自由与积极自由——柏林法价值理论及其发展研究》，湘潭大学出版社 2014 年版。

邓子滨：《中国实质刑法观批判》，法律出版社 2009 年版。

冯军：《刑事责任论》，法律出版社 1996 年版。

高铭暄、马克昌：《刑法学》，北京大学出版社、高等教育出版社 2000 年版。

何秉松：《后拉登时代国际反恐斗争的基本态势和战略》，中国民主法制出版社 2013 年版。

胡锦光、韩大元：《中国宪法》（第二版），法律出版社 2007 年版。

何荣功：《自由秩序与自由刑法理论》，北京大学出版社 2013 年版。

何荣功：《实行行为研究》，武汉大学出版社 2007 年版。

黄荣坚：《基础刑法学》，元照出版公司 2006 年版。

郝艳兵：《风险刑法——以危险犯为中心展开》，中国政法大学出版社 2012 年版。

焦旭鹏：《风险刑法的基本立场》，法律出版社 2014 年版。

劳东燕：《风险社会中的刑法——社会转型与刑法理论的变迁》，北京大学出版社 2015 年版。

刘锋：《互联网进化论》，清华大学出版社 2012 年版。

梁根林：《刑事法网：扩张与限缩》，法律出版社 2005 年版。

刘艳红：《实质刑法观》，中国人民大学出版社 2009 年版。

卢勤忠：《非法集资犯罪刑法理论与实务》，上海人民出版社 2014 年版。

马克昌：《犯罪通论》，武汉大学出版社 1999 年版。

皮勇：《网络犯罪比较研究》，中国人民公安大学出版社 2005 年版。

唐煜枫：《言论自由的刑罚限度》，法律出版社 2010 年版。

腾讯研究院等：《网络空间法治化的全球视野与中国实践》，法律出版社 2016 年版。

王忠：《大数据时代个人数据隐私规制》，社会科学文献出版社 2014 年版。

吴玉军：《非确定性与现代人的生存》，人民出版社 2011 年版。

王泽鉴：《侵权行为法》，中国政法大学出版社 2001 年版。

谢立斌：《宪法解释》，中国政法大学出版社 2014 年版。

许玉秀：《当代刑法思潮》，中国民主法制出版社 2005 年版。

许玉秀：《主观与客观之间——主观理论与客观归责》，法律出版社 2008 年版。

杨兴培：《反思与批评——中国刑法的理论与实践》，北京大学出版社 2013 年版。

于志刚、郭旨龙：《网络刑法的逻辑与经验》，中国法制出版社 2015 年版。

张晶：《风险刑法：以预防机能为视角展开》，中国法制出版社 2012 年版。

张明楷：《刑法学》（第四版），法律出版社 2011 年版。

张明楷：《责任刑与预防刑》，北京大学出版社 2015 年版。

周敏：《阐释·流动·想象——风险社会下的信息流动与传播管理》，北京大学出版社 2014 年版。

张平等主编《互联网法律法规汇编》，北京大学出版社 2012 年版。

张永和：《信仰与权威——诅咒（赌咒）、发誓与法律之比较研究》，法律出版社 2006 年版。

（二）中文译著类

〔英〕安东尼·吉登斯：《超越左与右—— 激进政治的未来》，李惠斌、杨雪冬译，社会科学文献出版社 2009 年版。

〔英〕安东尼·吉登斯：《社会学》（第六版，英文影印版），北京大学出版社 2010 年版。

〔英〕艾伦·诺里:《刑罚、责任与正义——关联批判》,杨丹译,中国人民大学出版社 2008 年版。

〔英〕安德鲁·查德威克:《互联网政治学:国家、公民与新传播技术》,任孟山译,华夏出版社 2010 年版。

〔德〕埃里克·希尔根多夫:《德国刑法学:从传统到现代》,江溯、黄笑岩等译,北京大学出版社 2015 年版。

〔美〕保罗·H. 罗宾逊:《刑法的分配原则——谁应受罚,如何量刑?》,沙丽金译,中国人民公安大学出版社 2009 年版。

〔美〕布赖恩·比克斯:《法律、语言与法律的确定性》,邱昭继译,法律出版社 2007 年版。

〔美〕哈罗德·J. 伯尔曼:《法律与宗教》,梁志平译,商务印书馆 2015 年版。

〔美〕道格拉斯·胡萨克:《过罪化及刑法的限制》,姜敏译,中国法制出版社 2015 年版。

〔英〕蒂莫西·A. O. 恩迪科特:《法律中的模糊性》,程朝阳译,北京大学出版社 2010 年版。

〔日〕大塚仁:《刑法概说(总论)》,冯军译,中国人民大学出版社 2003 年版。

〔美〕E. 博登海默:《法理学:法律哲学与法律方法》,邓正来译,中国政法大学出版社 1999 年版。

〔英〕弗里德里希·奥古斯特·冯·哈耶克:《自由宪章》,杨玉生等译,中国社会科学出版社 2012 年版。

〔法〕弗乔鲁瓦·德·拉加斯纳里:《福柯的最后一课——关于新自由主义、理论和政治》,潘培庆译,重庆大学出版社 2016 年版。

〔英〕戈登·休斯:《解读犯罪预防——社会控制、风险与后现代》,刘晓梅、刘志松译,中国人民公安大学出版社 2009 年版。

〔日〕高桥则夫:《共犯体系和共犯理论》,冯军等译,中国人民大学出版社 2010 年版。

〔日〕高桥则夫:《规范论和刑法解释论》,戴波、李阳译,中国人民大学出版社 2011 年版。

〔德〕黑格尔:《精神现象学》（上卷），贺麟、王玖兴译，商务印书馆1979年版。

〔英〕海泽尔·肯绍尔:《解读刑事司法中的风险》，李明琪等译，中国人民公安大学出版社2009年版。

〔德〕克劳斯·罗克辛:《对批判立法之法益概念的检视》，陈璇译，《法学评论》2015年第1期。

〔英〕卡尔·波普尔:《开放社会及其敌人》（第一卷），陆衡等译，中国社会科学出版社2016年版。

〔德〕罗伯特·阿列克西:《法　理性　商谈——法哲学研究》，朱光、雷磊译，中国法制出版社2011年版。

〔德〕马丁·海德格尔:《技术的追问》，孙周兴译，《海德格尔选集》（下卷），上海三联书店1996年版。

〔英〕马丁·因尼斯:《解读社会控制——越轨行为、犯罪与社会秩序》，陈天本译，中国人民公安大学出版社2009年版。

〔德〕米夏埃尔·帕夫利克:《人格体　主体　公民——刑罚的合法性研究》，谭淦译，中国人民大学出版社2011年版。

〔美〕诺阿姆·乔姆斯基、〔法〕米歇尔·福柯:《乔姆斯基、福柯辩论录》，刘玉红译，漓江出版社2012年版。

〔挪威〕尼尔·克里斯蒂:《犯罪控制工业化》，胡菀如译，北京大学出版社2014年版。

〔日〕日高义博:《不作为犯的理论》，王树平译，中国人民公安大学出版社1992年版。

〔英〕齐格蒙特·鲍曼:《流动的现代性》，上海三联书店2002年版。

〔日〕松宫孝明:《刑法总论讲义》（第四版，补正版），钱叶六译，中国人民大学出版社2013年版。

〔挪威〕托尔·布约格:《恐怖主义犯罪预防》，夏菲、李休休译，中国人民公安大学出版社2016年版。

〔德〕乌尔里希·贝克:《世界风险社会》，吴英姿、孙淑敏译，南京大学出版社2004年版。

〔德〕乌尔里希·贝克、〔英〕安东尼·吉登斯、斯科特·拉什:《自反性现代化——现代社会秩序中的政治、传统与美学》，赵文书译，商务印书馆 2014 年版。

〔德〕乌尔里希·齐白：《全球风险社会与信息社会中的刑法——二十一世纪刑法模式的转换》，周遵友、江溯等译，中国法制出版社 2012 年版。

〔德〕乌尔里希·齐白：《网络服务提供者的刑事责任——刑法总论中的核心问题》，王华伟译，《刑法论丛》2016 年第 4 卷。

〔德〕乌尔斯·金德霍伊泽尔：《法益保护与规范效力的保障——论刑法的目的》，陈璇译，《中外法学》2015 年第 2 期。

〔日〕西原春夫：《犯罪实行行为论》，戴波等译，北京大学出版社 2006 年版。

〔英〕以赛亚·柏林：《自由论》，胡传胜译，译林出版社 2003 年版。

〔澳〕亚当·苏通、阿德里恩·切尼、罗伯·怀特：《犯罪预防——原理、观点与实践》，赵赤译，中国政法大学出版社 2012 年版。

〔德〕约翰内斯·韦塞尔斯：《德国刑法总论》，李昌珂译，法律出版社 2008 年版。

〔日〕伊东研祐：《法益概念史研究》，秦一禾译，中国人民大学出版社 2014 年版。

〔美〕詹姆斯·克里斯：《社会控制》，纳雪沙译，电子工业出版社 2012 年版。

〔德〕许内曼：《论不真正不作为犯的保证人地位》，陈晰译，《刑法与刑事司法》2013 年第 1 卷，法律出版社 2013 年版。

（三）中文论文类

程红、吴荣富：《刑事立法活性化与刑法理念的转变》，《云南大学学报》（法学版）2016 年第 4 期。

陈京春：《抽象危险犯的概念诠释与风险防控》，《法律科学》2014 年第 3 期。

陈兴良：《形式解释论的再宣示》，《中国法学》2010 年第 4 期。

陈兴良：《风险刑法理论的教义学批判》，《中外法学》2014 年第 1 期。

陈兴良：《不作为犯论的生成》，《中外法学》2012 年第 4 期。

陈兴良：《刑法阶层理论：三阶层与四要件的对比性考察》，《清华法学》

2017 年第 5 期。

陈家林：《不作为的共同正犯问题研究》，《暨南大学学报》2007 年第 5 期。

丁慧敏：《刑法目的观转变简史——以德国、日本刑法的祛伦理化为视角》，《环球法律评论》2011 年第 2 期。

杜文俊、陈洪兵：《不作为共犯与犯罪阻止义务》，《刑法论丛》2009 年第 3 卷。

杜小丽：《抽象危险犯形态法定犯的出罪机制——以生产销售假药罪和生产销售有毒有害食品罪为切入》，《政治与法律》2016 年第 12 期。

冯军：《刑法中的责任原则——兼与张明楷教授商榷》，《中外法学》2012 年第 1 期。

付立庆：《应否允许抽象危险犯反证问题研究》，《法商研究》2013 年第 6 期。

高铭暄、李梅容：《论网络恐怖主义行为》，《法学杂志》2015 年第 12 期。

胡凌：《信息时代的新权力形式》，《网络法律评论》2012 年第 1 期。

何庆仁：《德国刑法学中的义务犯理论》，载陈兴良主编《刑事法评论》第 24 卷，北京大学出版社 2009 年版。

何荣功：《"预防性"反恐刑事立法思考》，《中国法学》2016 年第 3 期。

何荣功：《社会治理"过度刑法化"的法哲学批判》，《中外法学》2015 年第 2 期。

何荣功：《经济自由与经济刑法的正当性思考》，《法学评论》2014 年第 6 期。

何荣功：《社会治理"过度刑法化"的法哲学批判》，《中外法学》2015 年第 2 期。

何荣功：《预防刑法的扩张及其限度》，《法学研究》2017 年第 4 期。

黄芳：《非法集资犯罪定罪困局之解析》，《法律适用》2018 年第 24 期。

简爱：《一个标签理论的现实化进路：刑法谦抑性的司法适用》，《法制与社会发展》2017 年第 3 期。

靳高风、朱双洋、林晞楠：《中国犯罪形势分析与预测（2017－2018）》，《中国人民公安大学学报》（社会科学版）2018 年第 2 期。

敬力嘉：《被害人保护与涉众型经济犯罪治理——以风险分配为视角》，《人民检察》2017 年第 11 期。

敬力嘉：《大数据环境下侵犯公民个人信息罪法益的应然转向》，《法学评论》2018 年第 2 期。

敬力嘉：《非确定性背景下网络服务提供者的刑事责任》，《云南大学学报》（法学版）2016 年第 6 期。

敬力嘉：《恐怖主义犯罪预防与网络资讯刑事规制》，《澳门法学》2017 年第 3 期。

敬力嘉：《论拒不履行网络安全管理义务罪——以网络中介服务者的刑事责任为中心展开》，《政治与法律》2017 年第 1 期。

敬力嘉：《网络空间秩序与刑法介入的正当性》，《刑法论丛》2017 年第 4 期。

敬力嘉：《网络服务提供者的间接刑事责任——兼论刑事责任与非刑事法律责任的衔接》，《网络法律评论》2018 年第 1 期。

敬力嘉：《信息网络安全管理义务的刑法教义学展开》，《东方法学》2017 年第 5 期。

姜涛：《追寻理性的罪刑模式：把比例原则植入刑法理论》，《法律科学》2013 年第 1 期。

焦旭鹏：《自反性现代化的刑法意义——风险刑法研究的宏观知识路径探索》，《政治与法律》2014 年第 4 期。

赖佳文：《刑事替代责任的理论现状、制度引进与现实选择》，《中国刑事法杂志》2013 年第 2 期。

劳东燕：《公共政策与风险社会的刑法》，《中国社会科学》2007 年第 3 期。

劳东燕：《风险分配与刑法归责——因果关系理论的反思》，《政法论坛》2010 年第 6 期。

劳东燕：《以危险方法危害公共安全罪的解释学研究》，《政治与法律》2013 年第 3 期。

劳东燕：《风险社会与变动中的刑法理论》，《中外法学》2014 年第 1 期。

劳东燕：《法益衡量原理的教义学检讨》，《中外法学》2016 年第 2 期。

劳东燕：《风险社会与功能主义的刑法立法观》，《法学评论》2017 年第 6 期。

梁根林：《责任主义原则及其例外——立足于客观处罚条件的考察》，《清华法学》2009 年第 2 期。

梁根林：《预备犯普遍处罚原则的困境与突围——〈刑法〉第 22 条的解读
　　与重构》，《中国法学》2011 年第 2 期。

梁根林：《传统犯罪网络化——归责障碍、刑法应对与教义限缩》，《法学》
　　2017 年第 2 期。

黎宏：《〈刑法修正案（九）〉中有关恐怖主义、极端主义犯罪的刑事立法——
　　从如何限缩抽象危险犯的成立范围的立场出发》，《苏州大学学报》
　　（哲学社会科学版）2015 年第 6 期。

黎宏：《论抽象危险犯危险判断的经验法则之构建与适用——以抽象危险
　　犯立法模式与传统法益侵害说的平衡与协调为目标》，《政治与法律》
　　2013 年第 8 期。

黎宏：《对风险刑法观的反思》，《人民检察》2011 年第 3 期。

黎宏：《刑法的机能和我国刑法的任务》，《现代法学》2003 年第 4 期。

黎宏：《法益侵害说和犯罪的认定》，《国家检察官学院学报》2006 年第
　　6 期。

李婕：《限缩抑或分化：准抽象危险犯的构造与范围》，《法学评论》2017
　　年第 3 期。

廖天虎：《论 P2P 网贷的刑事法律风险及其防范》，《中国政法大学学报》
　　2018 年第 1 期。

吕炳斌：《论网络用户对“数据”的权利——兼论网络法中的产业政策和
　　利益衡量》，《法律科学》2018 年第 6 期。

刘文杰：《网络服务提供者的安全保障义务》，《中外法学》2012 年第 2 期。

刘宪权：《刑事立法应力戒情绪——以〈刑法修正案（九）〉为视角》，
　　《法学评论》2016 年第 1 期。

刘艳红：《“风险刑法”理论不能动摇刑法谦抑主义》，《法商研究》2011
　　年第 4 期。

刘艳红：《入出罪走向出罪：刑法犯罪概念的功能转换》，《政法论坛》
　　2017 年第 5 期。

龙卫球：《再论企业数据保护的财产权化路径》，《东方法学》2018 年第 3 期。

毛玲玲：《传播淫秽物品罪中“传播”行为的性质认定——“快播案”相
　　关问题的刑事法理评析》，《东方法学》2016 年第 2 期。

马荣春：《刑法类型化思维的概念与边界》，《政治与法律》2014 年第 1 期。

马荣春：《中立帮助行为及其过当》，《东方法学》2017 年第 2 期。

欧阳本祺、王倩：《〈刑法修正案（九）〉新增网络犯罪的法律适用》，《法学研究》2016 年第 4 期。

欧阳本祺：《论网络环境下著作权侵权的刑事归责——以网络服务提供者的刑事责任为中心》，《法学家》2018 年第 3 期。

潘修平、赵维军：《网络寻衅滋事罪的定性》，《江西社会科学》2015 年第 8 期。

皮勇：《全球化信息化背景下我国网络恐怖活动及其犯罪立法研究——兼评我国〈刑法修正案（九）（草案）〉和〈反恐怖主义法〉（草案）相关反恐条款》，《政法论丛》2015 年第 1 期。

皮勇：《网络恐怖活动犯罪及其整体法律对策》，《环球法律评论》2013 年第 1 期。

皮勇：《论欧洲刑事法一体化背景下的德国网络犯罪立法》，《中外法学》2011 年第 5 期。

皮勇、黄琰：《试论信息法益的刑法保护》，《广西大学学报》（哲学社会科学版）2011 年第 1 期。

皮勇、杨淼鑫：《网络时代微恐怖主义及其法律治理》，《武汉大学学报》（哲学社会科学版）2017 年第 2 期。

舒洪水、张晶：《法益在现代刑法中的困境与发展——以德日刑法的立法动态为视角》，《政治与法律》2009 年第 7 期。

钱叶六：《双层区分制下正犯与共犯的区分》，《法学研究》2012 年第 1 期。

商浩文：《预备行为实行化的罪名体系与司法限缩》，《法学评论》2017 年第 6 期。

尚勇：《准备实施恐怖活动罪的法教义学分析——以处罚范围的限定为核心》，《法律适用》2018 年第 19 期。

石聚航：《刑法谦抑性是如何被搁浅的？——基于定罪实践的反思性考察》，《法制与社会发展》2014 年第 1 期。

孙道萃：《网络刑法的知识转型与立法回应》，《现代法学》2017 年第 1 期。

孙万怀：《风险刑法的现实风险与控制》，《法律科学》2013 年第 6 期。

孙万怀、卢恒飞：《刑法应当理性应对网络谣言——对网络造谣司法解释的实证评估》，《法学》2013 年第 11 期。

孙禹：《论网络服务提供者的合规规则——以德国〈网络执行法〉为借鉴》，《政治与法律》2018 年第 11 期。

孙运梁：《因果支配走向客观归责——不纯正不作为犯的归因与归责》，《法学评论》2016 年第 2 期。

苏青：《网络谣言的刑法规制：基于刑法修正案（九）的解读》，《当代法学》2017 年第 1 期。

时斌：《编造、故意传播虚假恐怖信息罪的制裁思路——兼评刑法修正案（九）的相关条款》，《政法论坛》2016 年第 1 期。

田宏杰：《行政犯的法律属性及其责任》，《法学家》2013 年第 3 期。

王华伟：《网络服务提供者的刑法责任比较研究》，《环球法律评论》2016 年第 4 期。

王锴：《论宪法上的一般人格权及其对民法的影响》，《中国法学》2017 年第 3 期。

王爱鲜：《帮助行为正犯化视野下的帮助信息网络犯罪活动罪研究》，《海南大学学报》（社会科学版）2017 年第 2 期。

王霖：《网络犯罪参与行为刑事责任模式的教义学塑造——共犯归责模式的回归》，《政治与法律》2016 年第 9 期。

汪华亮：《基于合同关系的替代责任：一个法律经济学的视角》，《法商研究》2015 年第 1 期。

王利明：《论个人信息权的法律保护——以个人信息权与隐私权的界分为中心》，《现代法学》2013 年第 4 期。

王全、陈祥民、李胜楠：《互联网非法集资"加盟型"共犯的认定与证据规格——以"e 租宝"互联网非法集资案为研究视角》，《中国刑警学院学报》2016 年第 4 期。

王世洲：《刑法的辅助原则与谦抑原则的概念》，《河北法学》2008 年第 10 期。

王肃之：《从回应式到前瞻式：网络犯罪刑事立法思路的应然转向——兼评〈刑法修正案〉（九）相关立法规定》，《河北法学》2016 年第 8 期。

王文华：《拒不履行信息网络安全管理义务罪适用分析》，《人民检察》

2016 年第 6 期。

王永茜：《抽象危险犯立法技术探讨——以对传统"结果"概念的延伸解释为切入点》，《政治与法律》2013 年第 8 期。

王钰：《对客观处罚条件历史性质的考察》，《清华法学》2012 年第 1 期。

王志祥、刘婷：《网络恐怖主义犯罪及其法律规制》，《国家检察官学院学报》2016 年第 5 期。

吴莹、卢雨霞、陈家建、王一鸽：《跟随行动者重组社会——读拉图尔的〈重组社会：行动者网络理论〉》，《社会学研究》2008 年第 2 期。

熊琦：《客观归责理论的规范维度——兼论本体论、价值论因果关联与客观归责的本质区别》，《刑法论丛》2012 年第 3 卷。

熊琦：《论法益之"益"》，《刑法论丛》2008 年第 15 卷。

熊亚文、黄雅珠：《帮助信息网络犯罪活动罪的司法适用》，《人民司法》（应用）2016 年第 31 期。

谢望原：《论拒不履行信息网络安全管理义务罪》，《中国法学》2017 年第 2 期。

徐凌波：《财产罪法益的讨论范式及其解构》，《中外法学》2018 年第 1 期。

薛晓源、刘国良：《法治时代的危险、风险与和谐——德国著名法学家、波恩大学法学院院长乌·金德霍伊泽尔教授访谈论》，《马克思主义与现实》2005 年第 3 期。

阎二鹏：《预备行为实行化的法教义学审视与重构——基于〈中华人民共和国刑法修正案（九）〉的思考》，《法商研究》2016 年第 5 期。

喻海松：《网络犯罪的立法扩张与司法适用》，《法律适用》2016 年第 9 期。

翼洋、王立强：《规范论视野中的刑罚合法性——读帕夫利克教授的报应主义》，《四川警察学院学报》2014 年第 1 期。

杨立新：《网络平台提供者的附条件不真正连带责任与部分连带责任》，《法律科学》2015 年第 1 期。

杨立新：《个人信息：法益抑或民事权利——对〈民法总则〉第 11 条规定的"个人信息"之解读》，《法学论坛》2018 年第 1 期。

杨萌：《德国刑法学中法益概念的内涵和评价》，《暨南学报》（哲学社会科学版）2012 年第 6 期。

杨志琼：《非法获取计算机信息系统数据罪"口袋化"的实证分析及其处

理路径》,《法学评论》2018 年第 6 期。

于冲:《帮助行为正犯化的类型研究与入罪化思路》,《政法论坛》2016 年
　　第 4 期。

于飞:《侵权法中权利与利益的区分方法》,《法学研究》2011 年第 4 期。

余筱兰:《民法典编纂视角下信息删除权建构》,《政治与法律》2018 年第
　　4 期。

殷勤:《网络谣言的犯罪化及其限度——以刑法修正案(九)编造、故意
　　传播虚假信息罪为依据》,《人民司法》(应用)2016 年第 1 期。

于志刚、郭旨龙:《"双层社会"与"公共秩序严重混乱"的认定标准》,
　　《华东政法大学学报》2014 年第 3 期。

于志刚:《网络犯罪与中国刑法应对》,《中国社会科学》2010 年第 3 期。

于志刚:《网络犯罪的发展轨迹与刑法分则的转型路径》,《法商研究》
　　2014 年第 4 期。

于志刚:《网络思维的演变与网络犯罪的制裁思路》,《中外法学》2014 年
　　第 4 期。

于志刚:《"双层社会"中传统刑法的适用空间——以"两高"〈网络诽谤
　　解释〉发布为背景》,《法学》2013 年第 10 期。

于志刚:《网络空间中犯罪帮助行为的制裁体系与完善思路》,《中国法学》
　　2016 年第 2 期。

于志刚:《青年刑法学者要有跟上时代的激情和责任——20 年来网络犯罪
　　理论研究反思》,《法商研究》2017 年第 6 期。

于志刚:《共犯行为正犯化的立法探索与理论梳理——以"帮助信息网络
　　犯罪活动罪"立法定位为角度的分析》,《法律科学》2017 年第 3 期。

于志刚:《网络空间中犯罪预备行为的制裁思路与体系完善——截至刑法
　　修正案(九)的网络预备行为规制体系的反思》,《法学家》2017 年
　　第 6 期。

张明楷:《"风险社会"若干刑法理论问题反思》,《法商研究》2011 年第
　　5 期。

张明楷:《明确性原则在司法实践中的贯彻》,《吉林大学学报》2015 年第
　　4 期。

张明楷:《实质解释论的再提倡》,《中国法学》2010 年第 4 期。

张明楷：《共同犯罪的认定方法》，《法学研究》2014 年第 3 期。

张明楷：《论帮助信息网络犯罪活动罪》，《政治与法律》2016 年第 2 期。

张康之、向玉琼：《网络空间中的政策问题建构》，《中国社会科学》2015
年第 2 期。

周光权：《转型时期刑法立法的思路与方法》，《中国社会科学》2016 年第
3 期。

周光权：《积极刑法立法观在中国的确立》，《法学研究》2016 年第 4 期。

张勇、王杰：《网络帮助行为的犯罪化与非犯罪化》，《苏州大学学报》
（哲学社会科学版）2017 年第 3 期。

庄劲：《客观归责还是主观归责？——一条"过时"的结果归责之路重
拾》，《法学家》2015 年第 3 期。

张千帆：《刑法适用应遵循宪法的基本精神——以"寻衅滋事"的司法解
释为例》，《法学》2015 年第 4 期。

张素华、李雅男：《数据保护的路径选择》，《学术界》2018 年第 7 期。

郑旭江、杨兴培：《论犯罪学与刑法学的相互关系与互补共进》，《青少年
犯罪问题》2014 年第 3 期。

郑延谱：《预备犯处罚界限论》，《中国法学》2014 年第 4 期。

（四）英文著作类

Andréa Belliger, David J. Krieger, *Network Publicy Governance*: *On Privacy
and the Informational Self*, Verlag Biefeld, 2018.

Andrew Ashworth, Lucia Zedner and Patrick Tomlin, *Prevention and the Limits
of the Criminal Law*, Oxford University Press, 2013.

Andrew Ashworth, Lucia Zedner, *Preventive Justice*, Oxford University Press, 2015.

Andrew von Hirsch, Andrew Ashworth, *Proportionate Sentencing*, Oxford Uni-
versity Press, 2005.

Andrej Savin, *EU Internet Law*, Eldward Elgar Publishing, 2013.

Anjali Kaushik, *Sailing Safe in Cyber Space*: *Protect your Identity and Data*,
Sage Publications India Pvt Ltd, 2013.

A. Jakobi, K. Wolf, *The Transnational Governance of Violence and Crime*: *Non-
State Actors in Security* (*Governance and Limited Statehood*), Palgrave

Macmillan, 2013.

Benoit LeClerc, Ernesto U. Savona, *Crime Prevention in the 21st Century: Insightful Approaches for Crime Prevention Initiatives*, Springer, 2017.

Christopher Kuner, *Transborder Data Flow Regulation and Data Privacy Law*, Oxford University Press, 2013.

David Garland, *The Culture of Control: Crime and Social Order in Contermporary Society*, Oxford University Press, 2011.

Dennis J. Baker, *The Right Not to be Criminalized*, Routledge, 2011.

Douglas Husak, *Overcriminalization: The Limits of the Criminal Law*, Oxford University Press, 2009.

Emilio C. Viano, Cybercrime, *Organized Crime and Societal Responses: International Approaches*, Springer, 2017.

George Christou, *Cybersecurity in the European Union: Resilience and Adaptability in Governance Policy*, Palgrave Mcmilian, 2016.

Henrique Carvalho, *The Preventive Turn in Criminal Law*, Oxford University Press, 2017.

Herbert L. Packer, *The Limits of the Criminal Sanction*, Stanford University Press, 2008.

Irma van der Ploeg, Jason Pridmore, *Digitizing Identities: Doing Identity in a Networked World*, Routledge Taylor & Francis, 2016.

Joel Feinberg, *Harm to Others*, Oxford University Press, 1984.

Julie E. Mehan, *Cyberwar, Cyberterror, Cybercrime*, It Governance Ltd. , 2008.

Katalin Parti, *Alterations in Danger: Awareness due to the Info Communication Revolution and its Effect on Legislation, Current Issues in IT Security*, Dunckler & Humblot · Berlin, 2009.

Edited by Mark F. Grady, Francisco Parisi, *The Law and Economics of Cybersecurity*, Cambridge University Press, 2005.

Maria Grazia Porcedda, *Data Protection and the Prevention of Cybercrime: The EU as an Area of Security?* European University Institute, 2012.

Martin Loughlin, *Sword & Scales: An Examination of the Relationship between Law and Politics*, Hart Publishing, Oxford and Portland Oregon, 2000.

Mark Johnson, *Cybercrime, Security and Digital Intelligence*, Gower Publishing Limited, 2013.

Misha Glenny, *Dark Market: How Hackers Became the New Mafia*, Vintage, 2012.

Paula Gillker, *Vicarious Liability in Tort: A Comparative Perspective*, Cambridge University Press, 2010.

Robert A. Gorman, Jane C. Ginsburg, *Cases and Materials*, 7th ed., Foundation Press, 2006.

Rohan G. Michael C., *Countering Terrorism: Can We Meet the Threat of Global Violence*, Reaktion Books Ltd, 2007.

Sarah Summers, Crhistian Schwarzenegger, Gian Ege, Finlay Young, *The Emergency of EU Criminal Law*, Hart Publishing, 2014.

Thomas Hobbes, *Leviathan* [1651], Richard Tuck ed., Cambridge: Cambridge U. P., 1989.

United States Congress House of Represen, *To Promote Internet Safety Education and Cybercrime Prevention Initiatives, and for Other Purposes*, Bibliogov, 2010.

Wolf J. Schünemann, Max-Otto Baumann (eds.), *Privacy, Data Protection and Cybersecurity in Europe*, Springer International Publishing AG, 2017.

(五) 英文期刊类

Alexandra Giannopoulou, "Copyright Enforcement Measures: the Role of the ISPs and the Respect of the Principle of Proportionality", *European Journal of Law and Technology*, 2014.

Alexander Bayer, "Liability 2. 0-Does the Internet Environment Require New Standards for Secondary Liability? An Overview of the Current Legal Situation in Germany", *MPI Studies on Intellectual Property, Competition and Tax Law*, Vol. 6.

Andreas von Hirsch, "Harm and Wrongdoing in Criminalisation Theory", *Crim Law and Philos*, (2014) 8.

Antony Duff, "Symposium on Preventive Justice Preface", *Criminal Law & Philosophy*, 2015.

Andrew Ashworth, "Conceptions of Overcriminalization", 5 *Ohio State Journal of Criminal Law.*

Anne Cheung, Rudolf H. Weber, "Internet Governance and the Responsibility of Internet Service Providers", *Wisconsin International Law Journal*, Vol. 26, Nr. 2.

Bryan H. Choi, "The Anonymous Internet", *Md. L. Rev.* 501, 2012 – 2013.

Center for Strategic and International Studies in Mcafee, "Net Losses: Estimating the Global Cost of Cybercrime", 2014, p. 22.

Christoph Demont-Heinrich, "Central Points of Control and Surveillance on a 'Decentralized'" *Net*, *INFO*, *Iss.* 4, 2002.

Jody R. Westby, "Countering Terrorism with Cyber Security", 47 *Jurimetrics*, 2007.

John T. Cross, "Contributory and Vicarious Liability for Trademark Dilution", 80 *Or. L. Rev.* .

Kevin D. Haggerty, Amber Gazso, "Seeing Beyond the Ruins: Surveilance as a Response to Terrorist Threats", *Canadian Journal of Sociology*, 2005, 30 (2).

Kelly Tickle, "The Vicarious Liability of Electronic Bulletin Board Operators for the Copyright Infringement Occurring on Their Bulletin Boards", 80 *Iowa L. Rev.* 391, 411.

Michael Ian Morrison, "The Acquisition Supply Chain and the Security of Government Information Technology Purchases", *Pub. Cont. L. J.* 749, 2012 – 2013.

NCA, Cybercrime Assessment 2016.

Nico van Eijk, "Duties of Care on the Internet", *Secure Information Society*, 2013.

Office for National Statistics, Crime in England and Wales: Year Ending June 2017.

Peter Leonard, "Safe Harbors in Choppy Waters-Building a Sensible Approach to Liability of Internet Intermediaries in Australia", *J. Int'l Media & Ent. L.* 221, 2010 – 2011.

UNODC, The Use of the Internet for Terrorist Purposes, 2012.

UNODC, Comprehensive Study on Cybercrime 2013, Exclusive Summary.

EU General Data Protection Regulation, ABI. Nr. L119/1, 2016.

（六）德语著作类

An Sugil, Vorfeldkriminalisierung in der Risikogesellschaft, Peter Lang Internationaler Verlag der Wissenschaften, 2016.

André Brodocz/Marcus Llanque/Gary S. Schaal（Hrsg.）, Bedrohungen der Demokratie, VS Verlag für Sozialwissenschaften, 2008.

Arthur Kaufmann, Das Schuldprinzip, 2. Aufl., Carl Winter, 1976.

Antonie Moser-Knierim, Vorratsdatenspeicherung: Zwischen Überwachungsstaat und Terrorabwehr, Springer Verlag, 2014.

Andreas Wien, Internetrecht: eine praxisorientierte Einführung, Gabler, 2009.

Andreas Weigend, Data for the People, Murmann Publishers, 2017.

Beatrice Bruhöber, Strafrecht im Präventionsstaat, Franz Steiner, 2014.

Bernd-Dieter Meier, Strafrechtliche Sanktionen, Springer, 2001.

Claus Roxin, Strafrecht AT, Band I, Grundlagen. Der Aufbau der Verbrechenslehre, 4. Aufl., C. H. Beck, 2006.

Claus Roxin, Strafrecht AT, Band II, Besondere Erscheinungsformen der Straftat, 4. Aufl., C. H. Beck, 2006.

Cornelius Prittwitz, Strafrecht und Risiko. Untersuchungen zur Krise des Strafrechts und der Kriminalpolitik in der Risikogesellschaft, Vittorio Klostermann, 1993.

C. Ott H. -B. Schäfer, Die Präventivwirkung zivil-und strafrechtlicher Sanktionen, Mohr Siebeck, 1999.

Dorothee D'Aprile/Barbara Bauer/Le Monde diplomatique（Herausgeber）, Die Überwacher Prism, Google, Whistleblower, TAZ, 2014.

Dieter Kugelmann/Peter Rackow, Prävention und Repression im Raum der Freiheit, der Sicherheit und des Rechts: Belastbarkeit der Konzepte von Strafe und Gefahrenabwehr zwischen Staat und EU, Nomos, 2014.

Svetlana Paramonova, Internationales Strafrecht im Cyberspace: Strafrechtliche Analyse der Rechtslage in Deutschland, Russland und den USA, Springer Viewweg, 2013.

Eddy Willems, Cybergefahr, Springer, 2013.

Erich Marks/Wiebker Steffen, Mehr Prävention-wenige Opfer: Ausgewählte

Beiträger des 18. Deutschen Präventionstages, Forum Vlg Godesberg, 2014.

Felix Herzog, Gesellschaftliche Unsicherheit und strafrechtliche Daseinsvorsorge. Studien zur Vorverlagerung des Strafrechtsschutzes in den Gefährdungsbereich, R. v. Decker, 1991.

Franz Streng, Strafrechtliche Sanktionen: Die Strafzemessung und ihre Grundlagen, 3. Aufl., Verlag W. Kohlhammer, 2012.

Friederic Ufer, Die Haftung der Internet Provider nach dem Telemediengesetz, Verlag Dr. Kovac Hamburg, 2007.

Geis Götz, Allgemeines Polizei-und Ordnungsrecht, 16 Aufl., C. H. Beck, 2017.

Günter Bubenitschek/Reiner Greulich/Melanie Wegel, Kriminal Prävention in der Praxis, C. F. Müller, 2014.

Großmann, Liberales Strafrecht in der komplexen Gesellschaft, Dike Verlag Zürich, 2017.

Hans-Dieter Schwind, Kriminologie und Kriminalpolitik: Eine praxisorientierte Einführung mit Beispielen, C. F. Müller, 2016.

Heribert Prantl: Der Terrorist als Gesetzgeber: Wie man mit Angst Politik macht, Droemer HC, 2008.

Hilgendorf/Valerius, Computer-und Internetstrafrecht, Springer, 2012.

Hans-Heinrich Jescheck/Thomas Weigend, Lehrbuch des Strafrechts, AT, 5. Aufl., Dunckler & Humblot, 1996.

Jens Puschke, Legitimation, Grenzen und Dogmatik von Vorbereitung-statbeständen, Mohr Siebeck, 2017.

Ioanna Anastasopoulou: Deliktstypen zum Schutz kollektiver Rechtsgüter. C. H. Beck, 2005.

Joseph Isensee, Das Grundrecht auf Sicherheit. Zu den Schutzpflichten des freiheitlichen Verfassungsstaat, Walter de Gruyter, 1983.

Julia Maria Erber Schropp, Schuld und Strafe, eine strafrechtsphilosophische Untersuchung des Schuldprinzips (Perspektiven der Ethik), Mohr Siebeck, 2016.

Jürgen Schmidt, Untersuchung zur Dogmatik und zum Abstraktionsgrad abstrakter Gefährdungsdelikte. Zugleich ein Beitrag zur Rechtsgutslehre, Elwert, 1999.

Kühl, Strafrecht Allgmeiner Teil, Verlag Franz Vahlen, 2012.

Katja Wohlgemuth, Prävention in der Kinder-und Jugendhilfe, VS Verlag für Sozialwissenschaften, 2009.

Katrin Gierhake, Der Zusammenhang von Freiheit, Sicherheit und Strafe im Recht: eine Untersuchung zu den Grundlagen und Kriterien legitimer Terrorismusprävention, Duncker & Humblot, 2013.

Klaus Lüderssen, Resozialisierung, Tat und Schuld, Bouvier Verlag, 2016.

Klaus Lüderssen, Cornelius Nestler-Tremel, Ewa Weigend (Hrsg.), Modernes Strafrecht und ultima-ratio-Prinzip, Verlag Peter Lang, 1990.

Klaus Ferdinand Gärditz, Strafprzeß und Prävention: Entwurf einer verfassungsrechtlichen Zuständigkeit-und Funktionenordnung, Mohr Siebeck, 2003.

Lisa Kathrin Sander, Grenzen instrumenteller Vernunft im Strafrecht. Eine Kritik der Präventionsdoktrin aus strafrechtsgeschichtlicher und empirischer Perspektive, Peter Lang Internationaler Verlag der Wissenschaften, 2007.

Manfred Volz, Unrecht und Schuld abstrakter Gefährdungsdelikte, C. F. Müller, 1968.

Mattias Bäcker, Kriminalpräventionsrecht: Eine rechtsetzungsorientierte Studie zum Polizeirecht, zum Strafrecht und zum Strafverfahrensrecht (Jus Publicum), Mohr Siebeck, 2015.

Matthias Krüger, Die Entmaterialisierungstendenz beim Rechtsgutsbegriff, Duncker & Humblot, 2000.

Max von Schönfeld, Screen Scraping und Informationsfreiheit, Nomos, 2018.

Michael Friedewald/Jörn Lamla/Alexander Roßnagel, Informationelle Selbstbestimmung im digitalen Wandel, Springer Viewweg Verlag, 2017.

Michael Wagner-Kern, Präventive Sicherheitsordnung: Zur Historisierung der Sicherrungsverwahrung (Gesellschaft versus Recht), Berliner Wissenschaftsverlag, 2016.

Michael Estel, Die Rolle der Prävention in der Disziplinargesellschaft, GRIN Verlag, 2012.

Mikro Schulter, Die Methode der richterlichen Straftatenprävention: Zum Regeln der Rezeption von Empirie und Qualität, Mohr Siebeck, 2016.

M. Heidegger, Sein und Zeit, 16 Auflage, Tübingen: Max Niemeyer Verlag, 1986.

M. Marx, Zur Definition des Begriffs "Rechtsgut" -Prolegomena einer materialen Verbrechenslehre, Kolen, 1972.

Nadine Kalberg, Datenschutz an Hochschulen, Lit Verlag, 2013.

Heike Hinneburg, Prävention von Kriminalität im E-Commerce, Peter Lang Internationaler Verlag der Wissenschaften, 2006.

Heribert Prantl, Der Terrorist als Gesetzgeber: Wie man mit Angst Politik macht, Droemer HC, 2008.

Peter-Alexis Albrecht, Der Weg in die Sicherheitsgesellschaft: Auf der Suche nach staatskritischen Absolutheitsregeln, Bwv-Berliner Wissenschafts-Verlag, 2010.

Peter-Alexis Albrecht, Kriminologie: Eine Grundlegung zum Strafrecht, C. H. Beck, 2005.

R Reindl/G Kawamura/W Nickolai, Sozialarbeit, Alternativen zur Strafverschärfung, Lambertus, 1995.

Simitis (Hrsg.), BDSG, 8. Aufl., Nomos, 2014.

Robin Hofmann, Flucht, Migration und die neue europäische Sicherheitsarchitektur, Springer VS, 2017.

Rüthers/Fischer/Birk, Rechtstheorie mit Juristischer Mmethodenlehre, C. H. Beck, 2016.

S. Bachmann/G. Baumgartner/R. Feik/K. Giese/D. Jahnel/G. Lienbacher (Hrsg), BesonderesVerwaltungsrecht, Springer, 2010.

Roland Hefendehl, Kollektive Rechtsgüter im Strafrecht, Carl Heymanns, 2002.

Roland Hefendehl (Hrsg.), Grenzlose Vorverlagerung des Strafrechts? Berlin: BWV-Berliner Wissenschafts-Verlag, 2010.

Roland Hefendehl/Andrew von Hirsch/ Wolfgang Wohlers (Hrsg.), Die Rechtsgutstheorie. Legitimationsbasis des Strafrechts oder dogmatisches Glasperlenspiel? Nomos, 2003.

Roland Sonntag, Der schöne neue Präventionsstaat: Sicherheitsgesetzgebung, staatliche Überwachung und die daraus resultierenden Gefahren für Demokratie und Rechtsstaatlichkeit in der Bundesrepublik Deutschland, GRIN Verlag, 2009.

Stiftung Datenschutz（Hrsg.）, Zukunft der informationellen Selbstbestimmung, Erich Schmidt Verlag, 2016.

Stefan Drackert, Die Risiken der Verarbeitung personenbezogener Daten, Dunckler & Humblot · Berlin, 2014.

Susanne Fischer/Carlo Masala（Hrsg.）, Innere Sicherheit nach 9/11：Sicherheitsbedrohungen und（immer）neue Sicherheitsmaßnahmen? Springer VS, 2016.

Samson, Hypothekische Kausalverläufer im Strafrecht, A. Metztner, 1972.

Sandra Mießner, Providerhaftung, Störerhaftung und Internetauktion, Lang, 2008.

Stefan M. Freytag, Haftung im Netz：Verantwortlichkeit für Urheber-, Marken- und Wettbewerbsrechtsverletzungen nach § 5 TDG und § 5 MDStV, C. H. Beck, 1999.

Stefan Huster/Karsten Rudolph, Vom Rechtsstaat zum Präventionsstaat, Suhrkamp Verlag, 2008.

Thomas Hillenkamp, 32 Probleme aus dem Strafrecht. Allgemeiner Teil, 15. Aufl. , Verlag Franz Vahlen, 2017.

Tidermann, Tatbestandsbegriff, entwickelt am Problem des Wirtschafts-strafrechts, Tübingen, 1969.

Tobias Mushoff, Strafe-Maßregeln-Sicherungsverwahrung：Eine kritische Untersuchung über das Verhältnis von Schuld und Prävention, Peter Lang internationaler Verlag der Wissenschaften, 2008.

Thomas Hillenkamp, 32 Probleme aus dem Strafrecht：Allgemeiner Teil, 15. Aufl. , Vahlen, 2017.

Urs Kindhäuser, Gefährdung als Straftat-Rechtstheoretische Untersuchungen zur Dogmatik der abstrakten und konkreten Gefährdungsdelikte, Verlag Klostermann, 1989.

Uwe Klaus Schneider, Einrichtungsübergreifende elektronische Patientenakten：Zwischen Datenschutz und Gesundheitschutz, Springer, 2016.

Ulfrid Neumann/Cornelius Prittwitz, Kritik und Rechtfertigung des Strafrechts, Peter Lang Internationalen Verlag der Wissenschaften, 2005.

Ulrich Sieber, Straftaten und Strafverfolgung im Internet, Gutachten C zum 69. Deutschen Juristentag, C. H. Beck, 2012.

Volker Bützler, Staatsschutz mittels Vorfeldkriminalisierung: Eine Studie zum Hochverrat, Terrorismus und den schweren staatsgefährdenden Gewalttaten, Nomos, 2017.

Wesssels/Hettinger, Strafrecht Besonderer Teil 1: Straftaten gegen Persönlichkeits und Gemeinschaftswerte, 40. Aufl. , C. F. Müller, 2016.

Wesssels/Hillenkamp, Strafrecht Besonderer Teil II: Straftaten gegen Vermögentswerte, 39. Aufl. , C. F. Müller, 2016.

Winfried Hassemer, Theorie und Soziologie des Verbrechens: Ansätze zu einer praxisorientierten Rechtsgutslehre, Athenäum Fischer Taschenbuch Verlag, 1973.

Wolfgang Wohlers, Deliktstypen des Präventionsstrafrecht-zur Dogmatik moderner Gefährdungsdelikte, Duncker & Humblot, 2000.

Sophie Zaufal, Was kann ein strafrechtlicher Tatbestand leisten? Die Bestimmtheit von Strafnormen als hermeneutisch-methodisches Problem im Verfassungsstaat. Nomos, 2018.

（七）德语期刊类

Andreas Popp, § 202c StGB und der neue Typus des europäischen "Software-Delikts", GA 2008.

Andreas Popp, Informationstechnologie und Strafrecht, JuS 2011.

Anja P. Jakobi, Jasmin Haunschild, Global Crime Governance: Perspektiven und Grenzen transnationaler Kooperation Z Außen Sicherheitspolit, 2016 (9).

Bernd Schünemann, Moderne Tendenz in der Dogmatik der Fahrlässigkeits und Gefährdungsdelikte, JA 1975.

Bernd Schünemann, Kritische Anmerkungen zur geistigen Situation der deutschen Strafrechtswissenschaft, GA 1995.

Bernd Schünemann, Das Rechtsgüterschutzprinzip als Fluchtpunkt der verfassungsrechtlichen Grenzen der Straftatbestände und ihrer Interpretation, in: Roland Hefendehl/ Andrew von Hirsch/ Wolfgang Wohlers (Hrsg.), Die Rechtsgutstheorie. Legitimationsbasis des Strafrechts oder dogmatisches Glasperlenspiel? Nomos, 2003.

Claudio Franzius, Das Recht auf informationelle Selbstbestimmung, ZJS 2015.

Claus Roxin, Zur neueren Entwicklung der Rechtsgutsdebatte, in: Ulfrid Neumann/Felix Herzog (Hrsg.): Festschrift für Winfried Hassemer, C. F. Müller 2010.

Cornelius Prittwitz, Das Strafrecht: Ultima ratio, propria ratio oder schlicht strafrechtliche Prohibition? ZStW 2017 (2).

Cornelius Prittwitz, Funktionalisierung des Strafrechts, KritV 1991.

Die Bundesregierung, Digitale Agenda 2014 – 2017.

Friedrich-Christian Schröder, Die Genesis der Lehre von der objektiven Zurechnung, in: Festschrift für Nikolaos K. Androulakis, 2003.

Günter Jakobs, Kriminalisierung im Vorfeld einer Rechtsgutsverletzung, ZStW 97 (1985).

Günter Stratenwerth, Zukunftssicherung durch den Mitteln des Strafrechts? ZStW1993.

Hirsch, Das Schuldprinzip und seine Funktion im Strafrecht, ZStW 106 (1994).

Heinz Zipf, Der strafrechtliche Schuldbegriff, in: JBl 1980.

Herbet Landau, Die jüngere Rechtsprechung des Bundesverfassungsgerichts zu Strafrecht und Strafverfahrensrecht, NStZ 2015.

Horst Schröder, Gefährdungsdelikte im Strafrecht, ZStW 1969.

Jahn/Ziemann, Die Fraukfurter Schule des Strafrechts: Versuch einer Zwischenbilanz, JZ 2014.

Jörg-Martin Jehle, Hans-Jörg Albrecht, Legalbewährung nach strafrechtlichen Sanktionen, in: Forum Kriminalprävention 2014.

Matthias Jahnund, Dominik Brodowski, DasUltima Ratio-Prinzip als strafverfassungsrechtliche Vorgabe zur Frage der Entbehrlichkeit von Straftatbeständen, ZStW 2017 (2).

Michael Pawlik, Kritik der präventionsstheoretischen Strafbegründungen, in: (Hrsg.) Klaus Rogall/Ingeborg Puppe/Ulrich Stein/Jürgen Wolter, Festschrift für Rudolphi, Luchterhand, 2004.

Kaiser, Kriminologie (Lb.), 207ff. ; Stratenwerth/Kuhlen AT/I § 1/1ff. ;

Rössner Roxin-FS.

Klaus Tiedemann, Verfassungsrecht und Strafrecht, 1990.

Klaus Ferdinand Gärditz, Demokratizität des Strafrechts und Ultima Ratio Grundsatz, JZ 2016.

Katharina Beckmper, Strafbare Beihilfe durch alltägliche Geschäftsvorgänge, JURA 2001.

Liane Wörner, Die deutsche Versuchsdogmatik-eine Frage der Vorverlagerung der Strafbarkeit?, in: Arnt Sinn/Walter Gropp/Ferenc Nagy (Hrsg.), Grenzen der Vorverlagerung in einem Tatstrafrecht, Universitätsverlag Osnarbrück, 2011.

Luch, Das neue "IT-Grundrecht", MMR 2011.

Roland Hefendehl, Die Materialisierung von Rechtsgut und Deliktsstruktur, GA 2002.

Rüdiger Breuer, Gefahrenabwehr und Risikovorsorge im Atomrecht, Deutsches Verwaltungsblatt, 93. Jahrgang des Reichsverwaltungsblatt, 1978.

Teresa Göttl, Der Subjektive Tatbestand der Gefährdungsdelikte: Ein Analytischer Vergleich mit den Verletzungsdelikten am Beispiel der Verkehrsdelikte, JuS 2017.

Ulrich Meyerholt, Vom Recht auf informationelle Selbstbestimmung zum Zensus 2011, DuD 2011.

Ulrich Sieber, Legitimation und Grenzen von Gefährdungsdelikten im Vorfeld von terroristischer Gewalt. Eine Analyse der Vorfeldtatbestände im Entwurf eines Gesetzes zur Verfolgung der Vorbereitung von schweren Staatsgefährdenden Gewalttaten, NStZ 2009.

Ulrich Weber, Die Vorverlagerung des Strafrechtsschutzes durch Gefährdungs- und Unternehmensdelikte, in: Hans-Heinrich Jescheck (Hrsg.), Die Vorverlagerung des Strafrechtsschutzes durch Gefährdungs-und Unternehmensdelikte, Walter de Gruyter, 1987.

Urs Kindhäuser, Rechtsgüterschutz durch Gefährdungsdelikte, in: Amelung, Knut (Hrsg.), Festschrift für Volker Krey zum 70. Stuttgart: Kohlhammer, 2010.

Urs Kindhäuser, Rationale Rechtsgüterschutz durch Verletzungs-und Gefährdungsverbote, in: Lüderssen (Hrsg.), Aufgeklärte Kriminalpolitik oder Kampf gegen das Böse? Nomos 1998.

Winfried Hassemer/Ulfrid Neumann, im Kindhäuser/Neumann/Päffgen, Strafgesetzbuch, 4. Kindhäuser, Risikoerhöhung und Risikoverringerung, ZStW, 2008 (3).

Winfried Hassemer, Symbolisches Strafrecht und Rechtsgüterschutz, NStZ 1989.

Winfried Hassemer, Kennzeichen und Krisen des modernen Strafrechts. ZRP 1992.

Winfried Hassemer, Grundlinien der personalen Rechtsgutslehre, in: (Hrsg.) Andrew von Hirsch, Strafen im Rechtsstaat. Baden-Baden: Nomos.

Wolfang Frisch, Voraussetzungen und Grenzen staatlichen Strafens, NStZ 2016.

Wolfgang Frisch, Sicherheit durch Strafrecht? Erwartungen, Möglichkeiten und Grenzen, in Duttge, Gunnar/Geilen, Gerd/Mever-Großner, Lutz/Warda, Günter (Hrsg.): Gedächtnisschrift für Ellen Schlüchter, Carl Heymanns, 2002.

后 记

　　十月武汉的蒙蒙细雨中,本书书稿的修改终于收笔完成。看着经过对博士论文大改之后成形的稿件,内心有一分释然,却并无多少欢喜:来到刑法学大厦的门口,向上仰望,更添了几分诚惶诚恐。

　　选择以信息网络犯罪刑事规制的预防转向作为研究主题,我有着宏观、中观和微观三个层面的思考。在宏观层面,面对网络空间的形成与信息网络犯罪的高发态势,认为刑法理论"传统"、"过时"、无力满足规制信息网络犯罪现实需要,主张突破刑法的最后手段性,将刑法作为预防信息网络犯罪风险优先选择的观点在学界愈加有力,预防刑法似乎成为取代责任刑法的理想范式。但预防刑法仍然需要界定刑法适用的边界,在信息网络犯罪的刑事规制中,作为责任刑法功能边界的基本原则能否继续适用以及如何适用,我国学界尚未予以系统关注。在中观层面,随着《刑修(九)》中信息网络犯罪罪名的设立,信息网络犯罪成为我国刑法学界的研究热点。然而我国学界当前在信息网络犯罪领域的研究多采纳犯罪学的研究范式,多属于对局部问题的对策型研究,对于信息网络犯罪的概念、归责原则、归责路径等刑法学视域内的基本问题,我国学界没有予以深入而系统的关注。在微观层面,对于《刑修(九)》新增信息网络犯罪的解释与适用,我国学界的研究也才刚刚起步。

　　基于这样的思考,我博士论文的选题是"论信息网络犯罪刑事归责的预防转向",着眼于以信息网络犯罪为切面,厘清刑法的预防转向对法益保护原则、责任原则与比例原则这三大刑法教义学支柱原则的影响。我的初衷是希望以信息网络犯罪为微观截面,用以厘清时代的快速变迁中刑法理论确定的支点,同时通过对理论框架的重构指导对信息网络犯罪的解释适用。经过毕业工作后一年的思考,我渐渐认识到博士论文的整体重心有所失准：以信息网络犯罪这一类罪来考察整体刑法理论范式的转变，研究的系统性与深入程度难免不足。而在本书书稿校对接近尾声时，《信息网络犯罪解释》于 2019 年 11 月 1 日生效，将本书的考察重心调整到信息网络犯罪更显必要。因此，本书调整重心，以预防刑法作为理论基础，系统地考察信息网络犯罪规制的预防转向与限度，确立了本书以信息网络犯罪规制预防转向的政策、实质、形式与责任限度为核心的论述体系，真正完成了"以罪名反思理论变更，以理论指导罪名适用"的学术尝试。

能够享有充分的时间对刑法学进行系统的学习和思考，从而探索出真正的学术兴趣，首先要感谢的是我的恩师莫洪宪教授。承蒙老师自我硕士阶段以来的传道、授业与解惑，我才能由一个本科阶段非法科学生的外行人逐渐摸索到学习刑法的门径。莫老师对我的外语能力充分肯定，积极鼓励我到德国进行交流学习，拓宽我的学术视野，丰富我的人生经历。承蒙老师将我录取为硕博连读的博士研究生，给予了我充分的时间深入学习与思考。我能够在科研一途有所进步，都要感谢老师提供的机会与条件。在生活中莫老师更是一位慈祥的长者，给予了我无微不至的关怀。对于我的博士论文，莫老师也提出了非常宝贵的修改意见。

感谢五年来悉心指引我成长的何荣功教授。何老师是我的硕士和博士后导师，从硕士一年级入门伊始时细心列举的书单、推荐的专题论文，到平日学习中不厌其烦地为我答疑解惑，再到对我一篇篇论文细致入微的修正，让我渐渐学会寻找问题、提炼观点与规范论证，逐渐具备了独立研究的能力。何老师为人正直，为学严谨，值得我一生引为楷模。硕士二年级时我有一篇文章呈交何老师审阅，由于自己的疏忽，一篇 8000 余字的文章中出现了 5 个错别字。平时和蔼可亲的何老师严厉地对我说："严谨的态度是为学之本，如果以后你的文章中错别字率超过万分之三，就再也不要拿给我看了。"他的话犹如当头棒喝，让我对严谨为文为学的重要性有了直观而清晰的深刻感受，从此以后此话深深烙入了我的心中，化作长鸣的警钟时时提醒着我。从我的博士论文到当前的书稿，从选题到谋篇布局再到文字表述、形式规范，何老师都倾注了大量心血。然而内力所限，质量难以达到老师的要求，虽然老师对我仍善加鼓励，但内心着实惶恐难安。唯有继续努力研习刑法，再接再厉，力争不辜负老师的殷切希望。

深深感谢熊琦副教授在我出国学习以及研习德国刑法的过程中所给予

的无私帮助，感谢刑法教研室的林亚刚教授、陈家林教授、皮勇教授、陈金林副教授、叶小琴副教授以及李颖峰老师等诸位师长，您们精彩的课堂和渊博的学识让我受益终生，您们的悉心指导和帮助让我获得了为学与为人的全面成长；感谢任娇娇、周天泓等诸位师兄师姐；感谢王肃之、薛文超、段阳伟、尚勇等诸位同学，你们于我不仅是生活中的伙伴，更是学习上的益友，在与你们的交流切磋中我的思考才能得以不断深化与完善；感谢姚畅、赵梓涵、陈缘缘、刘哲石等诸位师弟师妹，感谢你们在学习生活中给予我的无私帮助与支持。

特别要感谢的，是在我迈入攻博阶段时遇到的生命中最重要的人——王晓晓博士。是你阳光般的笑容与乐观的心态，给我"筚路蓝缕"的研习刑法之路注入了斑斓的色彩，无论异地或异国，我们都是对方心底最为活力之源的那一块。这份答卷献给你，现在已携手步入婚姻殿堂，希望能和你一直宁静地走下去。

此外还要感谢的，是我亲爱的家人！感谢我的母亲为了我的成长无怨无悔地付出，感谢我的家人们对我的关怀，也衷心感谢晓晓的父母和家人对我的关心与支持，这学术道路上第一份小小的答卷也献给你们！

最后，也要感谢《法学评论》《政治与法律》《当代法学》《东方法学》《澳门法学》等刊物编辑部，本书的部分内容曾在相关刊物发表，在此表示诚挚的感谢。

本书的很多观点属于探索性质，还很不成熟，求教于学界诸位方家，敬请批评指正。当然，这于我而言只是起点，我将怀着敬畏之心，继续在研习刑法的道路上上下求索，努力前行。

敬力嘉
二〇一九年十月于武汉珞珈山

图书在版编目（CIP）数据

信息网络犯罪规制的预防转向与限度／敬力嘉著
. -- 北京：社会科学文献出版社，2019.11
ISBN 978 - 7 - 5201 - 5505 - 2

Ⅰ.①信…　Ⅱ.①敬…　Ⅲ.①互联网络 - 计算机犯罪
- 研究 - 中国　Ⅳ.①D924.364

中国版本图书馆 CIP 数据核字（2019）第 201378 号

信息网络犯罪规制的预防转向与限度

著　　者／敬力嘉

出 版 人／谢寿光
责任编辑／易　卉
文稿编辑／张　娇

出　　版／社会科学文献出版社·群学出版分社（010）59366453
　　　　　地址：北京市北三环中路甲29号院华龙大厦　邮编：100029
　　　　　网址：www. ssap. com. cn
发　　行／市场营销中心（010）59367081　59367083
印　　装／三河市尚艺印装有限公司

规　　格／开 本：787mm×1092mm　1/16
　　　　　印 张：18.25　字 数：297千字
版　　次／2019 年 11 月第 1 版　2019 年 11 月第 1 次印刷
书　　号／ISBN 978 - 7 - 5201 - 5505 - 2
定　　价／98.00 元